ニューヨーク
NEW YORK

日本からのフライト時間
約12～13時間

ニューヨークの空港
ジョン・F・ケネディ国際空港
マンハッタンまで車で約1時間
▶P.182

ビザ
ビザは不要だが、ESTA（電子渡航認証システム）の申請が必要
▶P.180

通貨と換算レート
USドル（US$）

$1＝155円（2025年1月現在）

チップ
基本的に必要。チップはレストランで18～25％、タクシーで15％が目安
▶P.185

言語
英語

時差

日本	0	1	2	3	4	5	6	7	8	9	10	11	12	13	14	15	16	17	18	19	20	21	22	23
ニューヨーク	10	11	12	13	14	15	16	17	18	19	20	21	22	23	0	1	2	3	4	5	6	7	8	9

日本時間の前日

ニューヨーク

CONTENTS

ニューヨークへ出発！ … 4
出発前に知っておきたい … 8
 ニューヨークのエリアと街 … 8
 マンハッタンのエリアと主要スポット … 10
 滞在のキホン … 12
 NEWS & TOPICS … 14
 至福のニューヨーク モデルプラン … 16

ニューヨークでぜったいしたい 12のコト … 25
BEST 12 THINGS TO DO IN NEW YORK

- **01** ヒートアップする街 ブルックリンを遊ぶ … 26
  - ダンボの名所を巡る！ … 28
  - ウィリアムズバーグでトレンドを体感 … 30
  - 庶民的な住宅街ボコカを散策 … 32
- **02** ハドソン・ヤーズに潜入する … 34
  - 最先端の絶景スポットへ … 36
  - レストラン巡り … 37
- **03** ソーホー、ノリータで ハイエンドなショップクルーズ … 38
  - ニューヨーク発祥ブランドの聖地へ … 40
- **04** マンハッタンで話題の最旬カフェ … 42
- **05** 都会のオアシス セントラル・パークで憩う … 44
  - セントラル・パーク 必見ポイント … 46
- **06** ハイラインの空中散歩 … 48
- **07** スタイリッシュな進化系フードコート … 50
- **08** グリーン・マーケットでローカルフード探し … 54
- **09** ワールド・トレード・センターで平和を誓う … 56
  - ワン・ワールド・オブザーバトリーの絶景へ … 58
- **10** 自由の女神に会いに行く！ … 60
  - リバティ島必訪スポット … 62
- **11** ルーフトップ・バーでカクテルを一杯 … 64
- **12** 摩天楼の夜景に息をのむ … 66

ART … 69
アート

美術館の基礎知識 … 70
ニューヨーク近代美術館 … 72
メトロポリタン美術館 … 76
グッゲンハイム美術館 … 80
アメリカ自然史博物館 … 81
美術館＆博物館巡り … 82
ノイエ・ギャラリー … 82
フリック・コレクション … 82
ノグチ美術館 … 83
ニューヨーク市立博物館 … 83
パブリック・アート … 84

ENTERTAINMENT … 85
エンターテインメント

ブロードウェイ・ミュージカル … 86
クラシック … 90
ジャズ … 92
MLB … 94

GOURMET … 95
グルメ

食べたいものを食べる！ … 96
朝食 … 98
グルメバーガー … 100
ベーグル … 102
ベーカリー … 104
ステーキハウス … 106
フレンチ … 108
スターシェフのレストラン … 111
ブルワリー … 112
老舗バー … 114
デリカテッセン … 116

SWEETS&CAFE … 117
スイーツ＆カフェ

アフタヌーンティー … 118
カップケーキ … 120
ドーナツ … 122
アイスクリーム … 124
ニューヨークチーズケーキ … 126
ハイブリッド系スイーツ … 127
おしゃれカフェ … 128
サードウェーブコーヒー … 130

SHOPPING … 131
ショッピング

欲しいものであふれるニューヨーク！ … 132
5番街 … 134
高級デパート … 138
自然派コスメ … 140
チョコレート … 142
雑貨＆ステーショナリー … 144
スーパーマーケット … 146
ドラッグストア … 148

AREA WALKING … 149
歩いて楽しむ

ロケ地巡り … 150
ミッドタウン・ウエスト … 152
ミッドタウン・イースト … 154
チェルシー／グラマシー … 156
MPD（ミート・パッキング・ディストリクト）／
グリニッチ・ビレッジ … 158
チャイナタウン／ロウアー・イースト・サイド … 160
ロウアー・マンハッタン … 162
ハーレム … 164

ニューヨークの歴史 … 166
　植民地から独立国家へ
　世界の都市、ニューヨーク
　映画の舞台を訪ねて、歴史を垣間見る

HOTEL … 171
ホテル

ニューオープンのホテル … 172
ブティックホテル … 176
ブランドホテル … 178

旅の基本情報 … 179
インデックス … 190

本書の使い方

● 本書に掲載の情報は2024年7〜12月の取材・調査によるものです。料金、営業時間、休業日、メニューや商品の内容などが、本書発売後に変更される場合がありますので、事前にご確認ください。

● 本書に紹介したショップ、レストランなどとの個人的なトラブルに関しましては、当社では一切の責任を負いかねますので、あらかじめご了承ください。

● 料金・価格は「$」で表記しています。また表示している金額とは別に、税やサービス料がかかる場合があります。ホテルの料金はスタンダードな客室の1室あたりの最低料金を記載しています。

● 電話番号は、市外局番から表示しています。日本から電話をする場合にはP.179／P.186を参照ください。

● 営業時間、開館時間は実際に利用できる時間を示しています。ラストオーダー（LO）や最終入館の時間が決められている場合は別途表示してあります。

● 休業日に関しては、基本的に年末年始、祝祭日などを除く定休日のみを記載しています。

本文マーク凡例

☎ 電話番号		料金
交 アクセス		公式HP
所 所在地 H はホテル内にあることを示しています		日本語が話せるスタッフがいる
		日本語のメニューがある
営 営業時間		予約が必要、または望ましい
休 定休日		クレジットカードが利用できる

地図凡例

観光・見どころ	N ナイトスポット	SC ショッピングセンター
博物館・美術館	R 飲食店	H 宿泊施設
アクティビティ	C スイーツ＆カフェ	i 観光案内所
E エンターテインメント	S ショップ	空港

本書では、下記の略称を使用しています。
St.=Street　Rd.=Road　Dr.=Drive　Ave.=Avenue　Blvd.=Boulevard
Sq.=Square　Pl.=place　Is.=Island

あなたのエネルギッシュな好奇心に寄り添って、
この本はニューヨーク滞在のいちばんの友達です！
誰よりもいい旅を！あなただけの思い出づくり
ニューヨークへ出発！

どこを歩いてもいつか映画で見たNYは今だって確かにあるが、
場面が移れば街はすっかり様変わりしている。
ブルックリンは急速に発展し、ハーレムも開かれた観を呈する。
古き良きエリアや進化する街を楽しめる旅に出かけよう。

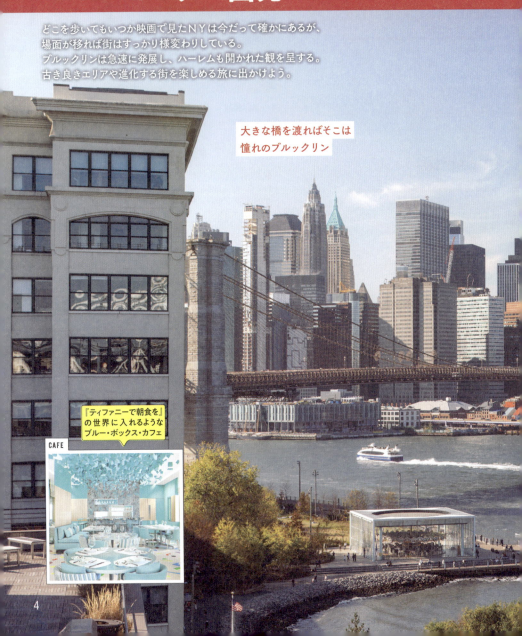

大きな橋を渡ればそこは
憧れのブルックリン

『ティファニーで朝食を』
の世界に入れるような
ブルー・ボックス・カフェ

CAFE

NEW YORK

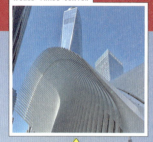

WORLD TRADE CENTER

悲しい事件が起きた跡地にできたワールド・トレード・センターで平和を祈る

出国 DEPARTED 10. SEP 2026 IMMIGRATION

HIGH LINE

ハイラインを使い、高層ビルの合間を通り抜けられる

ブルックリン・ブリッジ

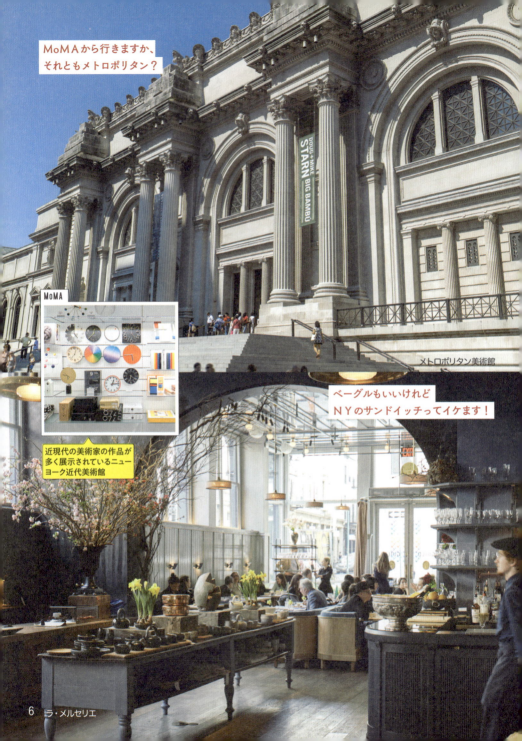

MoMAから行きますか、それともメトロポリタン？

MoMA

メトロポリタン美術館

近現代の美術家の作品が多く展示されているニューヨーク近代美術館

ベーグルもいいけれどNYのサンドイッチってイケます！

アメリカの歴史を物語る
NYのシンボル

TIMES SQUARE

自由の女神

観たいミュージカルは
早めにチケットを！

LEDディスプレイや看板
が夜遅くまで輝く、活気
ある街並みを楽しめる

ブルー・ノート

出発前に知っておきたい
シティはこうなっています！
ニューヨークのエリアと街

ニューヨーク観光はどのエリアから？

ニューヨークはココ！

ロサンゼルス

ニューヨーク市はマンハッタン、ブルックリンなど5つのエリアからなる広い街。まずはその全体像を把握しよう。

摩天楼がそびえ立つニューヨークの顔
マンハッタン
Manhattan

ニューヨーク市の中心で、政治や経済、観光の拠点。ブロードウェイや国連本部などがあり、超高層ビルが立ち並ぶ風景が象徴的。

ニューヨーク市 New York City
ニューヨーク州
ブロンクス
ニュージャージー州
アップタウン
セントラル・パーク
メトロポリタン美術館
マンハッタン
クイーン
ミッドタウン
ニューヨークの代名詞
マンハッタン Manhattan
ダウンタウン
ウィリアムズバーグ
ワールド・トレード・センター
Ⓒ
Ⓐ ダンボ
Ⓑ ポコカ
エリス島
自由の女神
プロスペクト・パーク
自由の女神がある場所
リバティ島
リバティ島 Liberty Island
自由の女神が立つ小さな島。マンハッタンの南西に浮かび、バッテリー・パークからフェリーが出航。
スタテン島

洗練された雰囲気を漂わせる高級住宅街
アップタウン
Uptown

セントラル・パークの西がアッパー・ウエスト、東がアッパー・イースト。いずれも高級住宅街が広がる。

人気の観光スポットやオフィスビルが集中
ミッドタウン
Midtown

5番街の西側は、観光名所やホテルが多い繁華街。東側はビジネス街で、有名企業の本社ビルが集まる。

新旧の魅力が凝縮した、古い歴史が息づく街
ダウンタウン
Downtown

古い歴史を持つ個性的な街が隣接するエリア。最近は若者向けのレストランやギャラリーなどが急増中。

ニューヨークってこんな街

広大なニューヨーク州にある経済都市
ニューヨークというと大都市を想像しがちだが、ニューヨーク州はカナダとの国境まで広がる広大な州。その中心となるニューヨーク市は、マンハッタン、ブルックリン、クイーンズ、ブロンクス、スタテン島の5つの行政区で成り立っている。

観光の中心はマンハッタンとブルックリン
ニューヨーク市のなかでも、主な観光スポットがあるのはマンハッタンとブルックリン。特にマンハッタンには多くの見どころが集中している。自由の女神があるリバティ島はニュージャージー州だが、公園の管理はニューヨーク市が任されている。

ヒップホップ発祥の地
ブロンクス
Bronx

かつては治安の悪い地域だったが最近は改善。ヒップホップやラップ音楽が生まれた街として有名。

国際色豊かな移民の街
クイーンズ
Queens

5つの区のなかで最も広く、多様な民族が集まる移民の居住地。ジョン・F・ケネディ国際空港がある。

最新トレンド発信地
ブルックリン
Brooklyn

緑あふれる静かな島
スタテン島
Staten Island

マンハッタンの南に位置する大きな島。落ち着いた住宅地で、湖や緑地などの自然にも恵まれている。

リバティ島にそびえる自由の女神はアメリカのシンボル。近くで見るとその迫力に驚く

かつての倉庫街がおしゃれなエリアに変身
ブルックリン
Brooklyn

イースト・リバーを挟んでマンハッタンの東側に位置。もとは倉庫街だったが、近年の再開発によりおしゃれなショップやレストランが続々とオープン。

倉庫を改装したアート系のショップが充実
Ⓐ ダンボ ▶P28
Dumbo

ブルックリン・ブリッジ近くにあり、対岸のマンハッタンの眺望は抜群。ギャラリーが多いアートの街でもある。
🚗ジョン・F・ケネディ国際空港から車で55分

落ち着いた街並みが広がる3エリアの総称
Ⓑ ボコカ ▶P32
Bococa

ボアラム・ヒル、コブル・ヒル、キャロル・ガーデンの3地区からなる。静かな街の中に素敵なショップが点在。
🚗ジョン・F・ケネディ国際空港から車で50分

ブルックリンの流行を牽引する人気エリア
Ⓒ ウィリアムズバーグ ▶P30
Williamsburg

1990年代から若いアーティストが移り住み、ブルックリンブームの先駆けに。センスの良いギャラリーやカフェなどが集まる。野外のグルメイベントにも注目したい。
🚗ジョン・F・ケネディ国際空港から車で50分

出発前に知っておきたい ニューヨークの街とエリア

タウンはこうなっています！
マンハッタンのエリアと主要スポット

どこに何がある？
どこで何する？

「ニューヨーク」というとき、一般的には「マンハッタン」を指すことが多い。主要な見どころがほぼ集まっていて観光の中心となる。エリアの位置を押さえておきたい。

大勢の観光客で賑わう眠らない街 （NY最大の繁華街）

D ミッドタウン・ウエスト ▶P152
Midtown West

5番街から西側は、タイムズ・スクエアやブロードウェイの劇場街など、主要な見どころが集中するエリア。夜遅くまで賑わうエネルギッシュな繁華街で、世界中から多数の観光客が押し寄せる。

✈ ジョン・F・ケネディ国際空港から車で1時間

高層ビルが立ち並ぶオフィス街

E ミッドタウン・イースト ▶P154
Midtown East

5番街から東側の一帯は、新旧の高層ビルがひしめく世界屈指のビジネス街。有名デパートや高級ブランド店が並ぶ5番街でのショッピングも楽しめる。

✈ ジョン・F・ケネディ国際空港から車で50分

歴史ある街で最新アートを鑑賞

F チェルシー／グラマシー ▶P156
Chelsea／Gramercy

多数のギャラリーが集まるチェルシーは最新アートの拠点。グラマシーは閑静な住宅地で落ち着いた趣がある。

✈ ジョン・F・ケネディ国際空港から車で50分

工場跡が話題のスポットに変身

G MPD(ミート・パッキング・ディストリクト)／グリニッチ・ビレッジ ▶P158
MPD (Meat Packing District)／Greenwich Village

精肉工場の倉庫跡を利用したおしゃれな店が続々と誕生。多くの文化人が愛したグリニッチ・ビレッジは石畳の街並みが美しい。

✈ ジョン・F・ケネディ国際空港から車で1時間5分

流行に敏感なファッショナブルタウン

H ソーホー／ノリータ ▶P38
Soho／Nolita

以前は倉庫街だったが、現在は一大ショッピングエリアに。高級ブティックから個人経営のショップまで揃う。

✈ ジョン・F・ケネディ国際空港から車で1時間

移民たちが暮らす活気あるエリア

I チャイナタウン／ロウアー・イースト・サイド ▶P160
Chinatown／Lower East Side

レストランや食材店が集まる活気あふれるチャイナタウン。その東側はユダヤ系移民の開拓時代の面影が残るエリアだ。

✈ ジョン・F・ケネディ国際空港から車で55分

倉庫街からセレブに人気の街へ

J トライベッカ
Tribeca

古い倉庫街に芸術家が暮らし始め、今やセレブが住む高級住宅地に。洗練された店が多く、街歩きが楽しい。

✈ ジョン・F・ケネディ国際空港から車で55分

多様な民族の文化や歴史が共存

K イースト・ビレッジ
East Village

ロシアやウクライナからの移民が暮らす穏やかな住宅街。トンプキン・スクエア・パークなど緑豊かな公園もある。

✈ ジョン・F・ケネディ国際空港から車で1時間

マンハッタン
Manhattan

通りの特徴と歩き方

碁盤の目のように整備された街並み

マンハッタンの街は、南北に走るアベニューと東西に走るストリートで構成。地下鉄の駅は交差点にあることが多く、駅名には通りや大型施設の名が使われていてわかりやすい。

ブラック・カルチャーを発信

L ハーレム ▶P.164
Harlem

ジャズやゴスペルなどの文化を生んだ黒人コミュニティの中心地。最近は観光客が入りやすい店も増えている。
🚗 ジョン・F・ケネディ国際空港から車で50分

文化の薫り漂う静かな住宅地

M アッパー・ウエスト・サイド
Upper West Side

セントラル・パーク西側にある落ち着いた住宅街。リンカーン・センターやアメリカ自然史博物館などがある。
🚗 ジョン・F・ケネディ国際空港から車で1時間15分

マンハッタン屈指の高級住宅街

N アッパー・イースト・サイド
Upper East Side

セントラル・パークの東側、豪邸が立ち並ぶ高級住宅街。5番街沿いには、多数の美術館や博物館が集まる。
🚗 ジョン・F・ケネディ国際空港から車で1時間

世界一の金融街がある商業地区

O ロウアー・マンハッタン ▶P.162
Lower Manhattan

(アメリカ経済の中心地)

世界経済を動かすウォール街があるマンハッタンの最南端エリア。同時多発テロの被害を受けたワールド・トレード・センターは再建が進められ、新たなランドマークに。バッテリー・パークからは自由の女神を一望できる。
🚗 ジョン・F・ケネディ国際空港から車で50分

出発前に知っておきたい マンハッタンのエリアと主要スポット

11

まずはこれをチェック！
滞在のキホン

ニューヨークへ出発する前に知っておきたいフライトや交通、通貨と物価、イベント情報などを確認したい。

ニューヨークの基本

- **地域名（国名）**
  アメリカ合衆国
  ニューヨーク州
  ニューヨーク市
  New York City,
  State of New York,
  U.S.A.
- **州都**
  オールバニー
  Albany
- **人口（ニューヨーク市）**
  約833万6000人
  （2024年7月推計）
- **面積（ニューヨーク市）**
  約784km²
- **言語**
  英語
- **宗教**
  キリスト教
- **政体**
  大統領制、連邦制
- **大統領**
  ドナルド・トランプ
  （2025年1月～）

✈ 日本からの飛行時間
- **約12～13時間。直行便は日本の主要空港から就航**

日本からニューヨークまでは約12～13時間。羽田空港、成田国際空港など主要な空港から複数便就航。ニューヨークの玄関口はジョン・F・ケネディ国際空港とニューアーク・リバティ国際空港。近郊には、アメリカ国内線のみが発着するラガーディア空港もある。

💴 為替レート＆両替
- **$1（USドル）＝155円。銀行、両替所を利用**

通貨の単位はUSドルで、$1＝155円（2025年1月現在）。両替はニューヨークではレートが悪く高いので、日本で済ませるのがベスト。現地での両替は、空港の両替所や銀行、大手ホテルのフロントで可能。安全性や利便性を考慮して、手持ちの現金は最小限にしたい。

🛂 パスポート＆ビザ
- **ビザは不要だがESTA渡航認証が必要**

90日以内の観光ならビザは不要だが、ESTA渡航認証が必要。搭乗前にオンライン上で取得することが義務づけられている。登録を怠ると搭乗拒否、入国拒否されることがあるので渡航72時間前には手続きを済ませたい。パスポート残存期間は90日以上が目安。

出発前に知っておきたい

日本との時差

❖ 日本との時差は−14時間。日本が正午のとき、ニューヨークは前日の22時。サマータイム実施時は−13時間。

日本	0	1	2	3	4	5	6	7	8	9	10	11	12	13	14	15	16	17	18	19	20	21	22	23
ニューヨーク	10	11	12	13	14	15	16	17	18	19	20	21	22	23	0	1	2	3	4	5	6	7	8	9

前日 / 同日

言語
❖ **基本は英語。簡単な挨拶や会話は覚えたい**

ニューヨークの使用言語は英語。日本語はほとんど通じない。ニューヨーカーは見知らぬ人にも街なかや店内で「元気？」「どこから来たの？」「今何時？」など気軽に声をかけてくる。初めて訪れると驚くこともあるが、簡単な受け答えができると旅もより楽しくなる。

交通事情
❖ **地下鉄とタクシーを上手に利用**

マンハッタンには数多くの地下鉄駅があり、ワールド・トレード・センター、セントラル・パーク、ハドソン・ヤーズなど主要な観光名所には地下鉄でのアクセスが便利。夜になると治安の悪い駅もあるので、タクシーを利用するのが安心。

チップ＆物価 ▶P97／P185
❖ **チップの支払いが必要。物価は日本より高い**

日本ではなじみのない習慣だが、チップは「労働賃金の一部」とされ払うのが当たり前。レストランでは料金の15〜20％、タクシーでは15％、ホテルのルームキーパーやポーターには$1〜2を目安に、サービスに対する感謝の気持ちとしてスマートに支払いたい。

治安
❖ **スリや置き引きなどの盗難に注意**

犯罪の発生率は減少傾向にあるが、日本と比較すると治安は良くない。繁華街や地下鉄内など混雑する場所でのスリや置き引きの盗難が多発。恐喝や暴行事件もある。施設内でも荷物から離れない、人の少ない場所は近づかない、夜はタクシーを利用するなどの対策を。

滞在のキホン

NEW YORK 2021-2024
NEWS & TOPICS
ニューヨークのいま！最新情報

ハズせない街のトレンド！

新たな博物館や大型商業施設が次々オープン。常に進化し、新しい発見が見つかる最新スポットを一挙ご紹介！

2023年5月オープン

リチャード・ギルダー・センター で自然界と人間の世界の繋がりを学ぶ

インタラクティブな特別展示や没入型の体験を通して、科学と自然界について学ぶことができる。生きた昆虫や標本を展示する常設展、地球上のあらゆる生命体を紹介した特別展示など、子どもから大人まで楽しめる。
▶P81

洞窟や峡谷のなだらかな岩肌を思わせる1階エントランス

常設展「昆虫館」
Susan and Peter J. Solomon Family Insectarium

1階エントランスロビーのすぐ横に設置。公園などで見かける身近な昆虫を数多く展示するほか、アリの採餌行動や、世界中のゴキブリも観察できる。

特別展示「見えざる世界」
Invisible Worlds Immersive Experience

雷の光やDNAなど速すぎたり小さすぎたりして人間の目には見えないもの、地球上のあらゆる規模の生命体とヒトとの関わりについてインタラクティブな展示で楽しく学べる。

2023年4月リニューアル

ティファニー・ランドマーク が全面リニューアル！

改装期間を経て、2023年にリニューアルオープン。10フロアにティファニーの美しく優雅な世界観が広がり、芸術品として見るだけでなく、特別な時間を過ごすことができる。
▶P134

特別展示「放蝶園」
Davis Family Butterfly Vivarium

温度や湿度が管理された室内でヒラヒラと飛び回るチョウを間近で観察できる。世界中に生息する130種のうち最多で1000匹のチョウと出会える。

↑オードリー・ヘプバーンが映画で着た黒いドレスとネックレスが飾られているスペースも

14

→鏡張りの空間で、景色や人が反射し、ユニークな写真が撮影できることで話題の展望台「エアー」

2021年12月オープン

サミット・ワン・ヴァンダービルト の鏡の世界に引き込まれる

グランドセントラル駅に直結する「ワン・ヴァンダービルト」の91〜93階にある展望台。展望台にはさまざまなテーマの部屋があり、展望台の概念を覆すような演出に驚くこと間違いなし。

ミッドタウン・イースト MAP 付録P.15 D-4
☎877-682-1401 交 M・4・5・6・7・S線Grand Central-42 St駅からすぐ 所 45E 42nd St. 営 9:00〜24:00 休 火曜

2023年10月オープン

人気シアターの面影が蘇る ザ・ヴィクトリア に宿泊する

黒人文化の中心地ハーレムにオープンした複合施設。レストラン、ルーフトップ、シアター、イベントホール、ホテルが集まる。ワッフルなどの定番の朝食メニューから、米南部料理やブランチが楽しめる。

アップタウン MAP 付録P.4 C-2
☎332-266-8727 交 M・A・B・C・D線から125 St駅から徒歩5分 所 233 West 125th. 営 朝食6:30〜10:30（土・日曜7:00〜11:00）、ランチ12:00〜15:00（土・日曜〜16:00）、ディナー17:00〜22:30（金・土曜〜23:30、日曜16:00〜）、日曜のブランチ12:00〜16:00 休 無休

ザ・ヴィクトリア・レストラン	レジデンス・ニューヨーク・ハーレム・ホテル
The Victoria Restaurant	Residence New York Harlem Hotel
アボカドトースト、パンケーキ、などの定番の朝食メニューから、ガンボ、チキン＆ワッフルなどの米南部料理が楽しめる。	マリオット系列で、ハーレム初のフルサービスのホテル。アポロ・シアターの近くに位置しており、夜の公演に行く人におすすめ。

2024年6月オープン

ストーンウォール国立記念碑ビジターセンター でLGBTQ+を理解できる

米国国立公園局が管轄する施設としては初のLGBTQ+がテーマのビジターセンター。ビジュアルアートの展示などを通してLGBTQ+の権利、歴史、文化を学ぶことができる。1969年6月28日、LGBTQ+の人々が警察の暴挙に反発して起こした暴動事件「ストーンウォールの反乱」を記念して設立された。

ウェストビレッジ MAP 付録P.18 A-4
☎212-355-6295 交 M 1線Christopher St-Stonewall駅から徒歩1分 所 51 Christopher St. 営 10:00〜16:00 休 月曜

ハドソン川に浮かぶ水上公園 リトルアイランド で自然とくつろぐ

チューリップ形の支柱がユニークな水上公園。ハドソン・ヤーズのベッセル（→P36）と同じ、トーマス・ヘザウィックがデザインした公園としても注目を集めている。350種類の花や樹木が植えられており、園内にはグラウンドや芝生、展望デッキ、屋外ステージなどが設置されている。屋外ステージではパフォーマンスを見ることができる。

ミッドタウン・ウエスト MAP 付録P.10 A-3
☎なし 交 M A・C・E・7V線14 St駅から徒歩8分 所 Pier 55 in Hudson River Park,West 13th St. 営 6:00〜23:00 休 無休

2021年5月オープン

TRAVEL PLAN NEW YORK

至福のニューヨーク モデルプラン

とびっきりの **4泊6日**

トレンド最前線の新定番スポットと、絶対外せない大定番スポットを厳選！
ニューヨークの今を楽しむための大満足コースをご紹介。

旅行には何日必要？

初めてのニューヨークなら
4泊6日以上

絶景やグルメ、買い物、体験、エンタメなど、体験したいことが盛りだくさんのニューヨーク旅。フライト時間を含め、4泊6日を目安にすると複数のエリア散策などゆとりをもって楽しめる。

プランの組み立て方

❖ **大型観光施設やレストランは出発前に日本で予約**
自由の女神、ワールド・トレード・センターなどの大型施設やメディアに取り上げられる人気レストランは日本で事前予約をしたい。

❖ **シティパスでお得に観光**
街の観光名所の入場券がセットになったシティパス。エンパイア・ステート・ビル、9.11メモリアル・ミュージアムなど5つの施設に入場できる。各施設の入場券を個別に買うより40％以上もお得。詳細はP.71を確認。

❖ **曜日限定イベントをチェック**
曜日限定で開催されるグリーン・マーケットやスモーガスバーグなどのフードイベントは公式HPなどで開催日時などスケジュールを確認してプランに組み込もう。

❖ **公共交通機関を上手に選ぶ**
エリアを移動する際は地下鉄がメインとなるが、フェリーやバスを利用すれば同じ値段で時間も効率よく巡ることができる場合も。

❖ **夜の移動はタクシーを利用**
治安状況は近年ではだいぶ改善されているが、夜はタクシー移動を心がけたい。昼間でも人の少ない路地や郊外はタクシーで。

【移動】日本➡ニューヨーク

DAY 1

旅の初日はニューヨークのトレンド最先端の名所へ。
進化し続けるハドソン・ヤーズを満喫したい。

12:00 ― **ジョン・F・ケネディ国際空港到着** ✈

NYエアポート・エクスプレス・バスで1時間

空港に到着したらさっそくマンハッタンへ。ホテルに荷物を預けたら、時差解消のため街歩きに出発するのが◎。

14:00 ― **遅めのランチは手軽な** ▶P53
フードコートで好みの一品を

徒歩5分 🍴

ハイラインの南側に広がるMPD（ミート・パッキング・ディストリクト）周辺にはガンズヴォート・リバティ・マーケットがあり、お手軽フードコートを楽しめる。

➡ 各国の個性ある料理を選ぶことができる

➡ ニューヨークではおしゃれで上質、種類豊富なフードコートが続々オープン

15:00 ― **ハイラインを歩いてビル街を空中移動** ▶P48

徒歩20〜30分

高架線を再開発して生まれた遊歩道。3階建ての高さから、マンハッタンのビル街を横目に見ながら散策できる。2019年に北側が延伸し、MPDからハドソン・ヤーズまでラクラク移動が可能に。ペースにもよるが景色を見ながら20〜30分の散歩を楽しめる。

ハイライン北側にはスロープが誕生

30ハドソン・ヤーズにあるエッジ展望台から街を一望できる

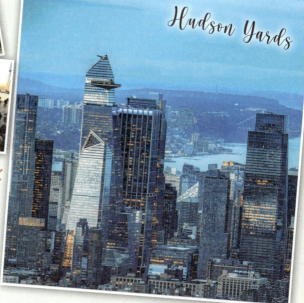

Hudson Yards

出発前に知っておきたい

16:00 徒歩すぐ

ハドソン・ヤーズを攻略しよう！ ▶P.34

ハドソン・ヤーズにできた各高層ビルを周ってみよう。館内にはおしゃれなショップやレストランが多く、行きたくなる場所が豊富に揃う。

19:00 徒歩すぐ

体験型パブリックアート ベッセルで絶景を眺める ▶P.36

街の絶景は、斬新なデザインのベッセルから眺めるのが今どきのブーム。階段がさまざまな方向に伸びたインパクトのある構造には驚き！

アドバイス
公式HPで入場予約が必須。日時を指定してから出かけよう。入場は無料なので手続きは簡単

○ベッセルの最上部からはハドソン・リバーの夕暮れが見られる

20:00 徒歩すぐ 🍴

メルカド・リトル・スペインの名物パエリアを食べたい！

10ハドソン・ヤーズの1階にあるメルカド・リトル・スペインは、スペインをテーマにしたフードコート。大人気の巨大なパエリアをはじめ、シーフードやワインなどをカジュアルに楽しめるのが魅力。 ▶P.37

ローカルからも絶品と好評のパエリア

○地元客や仕事帰りの人が立ち寄って一杯交わす賑やかなスペース

○持ち帰りができる食材も販売している

至福のニューヨーク モデルプラン

17

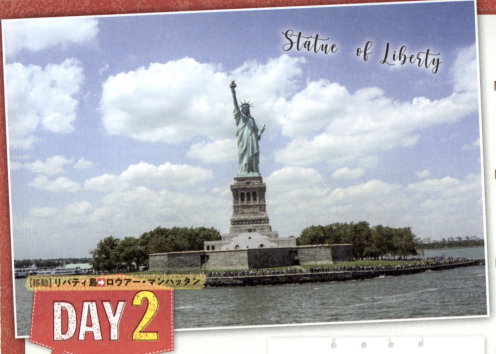

Statue of Liberty

【移動】リバティ島➡ロウアー・マンハッタン

DAY 2

街のシンボル、自由の女神とワールド・トレード・センターへ。アメリカらしいスケールの大きさに圧倒！

10:00

バッテリー・パークから
フェリーでリバティ島へ

リバティ島に渡るためには、バッテリー・パークから出航する専用フェリーに乗船。

アドバイス
フェリーのチケットは事前購入ができるので手配を済ませておくのがベスト。特にお昼過ぎになるとチケット売り場は行列になることも

スタチュー・クルーズで15分

10:30

リバティ島に到着！
自由の女神を間近で見学 ▶P60

自由の女神を見学するのはもちろん、リバティ島内にある自由の女神ミュージアムやショップも要チェック。

スタチュー・クルーズで25分、バッテリー・パークから地下鉄で12分

↑リバティ島の食事処であるクラウン・カフェの軽食やドリンクで遅めの朝ごはん

リバティ島への移動

スタチュー・クルーズで快適に移動

バッテリー・パークから出航するスタチュー・クルーズ。比較的大きなクルーズ船で、展望デッキではすがすがしい風を感じながら移動ができる。フェリー乗船中に自由の女神を撮影するのもおすすめ。詳細はP.61参照。

←自由の女神のパズルなどモチーフアイテムがずらりと並ぶ

↑ショップにはここでしか購入できないオリジナルグッズもある

自由の女神ミュージアムでは貴重な資料も見られる

14:00 ── **9.11の記憶を伝える メモリアル・プラザ**

徒歩すぐ

2001年9月11日に起きたアメリカ同時多発テロ事件。実際の現場となった地で事件の記憶を今に残している。

穏やかな緑地となったメモリアル・プラザ

←↑9/11メモリアル・ミュージアムはあまりの被害の大きさに見学中にショックを受ける人も

15:00 ── **新しい歴史をつくり続ける ▶P56 ワールド・トレード・センターの今をキャッチ**

9・11の惨事を乗り越え、超高層ビルが誕生し続けるワールド・トレード・センターの一帯では、次々と建設が進んでいる。2018年に3ワールド・トレード・センターが完成、2021年には2ワールド・トレード・センターがオープンした。

徒歩すぐ

地下で各施設と直結しておりオキュラスから入ることができる

←↑ショッピングモールのウエストフィールド・ワールド・トレード・センターでは食事もできる

17:00 ── **米国最高峰、ワン・ワールド・オブザーバトリーに上る ▶P58**

徒歩5分

アメリカで一番高いビル、1ワールド・トレード・センターの展望台を訪れたい。マンハッタン全体を一望できる。

↑床が透明になっているのでスリル満点！

エンパイア・ステート・ビルを見下ろすほど高い

19:00 ── **ル・ディストリクトで新鮮シーフードを堪能 ▶P51**

ブルックフィールド・プレイスにあるル・ディストリクトでは、フランスをテーマにしたレストランやバーが充実。

←↑新鮮なカキには白ワインを合わせて

↑夜まで楽しめるバーを併設しているのでゆっくり食事をしたい

出発前に知っておきたい　至福のニューヨーク　モデルプラン

【移動】ダンボ➡ウィリアムズバーグ

DAY 3

ニューヨークでホットなエリア、ブルックリンを訪れよう。川沿いの絶景やおしゃれなカフェでひと休み。

9:30 ── **ブルックリン・ブリッジを歩いて渡る** ▶P26

徒歩20〜30分

ロウアー・マンハッタンの東側からブルックリンに架かる歴史ある橋。通勤時間は比較的混雑するので考慮しながら散策を。

↑歩いて渡れるので、林立するビル群を眺めながら散歩ができる

10:00 ── **マンハッタンの絶景を眺めながら**ダンボ**の川沿いを散策** ▶P28

レンガ造りの倉庫街をリノベーションした施設が点在するダンボ。イースト・リバー沿いの公園や、複合施設にふらりと立ち寄って。

倉庫をリノベーションして誕生したエンパイア・ストアズ

徒歩すぐ

11:00 ── **有名雑誌が推奨する名店を集めた**タイム・アウト・マーケット・ニューヨーク ▶P29

地下鉄40分＋徒歩10分

ニューヨーカーなら誰もが知る『Time Out New York』がおすすめする店だけを集結させた豪華な施設では、ニューヨークのトレンドグルメをまとめて味わえる。

カジュアルな雰囲気ながらも各店の味は一流レベル

↑アイス＆ヴァイスのアイスサンドやジュリアナズのピザなど名店のグルメばかり

過去の『Time Out』誌の表紙が展示されている

20

13:00 ウィリアムズバーグの新たな憩いの場
ドミノ・パークへ ▶P30

徒歩12分

ドミノシュガーの工場跡地を開発して生まれた新しい公園。芝生はもちろん、バレーボールコートやウッドデッキなどもある。

公園内のタコチーナはトレンドのタコス店

15:00 巨大な食のテーマパーク ▶P146
ホールフーズ・マーケットへ

徒歩すぐ

アメリカの大手スーパーマーケットであるホールフーズ・マーケットでは、食材はもちろんお菓子やデリなど、みやげや旅の途中で必要な日用品なども揃う。

16:00 フォトジェニックカフェ
は地元で大人気！ ▶P128

地下鉄40分＋
徒歩15分

落ち着いた空間が広がるウッド調のカフェで休憩。

おしゃれなインテリアが写真映え間違いなし！センスの良い雑貨が並んでいる

→淹れたてのクラフト・コーヒーも一緒に

←↑デリ・コーナーに並ぶ焼きたてのフォカッチャ(左)、パッキングされたフルーツはホテルで食べても◎(右)

18:00 ニューヨークで大ブームの ▶P64
ルーフトップ・バーで過ごす

大人の夜を演出するバーのなかでも、美しい景色とおいしいカクテルの両方を満喫できるのがルーフトップ・バー。心地よい風を感じながら飲むお酒は格別のおいしさ。

→オリジナルカクテルを多数用意しているので好みに合わせて堪能したい

夕暮れから夜にかけてムーディな雰囲気

出発前に知っておきたい 至福のニューヨーク モデルプラン

21

Walking

【移動】アップタウン ➡ ミッドタウン

DAY 4

一日自由に歩くのは今日が最後！ 旅の終わりは特別なご褒美旅を演出するハイエンドな街や食事を満喫。

自作の絵画を販売する地元の学生。未来は大物アーティスト！

アドバイス
公園内は広いので、見どころや訪れる場所を絞って散策を

9:00
徒歩15分

朝の空気が気持ちいい！
セントラル・パーク散歩 ▶P44

4日目は都会のオアシス、セントラル・パークからスタート。爽やかな天気のなか、サイクリングやランニングなどをする地元の人たちを眺めながら、ゆっくりお散歩したい。

⬅⬆朝は通勤での横断やサイクリングする人もたくさん！　⬆結婚式の花嫁を迎える馬車も通過。眺めているだけで幸せな気分に

11:30
徒歩15分

高級グルメバーガーで少しだけ
リッチなお昼を ▶P100

高級かつヘルシー志向のニューヨーカーを満足させる絶品バーガー店が急増中。

⬅⬆セレンディピティ3のチョコレートサンデー（左）、バーガーはヴィーガン用もありヘルシー（上）

こちらも便利です！

セレブ御用達の高級デリへ ▶P45

アップタウン周辺のデリはセレブも利用する高品質で種類豊富な食材ばかり。テイクアウトして、セントラル・パークで食べるのもおすすめ。

⬅⬆好みのお惣菜をチョイス（左）、ドーナツなどのペイストリーやパンも充実（上）

展示物のなかにはビートルズのバンドセットが！

13:00 ― 作品数の多さに圧倒！
メトロポリタン美術館 ▶P76

地下鉄で12分

世界最大規模のフロアと展示作品を誇る美術館。一日ではまわりきれないが、フェルメールやゴッホなどの名画は必見！

アドバイス
展示の多さは世界トップレベル。見学したいエリアや作品を事前に調べてから出かけたい

◎名画を鑑賞するのはもちろん、記念撮影もできるのがうれしい

Museum

16:00 ― ニューヨークの**ブランドストリート5番街へ** ▶P134

地下鉄で15分
（徒歩の場合は20分）

高級ブランドショップやデパートが立ち並ぶ、街いちばんの買い物スポット。ニューヨーク発祥ブランドの限定アイテムもチェックしたい。

18:00 ― **高級ステーキハウスで本場の熟成肉を味わう** ▶P106

徒歩5分

夜はゴージャスな熟成肉ディナー。老舗のステーキハウスでお酒とともに、ジューシーなお肉に舌鼓。

ポーターハウス・ステーキはシェアするのが◎

20:00 ― **ネオン輝く繁華街タイムズ・スクエアを歩く** ▶P68

◎24時間眠らない街

夜まで賑わうタイムズ・スクエアへ繰り出そう！ショップや食後のひと休みに利用できるカフェやバーが点在する。

洗練された5番街。ウインドーショッピングだけでも楽しい

出発前に知っておきたい　至福のニューヨーク　モデルプラン

23

【移動】ダウンタウン ➡ 空港

DAY 5

カーストアイアンの建築が見られる街

滞在最終日はゆっくりスタート。最先端が集まるソーホーの街を散策しながら話題のカフェに立ち寄って。

10:00 ― トレンド×レトロなソーホーでいいもの探し ▶P38

徒歩10分

マンハッタンで最新トレンドがいち早く入る街、ソーホーを歩いておみやげ探し。

11:00 ― ニューヨーカーが今いちばん行きたいフレンチカフェ ▶P42

徒歩10分

ラ・メルセリエは、ローカルの大人女子がいちばん行きたいというほど人気のカフェ。話題のデザイナー、ローマン＆ウィリアムスが手がけるフレンチスタイルのカフェで、洗練された食事はもちろん、居心地のよい空間でリラックスして過ごせる。

ローマン＆ウィリアムスの世界観が存分に発揮された店内

⬇やさしい味わいの鶏肉の揚げ物や季節野菜も味わえる(時期により異なる)

Cafe

13:00 ― ジョン・F・ケネディ国際空港へ

地下鉄で15分＋NYエアポート・エクスプレス・バスで1時間

ジョン・F・ケネディ国際空港には豊富な品揃えの免税店があり、旅の最後に立ち寄りたい。

【アドバイス】
出国手続きは混雑するのでフライトの2時間前には到着しておきたい

➡レストランや免税店もあり帰国の前に楽しめる

【移動】ニューヨーク ➡ 日本

DAY 6

楽しい思い出とともに帰国。フライト時間は約13時間ほど。羽田空港への到着は午後。

BEST 12 THINGS TO DO IN NEW YORK

ニューヨークでぜったいしたい12のコト

Contents

- 01 ヒートアップする街 ブルックリンを遊ぶ ▶P.26
- 02 ハドソン・ヤーズに潜入する ▶P.34
- 03 ソーホー、ノリータでハイエンドなショップクルーズ ▶P.38
- 04 マンハッタンで話題の最旬カフェ ▶P.42
- 05 都会のオアシス セントラル・パークで憩う ▶P.44
- 06 ハイラインの空中散歩 ▶P.48
- 07 スタイリッシュな進化系フードコート ▶P.50
- 08 グリーン・マーケットでローカルフード探し ▶P.54
- 09 ワールド・トレード・センターで平和を誓う ▶P.56
- 10 自由の女神に会いに行く！ ▶P.60
- 11 ルーフトップ・バーでカクテルを一杯 ▶P.64
- 12 摩天楼の夜景に息をのむ ▶P.66

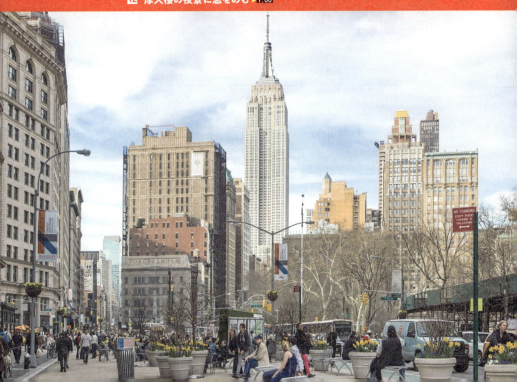

BEST 12 THINGS TO DO IN NEW YORK

朝から夜まで好奇心が全開するエリア！

01 ヒートアップする街 ブルックリンを遊ぶ

ニューヨークでいちばん人気がある街です

Brooklyn

移民の街から新しいカルチャーの発信地へと変貌を遂げたブルックリン。今なお進化し続ける街から目が離せない！

イマドキのニューヨークを体感するトレンドカルチャーの発信地

　イースト・リバーを挟み、マンハッタンとはブルックリン・ブリッジ、マンハッタン・ブリッジ、ウィリアムズバーグ・ブリッジという3つの橋と地下鉄で結ばれている。もともとは移民の街であったため、その名残をとどめつつ、近年はクリエイティブ＆アートの業界人が多く移り住むにつれ、ヒップスターと呼ばれる流行に敏感な若者が集まるおしゃれなエリアとして注目されている。

ブルックリン・ブリッジ
Brooklyn Bridge
ダンボ MAP 付録P.26 A-2

マンハッタンとブルックリンを結ぶ全米最古の吊り橋。ハープのようなワイヤーが特徴の橋越しにマンハッタンの摩天楼を望む景色は、数々の映画やTVドラマにも登場。長さ約1825mの橋の上を歩いて渡ることができる。

交[マンハッタン] M 4・5・6線 Brooklyn Bridge-City Hall駅から徒歩1分 [ブルックリン] M A・C線 High St駅から徒歩5分

01 BROOKLYN

ブルックリンへ渡る

▌徒歩
地下鉄Brooklyn Bridge-City Hall駅から橋の入口へ。約30分ほどでダンボに到着する。

▌地下鉄 ▶付録P30
ウィリアムズバーグへはL線利用が便利。ダンボへはF、もしくはA・C線が最寄り駅へのアクセスあり。

▌フェリー ▶付録P35
NYCフェリーのイースト・リバー線が運航している。ウィリアムズバーグとダンボ間は地下鉄より移動が便利だ。

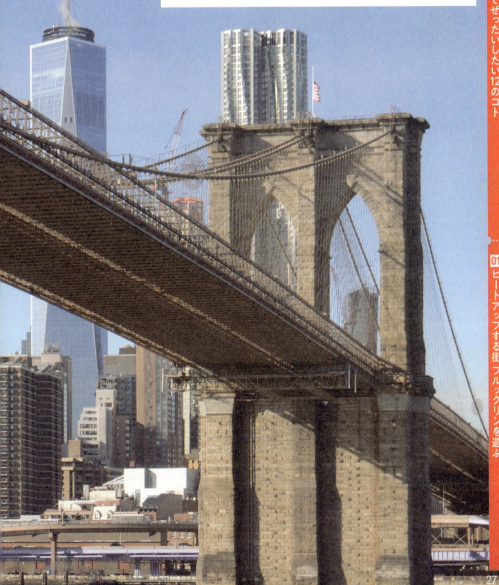

ニューヨークでぜったいしたい12のコト

01 ヒートアップする街ブルックリンを遊ぶ

27

BEST 12 THINGS TO DO IN NEW YORK

ブルックリンのウォーターフロント
ダンボの名所を巡る!

石畳が残る風情あふれる街並みに、クリエイティブな人々が集まり、ギャラリーやインテリアショップを展開。トレンド発信地として注目されている。

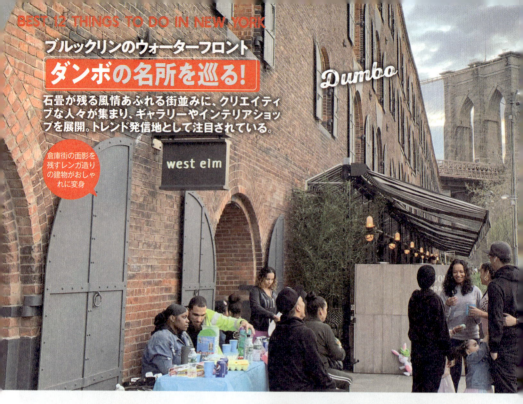

倉庫街の面影を残すレンガ造りの建物がおしゃれに変身

ニューヨーカーも注目する
個性派ショップが集うアートの中心地

マンハッタン・ブリッジの高架下に広がるアンティークな雰囲気のエリア。石畳に残る線路や古いレンガ倉庫群を改装したおしゃれなギャラリーショップや、流行の先端をいくレストランやカフェなどが点在。ウォーターフロント沿いのブルックリン・ブリッジ・パークからは、橋とマンハッタンの摩天楼が見渡せる夜景スポットにもなっている。

アクセス F線 York St駅、A・C線 High St駅

イースト・リバー越しに見えるマンハッタンの夜景も素敵

ブルックリン・ブリッジ・パークにある回転木馬

倉庫だった建物をリノベーション。レトロでおしゃれ

レトロモダンな新名所
エンパイア・ストアズ
Empire Stores
ダンボ MAP 付録P26 B-2

19世紀に建てられた倉庫を、2017年にリノベーション。話題のショップ、レストラン、カフェなどが集まる複合施設で、屋上からの眺めも最高。

☎718-858-8555 F線 York St駅から徒歩7分 53-83 Water St. 店舗により異なる 無休

インテリア雑貨などもインテリアに生かされている

昔の機材などもインテリアに生かされている

28

01 BROOKLYN

ニューヨークでぜったいしたい12のコト

01 ヒートアップする街 ブルックリンを遊ぶ

散策のポイント
おしゃれなギャラリーやショップを巡ったあとは、イースト・リバー沿いを中心に歩いて、ウォーターフロントの眺めを満喫したい。

マンハッタンの絶景を望む洗練されたレストラン

イースト・リバー沿いにある、美しい景色と食事を楽しめるハイエンドなレストランでくつろいで。

絶景とともに極上の料理を
セレスティン
Celestine
ダンボ MAP 付録P26 B-1

魚介類と野菜をふんだんに使用した地中海料理レストラン。全面ガラス張りでイースト・リバー沿いの素晴らしい景色を眺めることができる。

☎718-522-5356 ⓔF線York St駅から徒歩5分 🏠1 John St. ⏰17:00（金〜日曜11:00）〜23:00（金〜日曜はブランチあり）休無休

Nice View
マンハッタン・ブリッジと対岸のビル群が目の前に広がる

→ランチやディナーコースに付く前菜の3種のメゼ

Nice View
ブルックリン・ブリッジやマンハッタンの摩天楼が眺められる

ホテルクオリティの上質な食事
オスプレイ
The Osprey
ダンボ MAP 付録P26 A-3

四季折々の食材を使ったニューアメリカンの店。地元マーケットで調達した新鮮な野菜を使用したサラダ類も人気。

☎347-696-2573 ⓔA・C線High St駅から徒歩10分 🏠60 Furman St. 🏨1 Hotel Brooklyn Bridge内 ⏰7:00〜15:00、17:30〜23:00（日曜は〜22:00）休無休

←シェア用のメニューが充実している。サラダや生ガキなど$24〜

エンパイア・ストアズ 人気のフードコート

NYのいち押しグルメを楽しむ
タイム・アウト・マーケット・ニューヨーク
Time Out Market New York
ダンボ MAP 付録P26 B-2

フリーペーパー『Time Out New York』がプロデュースする開放的なフードコート。24の人気のNYグルメ店が軒を連ね、イタリアンや和食、スイーツなど、多彩な食事が楽しめる。支払いはカードのみ（現金不可）。

☎店舗により異なる ⓔF線York St駅から徒歩7分 🏠55 Water St. ⏰8:00〜22:00（金・土曜は〜23:00）休無休

2019年オープンから客足が絶えない大盛況の場所だ

→過去の雑誌の表紙が展示されている
→フードコートの入口がおしゃれ

→「ロコ・ココ」のヘルシーなアサイー・ボウル

→クッキー生地をそのまま食べる新感覚ショップ「クッキー・ドゥー」
→「ジュリアナズ」の絶品マルゲリータピザ

※料理はイメージです

BEST 12 THINGS TO DO IN NEW YORK

Williamsburg

ブルックリンのブームはここから始まった
ウィリアムズバーグでトレンドを体感

洗練されたカフェや雑貨店が増え、ショッピングに訪れる人も多い。おしゃれな街としてすっかり定着し、いつも観光客で賑わっている。

散策のポイント

Bedford Av駅を南北に貫くベッドフォードAve.を中心に歩きたい。新名所ドミノ・パークもできてサウスエリアも賑やかになった。

落ち着いた街並みにハイセンスなショップやグルメ店が集まる

独自の感性が街にあふれるブルックリンの人気エリア

マンハッタンのイースト・ビレッジ対岸のブルックリン北部に位置するエリア。ひと昔前は倉庫街だった街は、近年ヒップスター御用達の街として注目され、有名カフェやレストラン、インテリアショップや古着ブティックなどが軒を連ねる。通りにはインディーズ音楽があふれ、遊び心いっぱいのウォールアートのビルを見かけるのもこの街の特徴。一転、グランドSt.以南は超正統派ユダヤ教のコミュニティがある地域で、黒ずくめの伝統的な衣装の姿の人々が見受けられる。観光地ではないので写真撮影などはマナーを守って。

アクセス Ⓜ L線 Bedford Av駅

→砂糖精製所の古い建物が独特の趣を醸し出す

砂糖精製所跡地のアートな公園
ドミノ・パーク
Domino Park
ウィリアムズバーグ **MAP** 付録P28 A-3

川沿いのデッキチェアから摩天楼の眺めを楽しみたい

1856年に建てられた砂糖精製所の敷地を再開発したイーストリバー沿いの公園。高架遊歩道やプレイグラウンドなど大人も子どもも楽しめる。

☎212-484-2700 ㊋J・M・Z線Marcy Av駅から徒歩15分 ㊐15 River St. ⓗ6:00〜23:00 ㊡無休

↑マンハッタンの夜景も楽しめる

01 BROOKLYN

ニューヨークでぜったいしたい12のコト

SNSで話題の自然派コスメ
グロッシア
Glossier
ウィリアムズバーグ MAP 付録P.28 B-2

ミランダ・カーなど世界中のセレブやファッショニスタから火がついた人気コスメ店。商品は自然成分で作られていて、肌なじみが良く艶っぽい質感に仕上げてくれる。マンハッタンのソーホーに本店があり、ロサンゼルスなど全米展開している。

☎なし L線Bedford Av駅から徒歩5分 77 N. 6th St. 11:00〜19:00(日曜は〜18:00) 無休

↑ボディヒーロー $16
↑クラウドペイントブラッシュ $22
↑ハンドクリーム $20
↑リップグロス $18

↑お店の中にはさまざまな色や香りを感じられる商品が揃う

カップケーキのソープが人気
ソープ・シェリー
Soap Cherie
ウィリアムズバーグ MAP 付録P.28 B-2

ハンドメイドで作られたカラフルで可愛く、SLSパラベン不使用の自然派の石鹸とバス&ボディケアの専門店。ケーキやカップケーキの形をした個性的な石鹸も人気。

☎718-388-1165 L線Bedford Av駅から徒歩3分 218 Bedford Ave. 11:00〜20:30(土・日曜は〜21:00) 無休

↑ソープバー1個 $8.5。3個買うと4個目は無料に
↑店内はピンクを基調としたかわいらしい色合いになっている
↑使うのがもったいないほどかわいいカップケーキソープ1個 $14

焙煎機を備える本格カフェ
パートナーズ・コーヒー
Partners Coffee
ウィリアムズバーグ MAP 付録P.28 B-2

アフリカと南米の提携農園から輸入した豆を、店で焙煎し独自にブレンド。焙煎したばかりのアーティザナルなコーヒーが楽しめる。各種コーヒー豆には、「Brooklyn」($17.25)など、地名がついている。ラテアートなどを教えるクラスも開講。

☎347-586-0063 L線Bedford Av駅から徒歩2分 125 N. 6th St. 6:30(土・日曜7:00)〜18:00 無休

↑Toby's Estate Coffeeがネーミングを変えて再スタート

↑サクサクの抹茶クロワッサン $4.75

↑友人のリビングルームに招かれたようなリラックスした雰囲気
↑店名も新たに再スタートしたオーナーのアンバーとアダム

ヒートアップする街ブルックリンを遊ぶ

軽くてコンパクトなバッグ
バグー
Baggu Brooklyn
ウィリアムズバーグ MAP 付録P.28 A-2

2007年カリフォルニアで生まれた、ポップでカラフルなナイロン製エコバッグの店。布製のリュックや革製のポーチなど各種バッグも揃う。軽くて丈夫なので、旅行中つい荷物が増えた場合に購入する人も多い。

☎なし L線Bedford Av駅から徒歩7分 242 Wythe Ave., No. 4 11:00〜19:00 無休

↑白が基調の店内をカラフルなデザインが楽しげに彩る
↑スタンダードバグー $14

↑ダック・バッグ $42

31

BEST 12 THINGS TO DO IN NEW YORK　　*Bococa*

異国情緒あふれるローカルタウン
庶民的な住宅街ボコカを散策

歴史を感じる街並みのなかに、おしゃれなカフェや雑貨店が点在。新旧が共存する親しみあふれる街を歩いてみよう。

散策のポイント

メインストリートはスミスSt.とアトランティックSt.。脇道に入ると静かな住宅街なので、この2つのストリートを中心に散策したい。

ブラウンストーンの建物が並ぶ落ち着いた街並み

グローバルな住人に合わせて
こだわりの個性派ショップが急増

　ボアラム・ヒル(Boerum Hill)、コブル・ヒル(Cobble Hill)、キャロル・ガーデンズ(Carroll Gardens)の3地区の頭文字をとってボコカ。イタリア系、フランス系、日系などさまざまな人々が暮らす落ち着いた住宅エリアで、ブラウンストーンの建物にアクセントのように点在するアンティークショップや雑貨店にカフェなど洗練された個人オーナーのショップが人気。

アクセス Ⓜ F線Bergen St駅、2・3・4・5・B・D・N・Q・R線Atlantic Av-Barclays Center駅

静かな住宅街に洗練されたショップやカフェが次々と登場

人気ベンダーが集まるフードコート
ディカルブ・マーケット・ホール
Dekalb Market Hall
ボコカ MAP 付録P.27 E-4

マンハッタンの老舗デリ、カッツデリや、人気ベーカリーのカフェ・ダヴィニョンなど、約40のフードベンダーが集まる。どれも量が多いのでシェアがおすすめ。

☎なし ✈Ⓜ2・3線Hoyt St駅から徒歩3分 🏠445 Albee Sq. W. 🕐8:00〜22:00(店舗により異なる) 🚫無休

⬆イベントスペースも併設された

⬆イートイン用のテーブルも随所に

人気スーパーのトレーダージョーズも隣接、おみやげ探しにぜひ

01 **BROOKLYN**

当時にタイムスリップした懐かしさ
ブルックリン・ファーマシー＆ソーダ・ファウンテン
Brooklyn Farmacy & Soda Fountain
ボコカ MAP付録P24 A-3

19世紀後半から20世紀後半頃にアメリカでよく見かけたソーダ・ファウンテン（薬屋や日用雑貨店の奥に設けられていた軽食カウンター）が郷愁をそそる。

☎718-522-6260 ⊗F線 Bergen St駅から徒歩12分 ㊷513 Henry St. ⊖14:00（日曜13:00）〜22:00 ㊡無休

↑ハイビスカスソーダのPink Poodle $9

パフェの原型や、Egg Creamsなどをここで楽しめる

↑アイスクリームにバナナや生クリームなどがトッピングされたBandana Split $15

ノスタルジックな気分になる店内

行列必須のアメリカ料理
バターミルク・チャンネル
Buttermilk Channel
ボコカ MAP付録P24 B-4

キャロル・ガーデンズの住宅地にたたずむ人気ブランチ店。人気No.1メニューはバターミルクフライドチキン。ワッフルやポークチョップ、パンケーキなど、気負いなく楽しめるメニューが豊富。

☎718-852-8490 ⊗F線 Smith-9 St駅から徒歩4分 ㊷524 Court St. ⊖11:00〜15:00（金・日曜はブランチあり）、17:00〜21:30（金・土曜は〜21:00、日曜は〜22:00）㊡月曜

↑ブラッディ・メアリー $12

↑定番のバターミルク・パンケーキ $15

カフェのような心地よい空気が流れる地元のカジュアルダイナー

ブルックリンの注目エリアが拡大中

ますます賑わうブルックリン地区。その範囲は周辺へと広がり続けている。注目はこちら！

新たな流行発信地へと進化中
グリーンポイント
Greenpoint
MAP付録P25 A-1

リトル・ポーランドの愛称で知られる界隈。ウィリアムズバーグからクリエイティブ系の人たちが続々流入し、国際色豊かな新旧入り交じるショップやカフェが並ぶ街並みを楽しめる。

⊗G線 Greenpoint Av駅

↑ノスタルジックな雰囲気が残る街並み

俳優や映画監督が住む高級住宅地
ブルックリン・ハイツ
Brooklyn Heights
MAP付録P26 B-4

イースト・リバー沿いの高台に19世紀の重厚なレンガ造り建築が残る高級住宅地。ブルックリン・ハイツ・プロムナードと呼ばれる遊歩道から見るブルックリン・ブリッジと摩天楼は絶景。

⊗2・3線Clark St駅

↑ブルックリン・ハイツ・プロムナードからのマンハッタンの眺めは必見

運河の街からアートな街へ
ゴワヌス
Gowanus
MAP付録P24 B-4

「ドブ川」と悪名高かったゴワヌス運河を起点に再開発が進むエリア。オールド・ブルックリンの風情を残す倉庫に雑貨店やライブハウスなどがオープンし、イメージが改善されつつある。

⊗R線Union St駅

↑倉庫街がおしゃれな街に進化している

色彩豊かなアートが集う
ブッシュウィック
Bushwick
MAP付録P3 D-4

かつてはビール醸造で栄えていたことで知られるエリア。壁画には、「ブッシュウィック・コレクティブ」と呼ばれる世界各地から集まったアーティストが描くストリートアートが描かれている。

⊗M線Knickerbocker Av駅

↑カラフルで個性豊かなストリートアートが街を彩る

ニューヨークでぜったいしたい12のコト

01 ヒートアップする街 ブルックリンを遊ぶ

BEST 12 THINGS TO DO IN NEW YORK

ハドソン川沿いの最旬名所

02 ハドソン・ヤーズに
潜入する *Hudson Yards*

ハイラインの北端のエリアで着々と開発が進められ、
ニーマン・マーカスなど注目の店舗がすでにオープン。
今マンハッタンで最も目が離せない存在だ。

インスタ好きも楽しめる
再開発された近未来的な街

　ミッドタウン・ウエストとチェルシー周辺のハドソン・リバー沿いに、総工費250億ドル(約3兆8766億円)以上の民間企業によるプロジェクトで開発が進むエリア。4棟の超高層オフィスビル、コンドミニアムにホテルなどの複合ビル、ショッピング&レストラン、コンサートホール、展望スポットなど、2025年の工事完了に向けて着々と近未来的な街が形作られている。

ハドソン・ヤーズ
Hudson Yards
チェルシー **MAP** 付録P.22-B-2
🚇Ⓜ 7線 34 St-Hudson Yards駅から徒歩3分
🏠 www.hudsonyardsnewyork.com/

50 ハドソン・ヤーズ
50 Hudson Yards
Meta社やBlackRock社が入居している58階建て高さ308mのガラス張りの高層オフィスビル。

55 ハドソン・ヤーズ
55 Hudson Yards
三井不動産が5500億円を投じた51階建て高さ237mのガラス張りの高層オフィスビル。

35 ハドソン・ヤーズ
35 Hudson Yards
エクイノックス・ホテルと53階以上が平均販売価格12億円という超高級コンドミニアム。

[地図]
0　100m
ベラ・アブツーグ・パーク
34 St-Hudson Yards駅
55ハドソン・ヤーズ
50/ハドソン・ヤーズ
エッジ
35ハドソン・ヤーズ
30/ハドソン・ヤーズ
20/ハドソン・ヤーズ
ベッセル・メルカド・リトル・スペイン
10ハドソン・ヤーズ
15ハドソン・ヤーズ
シェッド
ハイライン
W. 34th St.
W. 33rd St.
W. 30th St.
Hudson Blvd. E.
10th Ave.

02 HUDSON YARDS

📍 観光のポイント
ユニークな外観のベッセルは必見。入場は無料だがチケットが必要なので、公式HPから予約するほうが無難。ニーマン・マーカスなど話題の店も要チェック。

エッジ
Edge
30ハドソン・ヤーズビルの101階に突き出た三角形の屋外展望台。

15ハドソン・ヤーズ
15 Hudson Yards
パノラマティックなビューが楽しめる88階建て全285個のユニットのコンドミニアム。

30ハドソン・ヤーズ
30 Hudson Yards
高さ386m。101階建てでニューヨークで3番目の高さを誇る高層オフィスビル。

10ハドソン・ヤーズ
10 Hudson Yards
1階にメルカド・リトル・スペインが入る52階建ての複合オフィスビル。

20ハドソン・ヤーズ
20 Hudson Yards
100店以上のショップや25店のレストランが入る7階建てのビル。

シェッド
The Shed
コンサートやパフォーマンスのイベント会場。天井部分は開閉式。

ベッセル
Vessel
階段で構成されたインパクト大のインスタレーション。
▶P36

ニューヨークでぜったいしたい12のコト

02 ハドソン・ヤーズに潜入する

35

BEST 12 THINGS TO DO IN NEW YORK

Hudson Yards

世界をリードするニューヨークが見える
最先端の絶景スポットへ

絶景スポットのベッセルに続き、30ハドソン・ヤーズのエッジも完成し、ニューヨークの街並みを一望できる。

↳ 独創的なデザインのエレベーター

体験型のパブリックアート
ベッセル
Vessel
チェルシー **MAP** 付録P.22 B-2

高さ46m、蜂の巣のような建築アートは、イギリス人デザイナーのトーマス・ヘザウィックが古代インドの階段井戸からインスピレーションを受け設計したという。

☎なし Ⓜ7線 34 St-Hudson Yards駅から徒歩3分 ㊙Hudson Yards ㊡無休

蜂の巣状の階段を上っていくと、見晴らしのいい展望スポットに出る

↑ユニークな外観が目を引く

Information
入場は無料だが当日配布されるチケットが必要。公式HPから2週間先までの予約が可能。

天空に浮かぶ屋外展望台
エッジ
Edge
チェルシー **MAP** 付録P.22 B-2

ニューヨークで3番目の高さを誇る高層ビル、30ハドソン・ヤーズビルの101階に突き出た屋外展望台。高さ約335m、西半球で最も高い展望台となり、スカイラインやハドソン・リバーを見下ろすことができる。

☎332-204-8500 Ⓜ7線 34 St-Hudson Yards駅から徒歩1分 ㊙30 Hudson Yards ㊱9:00～23:00

↑眼下にマンハッタンの街並みが広がる超絶景が見られる

高さ335mのパノラマビューが人々の期待を集めている。一部の床はガラス製

36

02 HUDSON YARDS

↑メイン料理の
チョイスで選べる
フィレミニョン

窓際のテーブルでは、ニューヨークの街並みを見渡しながら食事を味わえる

ハドソン・ヤーズの絶景レストラン
ピーク・ウィズ・プライスレス
Peak with Priceless

チェルシー **MAP** 付録P.22 B-2

30ハドソン・ヤーズの101階にある絶景レストラン＆バー。地元農家と提携し、サステナビリティの取り組みに影響を受けた季節ごとのニューアメリカ料理を楽しめる。グルテンフリー、ベジタリアン、ヴィーガンなどさまざまなオプションが用意されている。

☎ 332-204-8547 交 M 7線 34 St-Hudson Yards駅から徒歩1分 所 30 Hudson Yards 営 ランチ11:30（金〜日曜11:00）〜14:30 ディナー17:00〜22:00（木〜土曜22:30）休 無休

ニューヨークでぜったいしたい12のコト

東海岸初出店を探して
レストラン巡り

ニューヨーク初出店とあって、オープン以来混雑が続いている。ニューヨーカーの関心の高さがうかがわれる。

1F ロラズ グリーンズ
Lola's Greens

その場で作ってくれるサラダバー。ボウルいっぱいに盛られたボリューム満点のサラダが特徴的！

1F パエラス
Paellas

大きなフライパンで調理するパエリア専門店。チキンなどをトマトソースやローズマリーで焼き上げており、米もふんわり柔らかい味わいとなっている

1F マー
Mar

フードコートでオーダーできる新鮮なシーフード店。新鮮でクリーミーなカキを味わえる

02 ハドソン・ヤーズに潜入する

スペインがテーマのフードホール
メルカド・リトル・スペイン
Mercado Little Spain

チェルシー **MAP** 付録P.22 B-3

ハドソン・ヤーズの地下にあるスペイン料理がテーマのフードホール。パエリヤやハムとチーズ、トルティージャ、ハンバーガー、サラダバーなどのキオスクほか、コーヒー＆パンの軽食店、バー、フルサービスのレストランのマーとレナもある。

☎ 646-495-1242 交 M 7線 34 St-Hudson Yards駅から徒歩3分 所 10 Hudson Yards 営 11:00〜22:00 休 無休

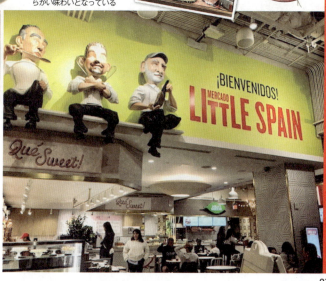

BEST 12 THINGS TO DO IN NEW YORK

トレンド発信地に哀愁の輪郭

03 ソーホー、ノリータで ハイエンドなショップクルーズ

ファッショナブルで セレブな下町

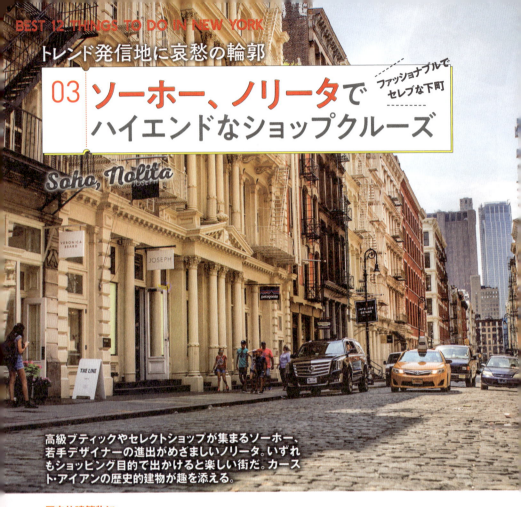

Soho, Nolita

高級ブティックやセレクトショップが集まるソーホー、若手デザイナーの進出がめざましいノリータ。いずれもショッピング目的で出かけると楽しい街だ。カースト・アイアンの歴史的建物が趣を添える。

歴史的建築物に 最新ブランドが融合する街

　高級ブティックからファストファッションやストリート系ブランドまで揃う一大ショッピングエリア。石畳の道に「カースト・アイアン」と呼ばれる19世紀の英国建築様式の建物を利用したショップやレストランが並ぶ街並みも必見。

街巡りのポイント

カースト・アイアンの建物を生かしたショップやカフェは、ブロードウェイのキャナルSt.とハウストンSt.に挟まれた地域で多く見られる。

38

03 SOHO, NOLITA

鉄製の外階段が最上階まで続く、特徴のある建物が並ぶ

個性的なアイテムが見つかる
ノリータ
Nolita
MAP 付録P.12 C-1

ソーホーの隣、かつてはイタリア系移民が住んでいたリトルイタリーの北に位置し、ヴィンテージなどオリジナルアイテムを扱うショップが多い。オーナーの個性が際立っており、地元ニューヨーカーからも注目されている。

🚇 M 4・5・6・A・C・E線 Spring St駅、J・Z線 Bowery駅

若手デザイナーのショップが多く、ショッピングが楽しい

トレンドショップで買い物三昧
ソーホー
Soho
MAP 付録P.12 C-1

芸術家の住む街というかつてのイメージは消え、レトロな建物に高級ブランドやファッションブティック、おしゃれなカフェやレストランが軒を連ねる。流行を先取る最新シーンにあふれ、多くの買い物客で賑わう。

🚇 M 6・C・E線 Spring St駅、1・6・A・C・E線 Canal St駅、R・W線 Prince St駅

↶ハイエンドブランドも多数あり、買い物客がひっきりなしに行き交う

ニューヨーカーや観光客で賑わうストリート

ニューヨークでぜったいしたい12のコト

03 ソーホー、ノリータでハイエンドなショップクルーズ

最旬スポットが登場
次々とこだわりのあるショップやレストランが登場し、トレンドを発信する。このエリアの新しい店は要チェック！

大人が納得するフレンチの店
フレンチェッテ　レストラン
Frenchette
ソーホー **MAP** 付録P.20 C-4
2人のシェフが作り出す至極のメニューが評判。常勤ソムリエのワインのセレクトも高評価を受けている。
▶P.110
© Melanie Dunea

世界中の高級紅茶が集まる店
ハーニー＆サンズ　カフェ
Harney&Sons
ソーホー **MAP** 付録P.21 D-3
世界中の高級紅茶を集め作られた、オリジナリティ豊かなブレンド茶を購入できる。店内では試飲もできる。
▶P.119

宝石のように輝くチョコレート
スティック・ウィズ・ミー　ショップ
Stick With Me
ノリータ **MAP** 付録P.21 E-3
高級フレンチレストランの専属ショコラティエだったオーナーが作る、芸術的なチョコレートに魅了される。
▶P.142

39

BEST 12 THINGS TO DO IN NEW YORK

Soho, Nolita

進化するファッショナブルなデザインに注目

ニューヨーク発祥ブランドの聖地へ

ソーホーとノリータのなかでも、ブランドの旗艦店が集中するソーホー。ニューヨークで誕生したブランドや、地元出身のデザイナーなど、ニューヨークらしさを感じるショップにおでかけしよう。

贅沢な色使いと明るさが魅力

ケイト・スペード・ニューヨーク

Kate Spade New York

ソーホー **MAP** 付録P.21 D-3

1996年ソーホーに1号店を誕生させたバッグブランド。バッグ、ウェア、めがね、ジュエリー、アクセサリーなどを手がける。大人ながらもかわいさを忘れないデザインは多くの女性の心をつかみ、使い勝手の良さも支持されている。

☎ 212-274-1991　Ⓜ 6線Spring St 駅から徒歩5分　🏠 454 Broome St.　🕘 11:00〜18:00　無休

> きらびやかな店内には女性の憧れが詰まったアイテムが並ぶ

ブランドヒストリー
1993年1月、キャサリン・ノエル・ブロスナハン(ケイト)とアンディ・スペード氏がバッグブランドを設立。1996年に店舗開業してから多彩な色使いとファッショナブルなデザインで、ハンドバッグ旋風を巻き起こした。

➡ ハートとスペードが重なったブランドロゴのアクセサリーも豊富(上)、ハンドバッグの品揃えは世界最大級だ(下)

⬆ シューズをはじめスカーフなどのアパレル小物も用意

➡ マンハッタンのビル街をイメージしているディスプレイが素敵

> インパクトの強いピンクの花柄が施されたハンドバッグは注目の的

> 落ち着いた色合いのハンドバッグなので年齢を重ねても愛用できる

> クロコダイルの素材ながらもポップな色が重厚感を強調せず使いやすい

※商品はイメージです

地元発信のストリートブランド
キス
Kith
ソーホー **MAP** 付録P.21 D-1

アメリカのスニーカー業界において絶大な影響力を持つデザイナーのロニー・フィグのセレクトショップ。オリジナルのアパレルライン「デイトナ(DAYTONA)」を展開するほか、アメリカの人気スニーカーを販売。限定モデル発売日には街に長蛇の列ができる。

☎646-648-6285 ⊗6線Bleecker St駅から徒歩1分 ⌂337 Lafayette St. ⏰11:00〜21:00(月曜は〜22:00) 休無休

↑カジュアルなアパレルライン「デイトナ」のウェア

↑整然と陳列されたスニーカー

ナイキやニューバランスなどの限定モデルなど注目のアイテムが集まる

ブランドヒストリー
2011年クイーンズ出身であるロニー・フィグが創設。ブランド名は「KITH and KIN」が由来となっており、スコットランドの言葉で「Friends & Family」を意味するという。

←店内にはカフェがありコーヒーや軽食で休憩することもできる

→ブランドなどのコラボ企画により店内ディスプレイも変化

↑エレノア・サッチェル$898。肩掛け可能なベストセラーのファーのハンドバッグ

←おでかけが楽しくなりそうな、ふわふわのミニフレミングシアリングドローストリングバッグ$798

ブランドヒストリー
2004年にニューヨークのノリータ地区で創業。CEO兼デザイナーのトリー・バーチはフォーブス誌やタイム誌に「世界で最も影響力のある人物100人」に選ばれている。

NYで生まれた世界的ブランド
トリー・バーチ
Tory Burch
ソーホー **MAP** 付録P.21 D-2

バッグや財布、シューズ、ジュエリーなどスタイリッシュでビビッドなトレンドを押さえたファッションを提供。クラシックな雰囲気を持ちながら、エレガントなデザインが際立っている。

☎917-261-7172 ⊗B・D・F・M線Broadway Lafayette St駅から徒歩3分 ⌂151 Mercer St. ⏰11:00〜19:00 日曜12:00〜18:00 休無休

幅広い年齢層の女性から愛されるおしゃれなアイテムが揃う

ブランドの本店やフラッグシップ・ストアが点在

ニューヨークのショッピングエリアとして名高い5番街と並び、次世代のファッション業界が注目しているソーホー。ニューヨーク発祥ブランドの1号店が集まっている。また、世界各国のフラッグシップ・ストアや、独自のコンセプト・ストアなどをオープンさせるブランドが多いのも特徴。世界の流行最先端が見られる特別なエリアだ。

※グッチ・フラッグシップ・ストア
※コンバース・フラッグシップ・ストア

---
03 SOHO, NOLITA
ニューヨークでぜったいしたい12のコト
03 ソーホー、ノリータでハイエンドなショップクルーズ

BEST 12 THINGS TO DO IN NEW YORK

04 エレガントなスタイルを提案する
マンハッタンで話題の最旬カフェ *cafe*
ニューヨーカーが集まる空間

フローリストに併設された新しいコンセプトのカフェが、ニューヨーカーの間で話題だ。洗練されたライフスタイルを提案する最先端のカフェをご紹介。

インテリアショップ、花屋、カフェ、ベーカリーが融合した洗練された空間が広がる店内

家具雑貨店＋花屋＋カフェ

新しいカフェスタイルの提案

ラ・メルセリエ
La Mercerie
ソーホー MAP 付録P21 D-4
デザイン界で注目の「ローマン＆ウィリアムス」が手がけた店。カフェにオリジナル家具や雑貨を扱うショップと花屋が併設され、見事に調和された空間で気軽にカジュアルフレンチが食べられる。
☎212-852-9097 交M・N・Q・R・W線Canal St駅から徒歩2分 所53 Howard St. 営11:30(土・日曜11:00)〜22:00 休無休

↑サブレ(3枚入り)$16

↑ペストリーはテイクアウト販売もしている

↑フレンチスタイルのカフェは季節の食材を使用

↑なめらかなソフラ・ゴーダチーズのデザートプレート

42 ※料理はイメージです

04 CAFE

ニューヨークでぜったいしたい12のコト

話題のデザイナー
ローマン&ウィリアムス

ロビン・スタンデファーとスティーブン・アレッシュ夫妻が、祖父たちの名前から「ローマン&ウィリアムス」を設立。話題のホテル「ACE」「THE STANDARD」、Facebook社の社員食堂などを手がけてきた。今デザイン業界で最も注目されている存在。

ローマン&ウィリアムス・ギルド
Roman & Williams Guild

ホテルのためにデザインしたオリジナル家具や、日本や北欧を中心に買い付けたセンスあふれる食器や雑貨がずらり。

エミリー・トンプソン・フラワーズ
Emily Thompson Flowers

店の入口付近にある。花が持つ自然美を生かしたスタイルのフローリストのセンスが楽しめる。

ニューヨーカーが憩うほっこり系カフェ

グリーンをセンス良く配したナチュラルな店内

ママン
Maman
ソーホー MAP付録P.21 D-3

キッシュやサンドイッチにクッキーなど、フランスのお母さんが作るようなメニューとカントリー風のアットホームな雰囲気が人気のカフェ。ブルーを基調とした花柄のオリジナルの食器が大好評。

☎212-226-0700 ◉Ⓜ6線Spring St駅から徒歩4分 ㊟239 Centre St. ⏰7:30(土・日曜8:00)〜18:00 休無休

サンドイッチやサラダ、キッシュなどの軽食が用意されている

レミ・フラワー・アンド・コーヒー
Remi Flower and Coffee
ミッドタウン・イースト MAP付録P.9 E-3

フラワーショップとカフェのコラボ店。グリーンやブーケに囲まれ、花の息づかいに包まれながらいただくコーヒーやお茶は格別。オフィスビルの林立するエリアでホッとひと息つけるオアシスだ。

☎646-559-1233 ◉Ⓜ6線51 St駅から徒歩8分 ㊟906 2nd Ave. ⏰7:00〜18:00 休無休

花を使ったオリジナル・コーヒーはぜひ試したい

➡ スコーン $4.25
➡ ラベンダーの香りが素敵なラベンダー・ラテ $6

➡ 花屋の中にカフェがある。心のお休み処

マンハッタンで話題の最旬カフェ

BEST 12 THINGS TO DO IN NEW YORK

素敵な陽気に誘われて自然に包まれリラックス

05 都会のオアシス *Central Park*
セントラル・パークで憩う

摩天楼の大都会の真ん中にあるとは思えないほどスケールの大きな公園。四季折々の豊かな自然美を見せてくれるセントラル・パークは、ニューヨーカーの憩いの場となっている。

ランチやおやつを
テイクアウトして

どこを歩いても絵になる
四季折々に表情豊かな公園

　南北4km、東西0.8kmという広さを誇る大きな公園で、地元の人々の憩いの場として親しまれている。園内には湖や池、芝生広場に並木や林、森が広がり、さまざまなイベントやアクティビティが楽しめる。園内の各所で映画やTVでもおなじみの風景に出会うことができ、天気が良ければ、芝生の上でのんびりとニューヨーカー気分を満喫するのもいい。夜間の公園は安全な場所とはいえないので散策は昼がベスト。

セントラル・パーク
Central Park
セントラル・パーク　MAP 付録P6 C-4
交 1・A・C・B・D線 59 St.Columbus Circle駅／N・R・W線 5 Av/59 St駅などからすぐ　開 24時間（一部施設を除く）　休 無休（一部施設を除く）
HP www.centralpark.com

公園の楽しみ方

園内に点在するモニュメントや碑を巡って散策したり、芝生でのんびり過ごしたり、思い思いの楽しみ方が可能。さまざまなイベントも開催されているので公式HPをチェックしよう。

芝生でランチ
晴れた日には、公園周辺のデリでテイクアウトして、シープ・メドウの芝生でランチがおすすめ。

馬車で移動する
グランド・アーミー・プラザからレトロな馬車に乗ってパーク内をひとまわり。2〜3人で乗車できる。

見どころを散策
動物園や劇場のほか、アンデルセンの像や「イマジンの碑」など見どころも盛りだくさん。
 P46

サイクリングを楽しむ
園内には自転車専用レーンも用意されている。コロンバス・サークル周辺で自転車がレンタル可能。

ヨガクラスに参加
ヨガ・インストラクターの指導のもと、シープ・メドウの芝生でヨガが体験できる。4〜11月の実施（不定期なので、事前に要確認）。

05 CENTRAL PARK

ニューヨークでぜったいしたい12のコト

05 都会のオアシス セントラル・パークで憩う

ローカルが集まる
メインエリア

シープ・メドウ
Sheep Meadow　P.46

緑の芝生が広がるスペース。会社のランチタイム、ピクニックや読書、絵描きやヨガなど、自由に楽しむニューヨーカーが利用する。

ジョン・レノンを偲ぶ「イマジンの碑」に今もファンが訪れる

デリを買ってテイクアウトしよう！

芝生の上でピクニックランチ

デリを購入するならこちら

お天気の良い日は、好みのランチやスイーツ、ドリンクをテイクアウトしてピクニックがおすすめ！

ダニエル・ブールのカフェ
エピスリー・ブール
Epicerie Boulud at Lincoln Center
アッパー・ウエスト・サイド MAP 付録P8 B-1

ショッピングの合間に立ち寄りたいカフェ・バー。おいしいフランスパンを使ったサンドイッチやペストリー、ワインやビールもある。

☎212-595-9606　1線 66 St-Lincoln Center駅から徒歩2分　1900 Broadway at 64th St. 営7:30〜20:00（木曜は〜21:00、金・土曜は〜22:00）休無休

↓チェリー＆ルバーブ・サントノーレ$6.50（上）、ラズベリー・クロワッサン$4.75（下）

セレブ御用達のデリカテッセン
イート
E.A.T.
アッパー・イースト・サイド MAP 付録P7 D-3

アップタウンのセレブ御用達の高級デリ。惣菜やドーナツ、パンまで価格も高めだがその分おいしさはレストランより上質なほど！

☎212-772-0022　6線77 St駅から徒歩8分　1064 Madison Ave. 営8:00〜17:00　休無休

↑お惣菜は日替わり
↓シュガー・ドーナツ$5.50

45

BEST 12 THINGS TO DO IN NEW YORK

自然豊かな園内を歩く
セントラル・パーク 必見ポイント

のんびり過ごすだけでもいいが、
映画のロケ地やジョン・レノンの聖地など、
見どころはぜひ訪れてみたい。

Central Park

装飾が美しいボウ・ブリッジが架かるザ・レイク。手漕ぎボートで湖上からの景色も楽しみたい

 園内の歩き方

南北4kmは直線で歩いても1時間かかる距離。徒歩で散策するなら、主要なポイントを選んで巡るのがおすすめ。ひとまわりするならレンタル自転車を利用しよう。馬車や人力車もある。

↖スケッチを販売する若手アーティストの姿も

古き良き時代の回転木馬
A カルーセル
Carousel

1908年に造られたアメリカでも最も大きなアンティーク・メリーゴーラウンドのひとつ。手彫り、手塗りの58頭の木馬が音楽に合わせて回り、大人も子どもも楽しめる。

ハンドメイドの装飾が美しいレトロな木馬

公園のランドマーク
C ベセスダの噴水
Bethesda Fountain

1973年に建てられた天使の像が立つ噴水。円形広場のランドマークにもなっていて、週末にはさまざまなストリートパフォーマンスが噴水の周りで繰り広げられる。

水の天使の像が広場を見守るように立つ

ジョン・レノンを偲ぶ
D ストロベリー・フィールズ
Strawberry Fields

セントラル・パークの西、ダコタ・ハウスで殺害されたジョン・レノンの記念碑。オノ・ヨーコのデザインという「IMAGINE」の文字が描かれたモザイクには一年中献花が絶えない。

今もなお、訪れるファンが後を絶たない

ニューヨーカーの憩いの広場
B シープ・メドウ
Sheep Meadow

もともとは羊の牧草地として使われていた芝生広場。マンハッタンの高層建築物を背景にした緑一面の景色は美しく、日光浴やピクニックなど、ニューヨーカーが思い思いの時間を過ごす憩いの場。

4月中旬から11月中旬まで開放される

子どもが登って遊べる
E 不思議の国のアリス像
Statue of Alice in Wonderland

大きなきのこの上に座るアリスの両サイドにはウサギや帽子屋などのキャラクターが集合。この銅像はジャングル・ジムみたいに子どもが登って遊べるようになっている。

撮影スポットとしても人気のアリス像

46

05 CENTRAL PARK

有料の手漕ぎボートは1時間単位で貸し出し

ニューヨークでぜったいしたい12のコト

➡ロブ・ボートハウスで湖を眺めながらひと休み

四季を感じさせる自然に囲まれた湖
F ザ・レイク
The Lake

手漕ぎボートで湖に出ることができ、四季折々に移ろう湖面に映る木々と高層ビル群の景色は格別。カースト・アイアン様式の優美なボウ・ブリッジ周辺は特に人気。ボート上や橋がプロポーズの舞台となることもしばしばとか。

城のバルコニーからセントラル・パークを一望
G ベルヴェデーレ城
Belvedere Castle

小高い丘の上に建つ19世紀後半に建てられた歴史ある石造りの城。展望台からはセントラル・パークを見渡す眺望が楽しめる。内部の展示室では、園内に生息する動植物を紹介する資料が、無料で閲覧できる。

らせん階段を上がっていくと展望台がある

05 都会のオアシス セントラル・パークで憩う

情報収集やおみやげ探しに
ここでしか買えないおみやげをゲット
デイリー・ビジター・センター&ギフト・ショップ
The Dairy Visitor Center & Gift Shop

MAP 付録P8 C-1

園内マップの配布やセントラル・パークグッズの販売を行う案内所。ギフトショップの売り上げはセントラル・パーク支援寄付に。

☎332-245-3021 ⓂN・R・W線5 Av/59 St駅から徒歩15分 ⓐMid-Park at 65th St. ⏰10:00〜17:00 ❌無休

47

BEST 12 THINGS TO DO IN NEW YORK

高架鉄道跡から街を見下ろす
06 ハイラインの空中散歩

緑あふれる都会の散策路

廃線になった高架鉄道跡を利用した緑豊かな遊歩道は、今ではすっかり観光の定番スポットになった。開発中のハドソン・ヤーズともつながり、ますます注目を集めそうだ。

High Line

いつもより少し高いところから眺める街並みがおもしろい

空や川や街の風景を満喫できる郷愁と自然アートの散策路

かつての高架貨物鉄道の線路跡地を再生した、地上約9m、ビルの3階ほどの高さに建設されたユニークな線形公園。線路と橋脚の上で、季節ごとの植栽を楽しみ、枕木を利用した階段式やサンデッキ風のベンチで憩い、アイスや飲み物の屋台でひと息つける。この全長約2.3kmの長い公園を進めば、エンパイア・ステート・ビルなどマンハッタンの高層ビル、ハドソン・リバーにハドソン・ヤーズの近代的なビル群などが次々と目の前に現れてくる。個性的なアート作品なども置かれ、さまざまなイベントも開催されている。

ハイライン
High Line
ミッドタウン〜MPD **MAP** 付録P.10 A-1
☎212-500-6035 交7線 34 St-Hudson Yards駅から徒歩5分、A・C・E・L線 14 St駅から徒歩10分 所Gansevoort St.〜W. 34th St. (10th Ave.と12th Ave.の間) 営7:00〜22:00(12〜3月は〜20:00) 休無休 HPwww.thehighline.org

ハイライン南口
MPDにあるゆたりめの階段を上ると空中公園にアクセスできる。

南端はホイットニー美術館新館と隣接

ホイットニー美術館 P.158
スタンダードハイライン
1 W. 12th St.
2 W. 14th St.
3 W. 17th St.
チェルシー・マーケット P.53

狭い道が急に開け、緑豊かな広場でくつろぐ人の姿が

建物を通り抜けるユニークな構造
1 W. 12th St. 周辺
ハイラインがなんとホテルの中を突っ切るポイント。1階のレストランや屋上のバーに立ち寄るのもおすすめ。
交A・C・E線 14 St駅から徒歩6分
スタンダード・ホテルを抜けたあとは通路がギャラリーになっていることも

デッキチェアに陣取ってひと休み
2 W. 14th St. 周辺
ゆったりとしたサンデッキが設置され、ひと休みできる。木が植えられて緑も多く、西側に見える川の眺めは最高。
交A・C・E線 14 St駅から徒歩6分

06 HIGH LINE

ニューヨークでぜったいしたい12のコト

06 ハイラインの空中散歩

散策のポイント

展望台やアート作品など見どころも豊富。好きな区間だけ歩いたり、チェルシー・マーケットなどに立ち寄りながら歩くのもおすすめ。

ウォーキング・ツアー	所要
Walking Tour	1.5時間

開 5〜8月 火・木曜18:00〜、水・土曜10:00〜、9〜10月 火曜17:00〜、水・土曜10:00〜、11〜4月 水曜10:00〜、土曜12:00〜 料 無料
HP www.thehighline.org/events/high-line-tour-from-freight-to-flowers/

芝生広場でごろごろしたい
4 W. 23rd St. 周辺

芝生広場や階段状のベンチでくつろげる。デリで買ったお弁当やドリンクを持ち込んで、ランチタイムにするのもおすすめ。ニューヨーカーたちも思い思いにのんびりとした時間を過ごしている。季節によって芝生内に入れないこともあるので注意。
交 M A・C・E線 23 St駅から徒歩7分

↑散歩道の半分が芝生広場。北に向かって高くなるつくり

←周囲の建物を眺めるのも楽しい

木のデッキでしばし休憩

ハイライン北口
34th St.でゆったりとしたスロープを下りると地上へ。終点はハドソン・ヤーズの敷地内。
↑北端の出入口は長いスロープ

↑ウォールアートも楽しめる

ガラス張りの展望スペース
3 W. 17th St. 周辺

階段状に造られた広場からは、ガラス越しに道路を行き交う車や人が眺められる。16th St.からチェルシー・マーケットにアクセスできる。
交 M A・C・E線 14 St駅から徒歩9分
↑眼下に道路を見下ろせる

レイルヤードの風景が独特
6 W. 30th St. 周辺

30th St.から34th St.のあたりは車両基地を囲むように遊歩道が設けられ、古い線路もそのまま保存されている。
交 M 7線 34 St-Hudson Yards駅から徒歩7分

↑線路の上を歩くこともできる
↑遊歩道の脇に古いレールが見える

アーティストも多い

ストリート・アートにも出会える
5 W. 25th St. 周辺

アートの街チェルシーが近いので、街なかの壁面アートも鑑賞できる。エンパイア・ステート・ビルが眺められるのもこのあたり。
交 M A・C・E線 23 St駅から徒歩7分

BEST 12 THINGS TO DO IN NEW YORK

気楽でおいしいランチ＆ディナー

07 スタイリッシュな進化系フードコート

早くて安いだけではないのがイマドキのフードコート。味のレベルが高いのはもちろん、洗練された空間や居心地のよさといった付加価値が評判になっている。

Food Court いまどきのニューヨークスタイル

アルザス地方の影響を受けた料理が揃うティー・ブラッセリー

フードコートの魅力
さまざまな種類の店舗が並び、チョイスの幅が広いので、グループで食事するときなど、各々の好みで選べるのが魅力。早くて料金も手ごろなので、気楽に利用できるのがうれしい。複数店舗の料理を一緒に食べられるのもメリット。

注文の仕方
各店舗のカウンターで注文して料理を受け取り、共通のイートイン・コーナーに運んでいただくのが、スタンダードなスタイル。

ティータイムにもおすすめ！

一流シェフのこだわりがあふれる
ティンビルディング・バイ・ジャンジョルジュ
Tin Building by Jean-Georges
ロウアー・マンハッタン MAP 付録P.13 D-3

世界的に有名なシェフ・ジャンジョルジュ氏によって手掛けられたザ・シーポートのピア17にあるフードコート。店内にはおしゃれなレストラン、バー、高級食材店など12個の店舗が集まる。

☎646-868-6000
M線Fulton St駅から徒歩8分
96 South St.
10:00〜22:00(金・土曜は〜22:30)
T.Café 8:00〜22:00 無休

イースト川沿いに建てられた建物

ティー・カフェ
T.Café
クロワッサンなど、焼きたてのペストリーやラ・コロンブ・コーヒーロースターズのエスプレッソやラテを楽しめる

ティー・ブラッセリー
T Brasserie
226.796gの肉をじっくり焼き上げたグリルド・プライム・フランク・ステーキ(ポムフリット付き)

$36

BLUE RIBBON 07 FOOD COURT

広大な空間のフードコート
ハドソン・イーツ
Hudson Eats
ロウアー・マンハッタン MAP付録P.23 A-3

高級ブランドショップが並ぶブルック・フィールド・プレイスの2階にあるフードコート。眺めも良く、選ぶのに困るほどグローバルなグルメフードがリラックスして楽しめる。

☎ 212-978-1673 🚇 E線 World Trade Center駅から徒歩10分
📍 230 Vesey St. 🏠 店舗によって異なる 休 無休

➡ 1階にはル・ディストリクトがある

> **マイティ・クインズ**
> Mighty Quinn's Barbeque
> バーベキュー専門店のブリスケット $10.95

$26

> **ブルー・リボン寿司**
> Blue Ribbon Sushi Bar
> レギュラー6pc+1ロール

フードコートとは思えない質の良さが評判のブルー・リボン寿司

餃子や麺類専門の中国料理、ノーザン・タイガー

女性や家族連れに人気のスプリンクルズ・カップケーキ

ニューヨークでフランスを味わう
ル・ディストリクト
Le District
ロウアー・マンハッタン MAP付録P.23 A-3

フレンチ・フードコートとマーケット。カフェ、ベーカリーなどのほか、ワイン・バー、屋外バー、そしてビストロ・レストランと選択肢は多彩だ。

☎ 212-981-8588 🚇 E線 World Trade Center駅から徒歩10分 📍 225 Liberty St. 🕐 7:30~22:00 休 無休

➡ ウインター・ガーデンの横にある

入るとすぐ右にカフェ、向かい側にベーカリーとパティスリーが並ぶ

> **カフェ・ディストリクト**
> Cafe District
> 好みのトッピングでカスタマイズしたい
> ©LeDistrict

$6.95

ラ・バーには屋外の席もある

> **ローテイセリエ**
> Rotisserie
> 彩り豊かなエビとトマト、ブロッコリーのパスタ $8.95

$1

> **バー・ラ・ヴァン**
> Bar A Vin
> ハッピーアワーならオイスターがなんと1個$1とお得！

落ち着いた大人の空間

※料理はイメージです

ニューヨークでぜったいしたい12のコト　07　スタイリッシュな進化系フードコート

BEST 12 THINGS TO DO IN NEW YORK

ハドソン川沿いのフードホール
マーケット57
Market 57
ミート・パッキング・ディストリクト
MAP 付録P.10 A-3

ピア57にあるフードホールで眺めが良く広々として、観光客が多くて活気があり、気持ちのよいフードホール。キオスクも韓国、中国、タイ、インド、メキシコ、地中海など国際色豊かなのが魅力。

なし M A・C・E線14 St駅から徒歩15分 25 11th Ave 11:00〜20:00 ※店舗により異なる 無休

さまざまな国の料理が集まり、好みのメニューが見つかるかも

1907年に貨物船用の桟橋として建設され、歴史的建造物の指定も受けている

▶ **アミイ** $12
Ammi
酸味のあるクレープに、風味豊かなスパイスの効いたカレー味のポテトが入ったマサラドーサ

▶ **マザーシャッカーズ** $4〜
Mother Shuckers
アメリカ東海岸産(1個$4)と西海岸産(1個$5)から選べるオイスター

▶ **ザーブザーブ** $19
Zaab Zaab
麺はやわらかく、カニがふんだんに入ったクラブカレーヌードル

ヘルズキッチンの新名所
ゴッサム・ウエスト・マーケット
Gotham West Market
ミッドタウン・ウエスト **MAP** 付録P.8 A-3

閑散としたエリアにできたおしゃれで手軽なグルメスポット。ラーメン、パスタ、バーガーなどニューヨークの人気店の支店が揃っていてテイクアウトもできる。支払いはカードのみ(現金不可)。

☎ 212-582-7940 M A・C・E線42 St-Port Authority Bus Terminal駅から徒歩12分 600 11th Ave. 11:00〜21:00 無休

毎日メニューが変わるパスタの店、デラニマ

▶ **アイバン・ラーメン** $14
Ivan Ramen
日本で有名になったアイバン・ラーメンの塩ラーメン

▶ **シーモアズ** $24
Seamore's
ロブスターロール。チップとコールスロー付き

▶ **デラニマ** $18
Dellanima
ピリッと辛いアラビアータ・スパゲティ

※料理はイメージです

07 FOOD COURT

エリア内でペルー料理や韓国料理など豊富な種類を楽しめる

買い物帰りに寄りたい
ガンズヴォート・リバティ・マーケット
Gansevoort Liberty Market
ファイナンシャルディストリクト
MAP 付録P.23 B-3

ウェストフィールド・ワールドトレードセンター内にあるフードホール。約10店舗の飲食店やカフェ、キオスクが集まる。
☎315-715-6369 ⓂⒶ1線 Cortlandt St駅から徒歩1分 🏠101 Liberty St.(C1コンコース) 🕐7:00(土曜10:00)～19:00 日曜11:00～18:00 休無休

▶Kポップハウス **$24.95**
K-Pop Haus
キムチも付き、玄米か白米を選べる甘辛い骨付きの牛カルビの煮込み

▶セビチェルシー **$18.95**
Cebichelsea
じっくり煮込んだビーフに、コリアンダーソースの豆の煮込み、ほのかに塩気のあるスパニッシュライスが味わえるビーフライス

カジュアルな店内は朝からニューヨーカーで賑わう

朝・昼・晩と利用できる
アーバンスペース・ヴァンダービルト
Urbanspace Vanderbilt
ミッドタウン・イースト MAP 付録P.15 E-3

朝7時からオープンしていて、朝食にも利用できる。人気のドーナツ店ドウなど約15店が入っており、ランチタイムはビジネスパーソンで賑わう。支払いはカードのみ(現金不可)。
☎646-747-0810 Ⓜ4・5・6・7・S線 Grand Central-42 St駅から徒歩1分 🏠230 Park Ave. 🕐7:00～21:00(土曜は～18:00)※店舗により異なる 休日曜

⬆入口は45th St.とヴァンダービルトAve.の角にある

▶ミアン・キッチン **$11～14**
Mian Kitchen
台湾料理のヌードルとバオの店

中華街の最新アジア料理の店
キャナル・ストリート・マーケット
Canal Street Market
ウィリアムズバーグ MAP 付録P.21 D-4

日本の寿司、ラーメンから中華のライスロール、フィリピンやタイなどバラエティ豊か。NYをイメージしたピンバッジやトートバッグなどを販売するリテールストアのポップアップストアと内側でつながっている。食後のおみやげ探しができる。
☎646-694-1655 ⓂⒿ・N・Q・R・W・6線Canal St駅から徒歩1分 🏠265 Canal St. 🕐11:00～20:00 ショップ11:00～19:00 休無休(ショップは月～水曜)

▶ベトング **$15.95**
Betong
やわらかいチキンと温泉卵がついたピリ辛ヌードル。サラダやチキンバンが付くと$17.95

▶カビセラ **$15**
Kabisera
漬物とドリンクが付き、ご飯はアドボライス、スティームライス、ライスヌードルから選べる春巻き定食。ポークルンピアミール

屋台の街並みをイメージしたような異国情緒漂う店内

食みやげも買える!
街のフードマーケットへ

食品にこだわるチェルシー・マーケットや、イタリア食材に特化したイータリーは、ニューヨークの食トレンドを発信している。一度はチェックしたい。

工場跡地にできた屋内型マーケット
チェルシー・マーケット
Chelsea Market
チェルシー MAP 付録P.10 B-3
☎212-652-2121 ⓂA・C・E・L線 14 St駅から徒歩5分 🏠75 9th Ave. 🕐店舗により異なる 休無休

⬆グルメもおみやげも品揃えが豊富

高品質のイタリア食材ならここ
イータリー
Eataly
ロウアー・マンハッタン MAP 付録P.23 B-3
☎212-897-2895 ⓂⒶ1線WTC Cortlandt駅からすぐ 🏠101 Liberty St. 🕐7:00～11:00 休無休

⬆質の良いイタリアの食材が手に入る

ニューヨークでぜったいしたい12のコト
07 スタイリッシュな進化系フードコート

BEST 12 THINGS TO DO IN NEW YORK

ナチュラルアイテムの宝庫でいいものを見つけたい

08 グリーン・マーケットで ローカルフード探し

エココンシャスな地元ライフを体感

のびのびとした空間に多くのベンダーが並ぶニューヨークの青空マーケット。お祭りのような雰囲気のなか、フレッシュな野菜やフルーツ、お菓子などご当地の味を楽しんで。

生産者が直接売り場に立つ ニューヨーカーの台所

近郊農家がニューヨーカーに最も新鮮な食材を提供したいと1976年に始まったグリーン・マーケット。野菜やフルーツをはじめ、肉や魚、手作りのお菓子などバラエティに富んだ新鮮な食材が並ぶ。市内各地で開催されており、食いしん坊な人は必見のスポットだ。

↳天気の良い日は散歩をしながら好みのベンダー探し

青空マーケットの旗艦的存在
ユニオン・スクエア グリーン・マーケット
Union Square Green Market
ユニオン・スクエア MAP付録P.19 D-2

わずか数軒の近郊農家による産地直送販売から始まった市場。生鮮野菜や加工品、ワインやビールまで140近いベンダーが軒を並べる。試食や試飲も気軽にできるので、生産者とおしゃべりしながら手作り食品をじっくり選べるのも楽しい。

☎212-788-7900 🚇M4・5・6・L・N・Q・R・W線14 St-Union Sq駅からすぐ 🏠Union Sq. 🕐月・水・金・土曜 8:00〜18:00 🚫火・木・日曜 💳
※一部ベンダーでカード利用可

↳ベンダーのスタッフはみな親切で安心

野菜 Vegetable
農家が大切に育てた野菜がたくさん！素材のまま、自然のままの色鮮やかでカラフルな食材は見ているだけで楽しい

コーヒー Coffee

焙煎したばかりのコーヒー豆を使った一杯。すっきりとした酸味のコロンビア産など、日替わりで異なる豆を使用

↳添加物不使用、リンゴをそのまま加工したアップルビネガー

温かいコーヒーはいかがですか？

BEST 12 THINGS TO DO IN NEW YORK

ニューヨーク再生の象徴を訪ねて

新たなニューヨークの進化とパワーを感じる

09 ワールド・トレード・センターで平和を誓う

世界を震撼させた事件から時が経ち、生まれ変わったワールド・トレード・センター。アメリカで一番の高さを誇る展望台や大型ショッピングセンター、最新鋭の技術とデザインを結集した駅舎など、進化する施設を散策したい。

悲劇の跡地に再建された希望と不屈の精神のシンボル

グラウンドゼロと呼ばれるワールド・トレード・センター跡地には、慰霊碑となっているメモリアル・プラザ、ワン・ワールド・トレード・センターなど6つの高層ビル、9/11メモリアル・ミュージアム、芸術交流センター、リバティ・パーク、そしてトランスポーテーション・ハブと呼ばれる駅などが再建されている。なかでも2014年に完成した「1ワールド・トレード・センター」は、アメリカ独立の年にちなみ1776フィート(約541m)と現在全米一の高さを誇る。104階建で、地上約400mの展望台からは、倒れても壊れても再生し、常に進化を続ける生命体のような街並みを見渡せる。

2018年に3ワールド・トレード・センターが完成

ワールド・トレード・センター
World Trade Center
ロウアー・マンハッタン MAP 付録P.23 B-3
なし 交 M R・W線 Cortlandt St駅／1線 WTC Cortlandt駅からすぐ、E線 World Trade Center駅から徒歩1分、4・5・A・C線 Fulton St駅から徒歩5分 所 285 Fulton St.(1ワールド・トレード・センター) 開 8:00〜20:00(メモリアル・プラザの見学時間) HP www.wtc.com/

56

09 WORLD TRADE CENTER

9.11の記憶

それはあまりにも衝撃的な映像と記憶を残した同時多発テロ事件だった。さまざまな想いを背負った人々の痛みは少しずつ、苦しい体験からけっして忘れてはいけない歴史に変わろうとしている。犠牲者一人一人の名前が刻まれた慰霊碑「9/11メモリアル」をはじめ、あの日の消防士たちが描かれた壁画などが並び、今もなおこの地を訪れる大勢の人々の足が途絶えることはない。

9/11 メモリアル・ミュージアム
9/11 Memorial Museum
2001年の同時多発テロと1993年のWTC爆破事件の事実と影響を伝えるための博物館。
営9:00～19:00 最終入場は各2時間前
休火曜 料$33

→遺品や関連アートの展示もある

サウス・プール／ノース・プール
South Pool / North Pool
旧ツインタワー跡地にある2つの慰霊碑。合計2983人の犠牲者の名前が刻まれている。
→犠牲者達を追悼する慰霊碑

サバイバー・ツリー
Survivor Tree
同時多発テロの1カ月後にグラウンドゼロで発見。根は引き裂かれ枝は焼け落ちたが強く生き返った。
→「生存者の木」と呼ばれる梨の木

ニューヨークでぜったいしたい12のコト

09 ワールド・トレード・センターで平和を誓う

今もプールには献花が絶えない

かつてのツインタワーの跡地のプールは9mの滝が流れる

BEST 12 THINGS TO DO IN NEW YORK

World Trade Center

アメリカで一番高い展望台
ワン・ワールド・オブザーバトリーの絶景へ

マンハッタン、ブルックリン、自由の女神などを一望できる展望台。2015年にオープンしてからロウアー・マンハッタンの象徴としてたたずみ、最新技術で進化するニューヨークを演出する。

時代の先端を進む米国最大の展望台
ワン・ワールド・オブザーバトリー
One World Observatory
ロウアー・マンハッタン MAP付録P.23 B-3

高さ541m、104階建てのアメリカ最高の高さを誇る展望台。100〜102階の3フロアからはマンハッタンを一望でき、ブルックリンや自由の女神も見られる360度の大パノラマが魅力。

☎212-602-4000 ㊟285 Fulton St.(1ワールド・トレード・センター内) ⌚9:00〜21:00
※季節により変動あり 休無休

観光アドバイス
チケットは空きがあれば当日購入も可能だが、公式HPからの事前予約がおすすめ。入場のタイミングは時間指定されているので確認したい。

展望台へのアクセス
入場してから展望台到着まで、最新技術を駆使した展示を見ることができる

100階
4 展望台 ▶P59
One World Observatory

102階
3 フォーエバーシアター
Forever Theater
到着するとフロアのスクリーンで約2分の映像鑑賞。映像終了後は心揺さぶられるサプライズも。

地下
2 セキュリティ・チェック
Security Check
エスカレーターで向かう。X線検査機を使った、空港レベルの厳密なチェックを受けてから入場。

1階
1 エントランス
Entrance
入場するとチケットカウンターがある。入場は15分ごとの時間指定があるので、少し前に到着していたい。

View Point
東側にはブルックリンに架かる複数の橋や街並みが見られる

58

View Point
南側には自由の女神を発見！ニュージャージー州も見渡せる

View Point
摩天楼の夜景が広がりロマンティックな雰囲気が楽しめる

展望台のメインフロアはお楽しみがいっぱい！

展望台
One World Observatory
展望台の見どころはほかにもたくさん！絶景にプラスして楽しめるスタッフのガイドや体験スポットにも注目。

シティ・パルス
City Pulse
円形に並んだパネルで街の紹介を

スカイ・ポータル
Sky Portal
直径約4.3mの透明の床はスリル満点！

見る方角によって異なる風景が広がるのも魅力

09 WORLD TRADE CENTER

ワールド・トレード・センターのショッピングスポット

観光の途中で立ち寄りたいレストランやショップがある施設。最旬のトレンドが大集合している。

→→オキュラスから移動する途中にあり最新鋭のデザインも美しい

トレンドショップが集結
ウエストフィールド・ワールド・トレード・センター
Westfield World Trade Center
MAP 付録P.23 B-3

高級ブランドや話題のカフェ、レストランなど100店以上が集まるショッピングセンター。休日は観光客だけでなく多くの地元客も訪れる。

☎212-284-9982　◯9:00〜19:00 土曜10:00〜20:00　休無休

こちらに立ち寄り
アイ・ラブ・ニューヨーク・ストア
I LOVE NY Store
「I ♥ NY」のロゴが付いたアイテムのおみやげ専門店。
P.144

最新鋭のデザインを誇る駅舎
オキュラス
Oculus
MAP 付録P.23 B-3

ラテン語で「丸い」を意味する「オキュラス」。鳥の翼を表現した外観で2016年に完成した交通拠点で、10の地下鉄路線とバス、トレインが乗り入れているハブステーション。ウエストフィールド・ワールド・トレード・センターに直結。

こちらに立ち寄り
スモーガスバーグ
Smorgasburg
ブルックリンで人気のスモーガスバーグが、ワールド・トレード・センターで営業を開始。
◯11:00〜18:00（4〜10月金曜のみ）
→手軽なベンダーフードが並ぶ

↑建築家サンティアゴ・カラトラバ氏による斬新な外観

ニューヨークでぜったいしたい12のコト

09 ワールド・トレード・センターで平和を誓う

59

BEST 12 THINGS TO DO IN NEW YORK

ニューヨークを代表するランドマーク

10 自由の女神に会いに行く!

ニューヨークといえば誰もが思い浮かべる自由の女神。市内観光に欠かせない巨大な女神像や、関連する展示を見ることができるミュージアムなど、見どころが盛りだくさん!

Statue of Liberty

女神は世界遺産です

自由の国アメリカを象徴する
フランス寄贈の女神像

　自由の女神がフランスからニューヨークに来たのは約140年前の1886年。アメリカ合衆国独立100年を記念し、奴隷制を廃止、自由と民主主義を打ち立てようとしていたアメリカへフランスが贈ったモニュメントであった。自由の女神像が立つリバティ島は、大西洋からマンハッタンへ向かうニューヨーク港の玄関口に位置する。フランシス・F・コッポラ監督の『ゴッドファーザーpartⅡ』で、シチリア生まれの主人公が移民船の上から自由の女神を見上げる冒頭シーンがある。自由の女神は、アメリカにやってくる世界中の人々が最初に目にする希望のシンボルとして君臨するのだ。1984年にはユネスコ世界遺産に登録され、今も自由の光を掲げ続けている。

自由の女神
Statue of Liberty
リバティ島 MAP 付録P2 B-4
交 フェリー乗り場があるバッテリー・パークへはⓂ1線 South Ferry駅からすぐ HP www.nps.gov/stli

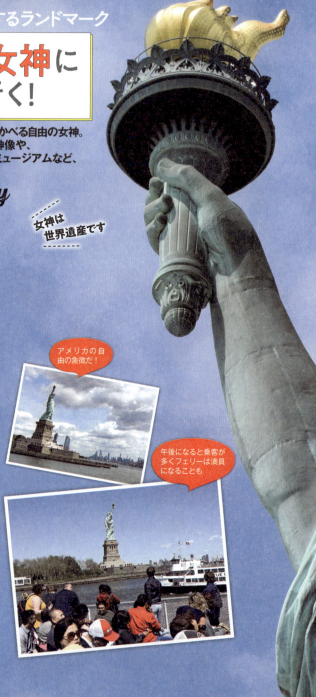

アメリカの自由の象徴だ!

午後になると乗客が多くフェリーは満員になることも

60

10 STATUE OF LIBERTY

移動におすすめ
スタチュー・クルーズ
Statue Cruises
MAP 付録P.12 B-4
☎877-523-9849 料$25.8（往復フェリー乗船代、リバティ島入場料、日本語オーディオガイドを含む）
HP city experiences.com

所要 15分

ツアーに参加
自由の女神の周りを旋回する空の旅
リバティ島に上陸はできないが、自由の女神や、近隣のエリス島などを眺めるヘリコプター・ツアーが開催されている。ほか、ハドソン・リバーを運航するクルーズ船など、リバティ島の外からでも自由の女神を見ることができる。自分の旅程に合わせて検討したい。

リバティ・ヘリコプター
Liberty Helicopters
MAP 付録P.12 C-4
☎212-786-5751（ビッグ・アップル・ツアー）料$249〜 ※別途保証金$40などが必要 HP www.libertyhelicopter.com

所要 15分

観光アドバイス

島内のまわり方
リバティ島に着いたら、まずは自由の女神に近づいてみたい。真下で見学するのもよし、撮影ポイントから写すのもよし。好みの場所を探しながら島内を見てまわろう。

オーディオガイドを活用
島の入口となるフェリーの発着所の近くでオーディオガイドを借りることができる。自由の女神の解説や、歴史的背景やエピソードなどを解説した日本語版があるので活用したい。

展望台は予約必須
自由の女神の頭頂部にある王冠の展望台は、一度に見学できるのは10名程度と少ない。チケットは現地で購入ができないため、見学チケットの申込は半年前から売り切れになることも。

無料で入れるミュージアムへ
自由の女神ミュージアムでは、台座部分で保管していた資料を移動して公開展示している。リバティ島へのクルーズチケットがあれば無料、予約なしで入場できるのがうれしい。

ニューヨークでぜったいしたい12のコト

10 自由の女神に会いに行く！

BEST 12 THINGS TO DO IN NEW YORK

Statue of Liberty

自由の女神を間近に見られる

リバティ島必訪スポット

自由の女神に最接近できるおすすめの場所をご提案！鑑賞場所や特別な展望台、最新スポットとして話題のミュージアムなどを訪れて、島内を満喫したい。

 もっと知りたい！豆知識

どれくらい大きいの？
27.1mの台座に立つ女神の身長は46.1m。右手に掲げる松明だけでも6.4mあり、台座の下から松明までの全長は93.4mに及ぶ。

どうして女神と呼ばれるの？
正式名称は"Liberty Enlighting the World"で「世界を照らす自由」だが、1886年(明治19年)に、像の完成を報じた日本の報道機関が「自由の女神」と訳したのが始まり。

誰が造ったの？
設計はフランス人の彫刻家、フレデリク・バルトルディ。エッフェル塔設計者として知られるギュスターヴ・エッフェルも参加している。

女神のモデルは誰？
デザインはウジェーヌ・ドラクロワの絵『民衆を導く自由の女神』と、顔はバルトルディの母親をモデルにしたといわれている。

女神の視線の先は？
かつては灯台として使われたこともあり、その視線はニューヨーク港に入ってくる世界各地からの移住者を慈悲深く迎え入れている。

どうして緑色なの？
外装には銅板が使用されており建設当初は茶色だったが、年月が経つにつれて潮風や酸性雨の影響で錆が進み、今の緑色になった。

おすすめの撮影スポットは？
リバティ島に上陸する時間のない人にはクルーズやフェリーからの海上撮影が人気。発着所のあるバッテリー・パークから見る夕刻の女神像もおすすめ。

松明
アメリカを表すトウモロコシやタバコの葉をデザインした金箔の松明は、移民たちの希望と自由を表す象徴。

必訪スポット 1
女神の像を真下で鑑賞

遠くから見る自由の女神も絵になるが、その大きさを実感できるのは上陸して間近に姿を見ること。さらに頭からつま先まで細部それぞれに意味が込められた銅像であることにも驚いてしまうかもしれない。

王冠
7つの角は7つの大陸、7つの海に自由が広がることを願って造られた。王冠内は展望台になっている。

左手
縦7.19m、幅4.14mの独立宣言書を持つ。表紙には独立宣言が行われた「1776年7月4日」の日付が刻まれている。

右足(後部)
サンダルを履いた右足のかかとが少し浮いている。建設時に像の内部への出入口として利用されていた。

左足
足元に引きちぎられた鎖と足かせがあり、これを踏みつけることで奴隷制や専制政治からの解放を表現。

 台座
上部に展望台があり、自由の女神のクローズアップに加えて、マンハッタン・スカイラインの眺めを楽しめる。

10 STATUE OF LIBERTY

必訪スポット 2
展望台からマンハッタンを一望する

台座から162段の細くて狭いらせん階段を上りつめたところにあるのが王冠内の展望台。25ある窓からは松明を持つ右手や、左手に持っている銘板などが間近に見え、マンハッタンの摩天楼、スタテン島なども一望できる。

展望台がこんなところに!
王冠部分が展望台になっている。絶景や松明を目の前にできる

展望台への上り方

1 チケット予約
展望台の入場には当日券はないので、クラウンリザーブチケットを公式HPから事前購入。人気なので半年待ちの時期もあるほど

2 到着後、リストバンドと交換
フェリーで島に到着後、展望台に上るための専用リストバンドを受け取る。入場できる印になるので紛失しないよう腕に巻く

3 荷物を預ける
厳重なセキュリティチェックがあるので、荷物はコンパクトにまとめ残りはロッカーに預ける。貴重品は必ず携帯しよう

4 階段を上る
台座に入ると銅像の中心を貫くように伸びるらせん階段が登場。細くて狭い354段の階段を上るので体調には十分気をつけて

→展望台にはパネルなどで歴史を振り返る資料が展示されている

ニューヨークでぜったいしたい12のコト

必訪スポット 3
歴史が学べるミュージアムへ

自由の神の歴史や文化的背景を紹介する。展示の目玉は1886年から約100年間使われていた初代トーチ。女神の顔と足の実物大模型も展示。屋上からは自由の女神やマンハッタン南部、ニューヨーク・ハーバー全景が望める。

自由の女神ミュージアム
Statue of Liberty Museum
MAP 付録P2 B-4
☎212-561-4588 ㊒無料(リバティ島へのフェリー券が必要)

←自由の女神の顔(左)や足(下)の原寸は巨大だ

トーチの実物は保管状態が良くとても美しく見える

カフェ&ショップに立ち寄り

フェリー乗り場近くにあるカフェやショップ。リバティ島での足休めに利用したい。

おみやげ選びを楽しむ
自由の女神ギフト・ショップ
Statue of Liberty Gift Shop
MAP 付録P2 B-4

フェリーを降りてすぐの1階建ての建物。自由の女神をモチーフにしたグッズ、ニューヨークとアメリカの国立公園のグッズも販売。
☎212-363-3180 ㊋最終フェリー時刻まで ㊡フェリー運休に準ずる

↑関連書籍も購入できる

↑記念メダル
◎25

散策後はゆっくり休憩
クラウン・カフェ
Crown Cafe
MAP 付録P2 B-4

セルフサービスのカフェテリア。サラダやサンドイッチ、ハンバーガー、巻き寿司などもある。
☎212-363-3180 ㊋最終フェリー時刻まで ㊡フェリー運休に準ずる

↑カジュアルなカフェ

↑店内席とテラスがある

10 自由の女神に会いに行く!

63

BEST 12 THINGS TO DO IN NEW YORK

ニューヨーカーが集まるトレンドスペース

きらめく夜景に包まれて

Rooftop Bar

11 ルーフトップ・バーでカクテルを一杯

ニューヨークのナイトライフはルーフトップ・バーが大流行！美しい摩天楼の景色に包まれて、カクテルグラスを傾けながらスペシャルな旅の余韻に浸りたい。

VIP度の高い絶景ビューにうっとり
ハリエッツ・ルーフトップ＆ラウンジ
Harriet's Rooftop & Lounge
ダンボ MAP 付録P26 A-3

屋上にある大人気のルーフトップ・バー。入場料$20が必要だが、最上階にあるラウンジは同じ眺めでも入場料なしで深夜2時まで営業。ドリンクの選択肢も多くて大満足。

☎ 347-696-2554 Ⓜ A・C線High St駅から徒歩10分 🚇 60 Furman St Ⓗ 1ホテル・ブルックリン・ブリッジ内 ⏰ 15:00〜24:00(金曜は〜翌2:00) 休 冬期休業あり 💰 $20

▶ オリジナルカクテルも用意

Ⓐ ハンサムなバーテンダーたちがアテンドするバー

マンハッタンの輝く摩天楼とブルックリン・ブリッジに感動

夕暮れどきから夜景に移り変わる景色はムード満点

11 ROOFTOP BAR

ニューヨークでぜったいしたい12のコト

人工芝のあるルーフトップはきらびやかな都会のオアシス

↑ホテル・エンパイアのサイン

↓ザ・エンパイア・サンセット $18

落ち着いた雰囲気のテラスでブランチを楽しむのも◎

華やかなリンカーン・センターを一望
エンパイア・ルーフトップ
The Empire Rooftop
アッパー・ウエスト・サイド MAP 付録P.8 B-1

有名な「ホテル・エンパイア」にあるルーフトップ・バー。テーブルは要予約で、バーのあるペントハウスまたは屋上を指定できる。外の階段を上がると屋上エリアにつながっている。食事メニューが充実しているのもうれしい。

☎212-265-2600 Ⓜ1・2・A・B・C・D線59 St-Columbus Circle駅から徒歩3分 ⌂44 W. 63rd St. Ⓗホテル・エンパイア内 🕐11:00～24:00(水～土曜は～翌1:00) 休無休

11 ルーフトップ・バーでカクテルを一杯

テラスのほどよい照明が夜の美景を引き立てる

←マティーニなどのニューヨーク発祥ものからオリジナルまでさまざま

→ルーフトップ・バーはホテル宿泊客も多く利用する

ゆったりした大人の空間
キャステル・ルーフトップ・ラウンジ
Castell Rooftop Lounge
ミッドタウン・ウエスト MAP 付録P.16 B-2

ACホテル21階にある極上のルーフトップ・バー。エレベーターを出てすぐの場所にバーエリアがあり、雰囲気のあるシックな空間。マティーニを飲みながら、目の前に広がる夜の摩天楼を楽しめる。南窓からのエンパイア・ステート・ビルも格別。

☎929-284-3761 ⓂA・C・E線42 St-Port Authority Bus Terminal駅から徒歩1分 ⌂260 W. 40th St. ⒽACホテル内 🕐16:00～23:00(金・土曜は～24:00、日曜は～22:00) 休無休

65

BEST 12 THINGS TO DO IN NEW YORK

ニューヨークを代表するランドマーク

12 摩天楼の夜景に息をのむ

観光アドバイス
マンハッタンの展望台のなかでも深夜まで営業しているので、夜景を見るならミッドナイトでもOK。エンパイア・ステート・ビルを正面に撮影するなら、北側にあるトップ・オブ・ザ・ロックからが撮るのがおすすめ。

マンハッタンの高層ビル群を一望する展望スポット。ニューヨークらしいきらびやかな夜景が広がり、旅の夜を素敵に演出してくれる。

Night View

季節のライトアップに注目！

クリスマス Christmas

アメリカ独立記念日 Independence Day

セント・パトリックス・デー Saint Patrick's Day

宝石の輝きを超える圧巻の街並みとランドマーク
マンハッタンには高さ150m以上の高層ビルが300棟以上も林立するという。日々演出されるイルミネーションに彩られるビルやネオンまたたく街並みに、高層ビルにある展望スポットから眼下に望むゴージャスな夜景も楽しんで。

NY屈指の夜景スポット
エンパイア・ステート・ビル
Empire State Building
ミッドタウン・ウエスト MAP 付録P.17 D-3

高さ443m、地上102階建ての超高層ビル。1931年に完成してからしばらく世界一の高さを誇り、映画のキングコングがよじ登るビルとして登場するなどNYのランドマークだ。86階と102階の展望室は360度の大パノラマで見応えがある。

☎なし 交⑩B・D・F・M・N・Q・R・W線34 St-Herald Sq駅から徒歩3分 所 350 5th Ave. 開 9:00～24:00(最終入場23:15)※時期により変動あり 休無休 料入場$44(102階展望台は別途$35)※入場料金に日本語オーディオガイド含む
HP www.esbnyc.com

高層タワーは街のシンボル

普段は白いライトアップがされており貫禄あるたたずまい

エンパイア・ステート・ビルからはこんな絶景が！

12 NIGHT VIEW

エンパイア・ステート・ビル
展望台までのアクセス

エントランスがリニューアルされ、絶景はもちろん、展示やショップも楽しめる。

1階　ロビーの自動販売機でチケットを購入

ロビーエントランスがリニューアル。撮影スポットやジオラマ展示もある。

↓

2階　歴史を学べるビジター・インフォメーション

新しい体験型展示でビルの歴史や構造を知ることができる。

↓

86階　メイン展望台から大パノラマの景色を

ニューヨークで最も高い場所にあるオープンエアの展望台。ビルの尖塔を囲むように設置。

↓

102階　街並みを眼下に見るトップ展望台へ

碁盤の目の街の様子やセントラル・パークの全体像を眺められるのもこの場所。

↓

80階　オリジナルみやげを選べるショップフロア

帰る前にみやげ店に立ち寄り。80階にあり店内はゴールドで統一された贅沢な内装。限定グッズも充実。

ニューヨークでぜったいしたい12のコト

12 摩天楼の夜景に息をのむ

BEST 12 THINGS TO DO IN NEW YORK

Night View

ニューヨークで2番目に高い建築「432パーク・アベニュー」

観光アドバイス

オレンジ色の夜景が気品あふれる雰囲気の5番街周辺や、セントラル・パークを一望できる立地。ニューヨークで2番目に高い建築、「432パーク・アベニュー」も目の前。ロックフェラー・センターにはレストランやショップが数多くあり、食事や買い物が楽しめる。季節のイベントも見どころ。

エンパイア・ステート・ビルを望む絶景
トップ・オブ・ザ・ロック
Top of the Rock

ミッドタウン・ウエスト MAP 付録P.14 C-2

ロックフェラー・センターの高さ260mのコムキャストビルの最上階。ガラス張りの69階と手すりだけの70階が展望台で、目の前に迫るエンパイア・ステート・ビルとマンハッタンの摩天楼が魅力。

☎212-698-2000 交 ⓜB・D・F・M線47-50 Sts-Rockefeller Center駅からすぐ 所 30 Rockefeller Plaza 開 9:00〜24:00(最終入場23:00) 休 無休 料 $40

↑冬の名物であるスケートリンクとクリスマスツリーはビル前に

↓ロックフェラー・センターでは春になると季節の花が咲く

24時間眠らない街

NYらしいフォトジェニックな交差点
タイムズ・スクエア
Times Square

ミッドタウン・ウエスト MAP 付録P.14 B-4

夜遅くまで多くの人が集まるエンタメ広場。華やかなミュージカルの看板や無数のLEDディスプレイが名物。

交 ⓜ1・2・3・7・N・Q・R・W・S線 Times Sq-42 St駅からすぐ

ネオンが輝き世界各国の観光客が集まる交差点

最新アトラクションに注目!

上空から摩天楼を見渡せる
スカイリフト
Skylift

MAP 付録P.14 C-2

オープンエアの円形プラットフォーム。約4分間、ゆっくり回転しながら3階分の高さまで上がり、宙に浮いた感覚を楽しめる。
料 $35

↑プロポーズの聖地としても知られ、カップルが多く訪れる

緊張感抜群の空中浮遊
ザ・ビーム
The Beam

MAP 付録P.14 C-2

シートベルトをつけて座り12フィート上にゆっくり上がり180度回転して絶景を楽しめるビーム。
料 $25

↑スタッフに頂上で記念撮影してもらえる

WELCOME TO THE CITY OF ART

アート

名画や現代美術を鑑賞

Contents

- モダンアートの聖地 **ニューヨーク近代美術館** ▶P72
- **メトロポリタン美術館** を訪れる ▶P76
- 芸術的建築が魅力の **グッゲンハイム美術館** ▶P80
- **アメリカ自然史博物館** で地球の歴史に迫る ▶P81
- 名画・名作を訪ねて **美術館&博物館巡り** ▶P82
- ストリートで発見! パブリック・アート ▶P84

ART

鑑賞前に知っておきたい！美術館の基礎知識

ゴッホやフェルメールなどの名画やアメリカンポップアートなど、世界から注目される作品が一堂に集結するニューヨークの美術館。一日を通して楽しめる規模と展示作品の多さは圧巻。

チケットを買う

公式HPから事前予約が安心

ニューヨークの美術館は、入場料が決められている施設と、「ドネーション（Donation）」と呼ばれる寄付制で任意の金額を支払う施設に分けられる。入場料が決められている美術館は、ほとんどが公式HPから事前購入ができる。チケット枚数を入力し、有料ガイドツアーや音声ガイドの申込が必要なら同時に入力。メールアドレスや名前、クレジット情報などを入力すればOK。

当日は自動券売機を利用

人気美術館のチケット売り場は長蛇の列で時間がかかる。そのため自動券売機での購入がおすすめ。クレジットカードも利用できる。

お役立ちポイント

入館時のセキュリティチェック

ほとんどの美術館で入館時に手荷物検査がある。公共の場での安全を確保するための検査なので指示に従って行動を。持ち込める手荷物の大きさに制限のある美術館も多い。館内では手荷物はひとつにするのが安心。大きな荷物やスーツケース、みやげなど飲食物の入った紙袋などはクロークに預けるよう指示されることが多い。

訪れるおすすめ時間帯は？

人気の美術館にすいている時間帯はないので、朝一番に訪れたい。美術館の規模が大きく展示も豊富なため、閉館間際に行くとゆっくり鑑賞できないことも。時間にゆとりをもって計画を。

館内は撮影できる？

カメラの持ち込みを禁止される美術館がある一方で写真撮影がOKな場所も。ただし作品保護のためにフラッシュは絶対にNG。スマホなどで撮影の際にはオートフラッシュ（自動モード）に注意して。

●メトロポリタン美術館分館も魅力的
フランス・スペインの中世の作品や調度品が集まるクロイスターズなど、芸術性の高い分館を訪れるのもおすすめ。メトロポリタン美術館の入場券があれば当日は無料で見学できるのがうれしい。

美術館内の楽しみ方

ニューヨークの美術館はとにかく規模が大きく、広々とした館内と作品の多さが魅力。訪れたい美術館や鑑賞のポイントをしっかり押さえよう。

見学したい場所を事前に予習

メトロポリタン美術館やニューヨーク近代美術館、アメリカ自然史博物館は、一日で巡るのが難しいほど規模が大きく展示作品も多い。訪れる前にあらかじめ見学したいフロアや展示物を決めておきたい。企画により展示物が館内を移動する場合や、アメリカ国外の企画により展示がない場合もあるので、最新情報は公式HPで必ず確認して出かけよう。

豪華な企画展に注目

各美術館では多様な企画展が開催されている。貴重な展示物が限定公開されることもあり見逃せない。

オーディオガイドを活用

携帯電話用アプリで多言語オーディオガイドを対応している美術館も多い。解説はもちろん、数ある作品のなかから必見ポイントを絞って紹介してくれるので、その順路に従って見学できるのが便利。

ツアーやイベントに参加しよう

美術館では各種ガイドツアーを開催。メトロポリタン美術館（→P.76）では有料の日本語ガイドツアーがあり、見どころをプロがていねいに紹介してくれる。アメリカ自然史博物館（→P.81）では、「スリープ・オーバー」と呼ばれる有料宿泊イベントを年に数回開催。子どもはもちろん、大人のみの参加日もあり、館内見学やディナー、特別ショーも見ることができ、そのまま館内に宿泊できる。解説は英語のみ。

館内のカフェやショップへ

大型美術館には、館内にデザイン性の高いカフェやおしゃれなバー、作品をモチーフにしたオリジナルグッズが購入できるショップがある。休憩で利用したり、おみやげ探しにも活用できる。

芸術性の高い建物も見どころ

有名建築家が設計したグッゲンハイム美術館（→P.80）やホイットニー美術館（→P.158）、有名な映画やドラマの舞台にもなったメトロポリタン美術館の入口階段など、展示物以外の見学ポイントも。写真撮影をする観光客で連日混み合う。

お得情報

入館無料の時間帯に訪れる

入場無料で見学できる曜日や時間帯が決められている美術館も。年により変更することもあるので、公式HPで調べてからお得な日にちを選びたい。

●無料入館ができる美術館の一例
ニューヨーク近代美術館
毎月第1金曜 16:00～20:00
イサムノグチ美術館
第1金曜
ブルックリン美術館
第1土曜 17:00～23:00

ドネーション日程を利用する

「ドネーション(Donation)」と呼ばれる入場料が寄付制の美術館もある。アメリカ自然史博物館やグッゲンハイム美術館は特定の曜日や時間帯にドネーションを実施。任意の金額で入場可。

観光に大活躍の「シティパス」

ニューヨークの観光名所の入場券がセットになったお得な「シティパス」。大人$146で対象の5つの施設に入場でき使用開始した日から9日間有効。5つの施設は自身で選択でき、自由の女神やトップ・オブ・ザ・ロックなど複数の有名施設が含まれている。美術館では9.11メモリアル・ミュージアム、アメリカ自然史博物館、グッゲンハイム美術館が対象施設となるのでお得に観光が楽しめる。購入は公式HPで確認。
HP www.citypass.com/

知っておきたい 美術館での鑑賞マナー

美術館では大声を出さない、走らないといった基本的常識はもちろん、芸術作品を保護するためのマナーを守って鑑賞したい。フラッシュ撮影不可や、作品に触れてはいけないものも多い。作品の至近での長時間の鑑賞や大きな荷物の持ち込みも、ほかの来館者の鑑賞の妨げとなるので注意しよう。

ミュージアムマイル

美術館が集まる通りを散策

アッパー・イースト・サイドの82nd St.から110th St.周辺は、多くの美術館が立ち並ぶことからミュージアム・マイルと呼ばれている。メトロポリタン美術館をはじめ、グッゲンハイム美術館、フリック・コレクション(→P.82)、ノイエ・ギャラリー(→P.82)などが集まり、アート好き必訪の散歩道として有名。

ニューヨーク芸術の祭典

アート・エキスポ・ニューヨーク

1978年に始まったアートと文化の最先端を発信するアートの祭典。世界各国のアーティストが作品を出品しており、現代の勢いのあるアーティストや日本のアーティスト作品にも出会える。
HP redwoodartgroup.com/artexpo-new-york/

ミュージアム・マイル・フェスティバル

ミュージアム・マイルで、さまざまなイベントやダンスショーなどが行われるフェスティバル。飲食ブースなども出店する。当日は、ミュージアム・マイルにある美術館が18～21時の間無料で入場できるのもうれしい。

ニューヨーク・ファッション・ウィーク

パリ、ミラノ、ロンドンと並ぶ4大コレクションのひとつ。年2回開催され、参加するブランド数が世界で最も多い。見学不可だが、ハイセンスなブランドで着飾ったセレブが来場するのも話題。

街全体が美術館！ パブリック・アートを巡る

ニューヨークの街なかは、有名アーティストの作品であふれている。歩道や広場の巨大なオブジェや建物に描かれたポップな壁画など、思わず撮影したくなる場所が点在する。

ART

> MoMAの愛称で知られる美術館がリニューアルオープン

モダンアートの聖地 ニューヨーク近代美術館

近現代美術史の担い手とも称される、世界に名高い現代アートが集結する美術館。2019年のリニューアル工事を経て、展示される作品もより充実。フロアが拡張し、注目が高まっている。

ニューヨーク近代美術館
The Museum of Modern Art, New York
ミッドタウン・ウエスト MAP付録P.15 D-2

1880年代から現在までの世界各国の約15万点に及ぶ作品を収蔵する近代美術館。2019年、4億ドルの資金と4カ月間をかけて隣接するアメリカン・フォーク・アート美術館ビルへの拡張工事でリニューアルを遂げた。既存の有名画家の絵画や作品はそのままに、拡張部分では美術史で語られることが少なかった女性、ラテン系、アジア系、そして黒人の芸術家たちの作品に焦点を当てる展示を行う。また、ワークショップスペースなどもさらに充実させ、アートにふれる機会を提供する場としても期待されている。

☎212-708-9400 ◉ⓂE・M線5 Av/53 St駅から徒歩4分 ◉11 W. 53rd St. ◉10:30～17:30(土曜日は～19:00、第1金曜は～20:00) ◉無休 ◉$30、シニア$22(事前ネット購入では$28、シニア$20、毎月第1金曜の16:00～20:00は無料) ◉www.moma.org/

MoMAの巡り方
いちばんの見どころは4階と5階の絵画フロア。入館したら上層階を目指したい。その後、3階の写真展示、2階のコンテンポラリー・ギャラリーなどを見てまわろう。

4th floor
4階
鑑賞時間 約1～2時間

世界的に有名な現代アート作品が一堂に集まる貴重なフロアを見学

アンディ・ウォーホルやロイ・リキテンスタインなど現代アーティストの作品がずらりと並ぶ。ニューヨークらしい明るくポップな色使いの作品の多さは、MoMAならではの魅力。

必見作品はこれ！
マリリン・モンロー
キャンベル・スープ缶

※現在展示なし、再開時期未明

鑑賞のポイント
マリリン・モンローの死がきっかけで制作を始めたといわれる

A マリリン・モンロー 必見！
Marilyn Monroe
1967年制作。作者の名を知らしめ確固たる地位を得るきっかけとなった作品。
●アンディ・ウォーホル

B キャンベル・スープ缶 必見！
Campbell's Soup
1968年制作。当時は芸術とはみなされなかったが、何枚も同じモノをキャンバスに刷るスクリーン印刷という手法を用いた代表作。
●アンディ・ウォーホル

鑑賞のポイント
アンディのスクリーン印刷の手法は、大量生産、大量消費を豊かさの象徴としたアメリカへの皮肉を表現しているともいわれた

所蔵先：ニューヨーク近代美術館 The Mueum of Modern Art (MoMA) 『Marilyn Monroe』© 2024 Andy Warhol Foundation for the Visual Arts / Artists Rights Society (ARS), New York 『Campbell's Soup』© 2024 Andy Warhol Foundation / ARS, NY / TMLicensed by Campbell's Soup Co. All rights reserved.

information

● **チケットは公式HPから予約**
公式HPの「Visit → Tickets」から日付と枚数を選びクレジットで支払い。何度も訪れるならメンバー会員になるのがおすすめ。入場料割引、ショップでの買い物が20%オフになるなどお得。

● **無料アプリをダウンロード**
携帯電話にアプリをダウンロードすると、館内マップやセルフガイド案内が楽しめる。約40の言語に対応しており、日本語も選べる。公式HPからQRコードで読み取り可。

● **写真撮影はマナーを守って**
基本的にはOKだがフラッシュ撮影は禁止。ギャラリーやシアターでの携帯電話の使用は禁止。ニューヨークの劇場など公共イベント会場での携帯電話使用を禁止する条例が適用される。

● **複数のショップで買い物が楽しめる**
ミュージアムショップは館内を合わせて3カ所ある。時間や混雑状況を見ながらショップを選ぶのもよい。

↑大きなキャンバスに描かれたジョアン・ミロ作『壁画』

→洗練された雰囲気の階段。入口を進むと目の前にある

※現在展示なし、再開時期未明

Ⓒ **ポップ・アーティスト**
11 Pop Artists, Volume II
1965～66年制作。アメリカンポップを表現するにふさわしい名作。
● ロイ・リキテンスタイン

鑑賞のポイント
トーンに使用されたドット、はっきりとした黒のアウトライン、大胆な原色の色使いなど、ロイ・リキテンスタインの特徴が顕著

Ⓓ **ボールを持つ少女**
Girl with Ball
1961年制作。ペンシルヴェニア州のホテル広告の写真からヒントを得て描いた作品。
● ロイ・リキテンスタイン

鑑賞のポイント
人形のような丸い口元や髪がなびく姿は、リアルな少女の写真からは想像できない新しさを生み出した

Ⓔ **旗**
Flag
1954～55年制作。アメリカ国旗を描くことを夢で見たといい、心の奥にあるものとして作品化に意欲をみせたという。
● ジャスパー・ジョーンズ

鑑賞のポイント
ストライプや48個の星には材料に新聞が使用されており、当時のスクラップ記事が見られる

ニューヨーク近代美術館 内の
レストラン&ショップ

休憩で立ち寄りたいカフェテラスやショップにも注目。

カフェ2
Cafe 2

2階

2階にあるイタリアンをベースにしたカフェ。パスタ、サラダ、サンドイッチなど軽いランチにおすすめ。
ドリンク $4～
フード $10～

🕐 11:00～17:00

MoMAデザイン・アンド・ブック・ストアズ
MoMA Design and Book Stores

1・2階

1階入口横のストアは、商品の数が多くアート関係の書籍も並ぶ。2階のストアは、MoMAオリジナル商品が並びおみやげに◎。

🕐 9:30～18:30（金曜は～20:00）

館外のショップも充実

美術館を訪れなくても、おしゃれなアイテムが入手できる。

MoMAデザイン・ストア
MoMA Design Store

ミッドタウン・ウエスト MAP付録P.15 D-2

美術館の向かいにあり、インテリア小物やアクセサリーなどが充実。

☎ 212-767-1050 Ⓜ E・M線5 Av-53 St駅から徒歩4分 🏠 44 W. 53rd St. 🕐 9:30（木曜14:00）～18:30 休 無休

MoMAデザイン・ストア・ソーホー
MoMA Design Store Soho

ソーホー MAP付録P.21 D-3

ショップのなかでいちばん広くて品揃えが豊富。散策途中に訪れたい。

☎ 646-613-1367 Ⓜ 4・5・6線Spring St駅から徒歩2分 🏠 81 Spring St. 🕐 10:00（日曜11:00）～19:00 休 無休

『11 Pop Artists, Volume II』© Estate of Roy Lichtenstein, New York & JASPAR, Tokyo C2937 『Girl with Ball』© Estate of Roy Lichtenstein, New York & JASPAR, Tokyo C2946 『Flag』© 2024 Jasper Johns / Licensed by VAGA, New York, NY

ART

5th floor
5階
近代に活躍した美の巨匠が勢揃い 各国に負けない所蔵作品は見事

1880～1940年代の絵画・彫刻を展示し、MoMAのメインフロアとも呼ばれる。ピカソやゴッホなど歴史に名を残す名作が並ぶなか、アメリカ人アーティストのモンドリアンなどもある。

5階
鑑賞時間
約1～2時間

必見作品はこれ！
- アヴィニヨンの娘たち
- 星月夜
- ダンス（I）

鑑賞のポイント
「バラ色の時代」のあとにキュビスムを確立した現代絵画の出発点として知られる傑作

F アヴィニヨンの娘たち　必見！
Les Demoiselles d'Avignon
1907年制作。スペインのバルセロナ、アヴィニヨン通りの娼婦を描いた作品。
● パブロ・ピカソ

© 2024 - Succession Pablo Picasso - BCF(JAPAN)

G 星月夜　必見！
The Starry Night
1889年制作。爆発する星、静けさを保つ村、死を連想させる木が苛立ちを表現している。
● フィンセント・ファン・ゴッホ

鑑賞のポイント
ゴッホの晩年に描かれた作品。独特の渦を描くようなタッチが発揮されている

H コンポジション2
Composition No. II, with Red and Blue
1929年制作。アメリカに拠点を移した際、マンハッタンの碁盤の目の街からヒントを得たという。
● ピエト・モンドリアン

鑑賞のポイント
グリッドと三原色で厳格に構成され、規律を感じさせる

所蔵元：ニューヨーク近代美術館 The Mueum of Modern Art, (MoMA)

I 記憶の固執
The Persistence of Memory
1931年制作。硬いものと軟らかいもの、両極への執着をみせるダリのアイデンティティをよく表現している作品。
●サルバドール・ダリ

鑑賞のポイント
ぐにゃりと曲がった時計は溶けていくカマンベールチーズからインスピレーションを受けたという。あり得ないモチーフを組み合わせて非現実的な絵画を制作したシュルレアリスムの代表作

鑑賞のポイント
自然光から影響を受ける色が、絶えず変化する性質を捉えようとするモネの繊細な作品

J 睡蓮の池に映る雲の反映
Water Lilies
1914〜26年制作。モネは、蓮池をテーマにすることは「地平線や土のない水の無限の幻想」を提供することだと述べたという。
●クロード・モネ

鑑賞のポイント
究極に単純化された線と鮮やかなブルーの色彩にこだわっている

K ダンス(I)
Dance(I)
必見！
1909年制作。マティスの代表作で階段の踊り場に吊るすこととして誕生した。
●アンリ・マティス

L 私と村
I and the Village
1911年制作。シャガールがパリに移ってから描かれた油彩作品。
●マルク・シャガール

鑑賞のポイント
当たり前の農村風景を都会的で夢のような色調のキュビスムで描き、都市とつながっているような感覚にさせる

『The Persistence of Memory』© 2024 Salvador Dalí, Gala-Salvador Dalí Foundation / Artists Rights Society (ARS), New York
『I and the Village』© 2024 Artists Rights Society (ARS), New York / ADAGP, Paris

ART

METの巡り方

広大な館内は1日ですべてを見学するのは難しい。テーマと時代によりエリアが分かれているので、見たい作品を絞ってまわりたい。入口の案内所でフロアマップを入手して計画を立てよう。各フロアは逆時計回りに巡回するとわかりやすい。

METの名を持つ世界最大級を誇るアートの殿堂

メトロポリタン美術館を訪れる

世界三大美術館といわれ、各国の文明や文化、芸術を結集させたニューヨークが誇る美術館。貴重な作品の数々に圧倒される。

メトロポリタン美術館
The Metropolitan Museum of Art
MAP 付録P.7 D-3

世界最大級の広さと最高級の収蔵作品を誇る美術館。200万平方フィート(18万5800㎡)の展示スペースに、古代から現代まで約300万点以上の作品を抱え、ゴッホ、モネ、ゴーギャン、セザンヌなどの名画家や、フェルメール作品を5枚所蔵していることでも名高い。MET(メット)という愛称で親しまれ、常設はもちろん特別展示も魅力ある企画が多く、毎週のように訪れても飽きないほど。作品は、ジャンルと時代ごとに展示されており、鑑賞したい作品をあらかじめ決めてから訪れたい。

☎212-535-7710 交M4・5・6線86 St駅から徒歩10分 所1000 5th Ave. 営10:00～17:00(金・土曜は～21:00) 休水曜 料$30、シニア$22、学生$17
www.metmuseum.org/

information

● **チケットは公式HPから予約**
公式HPの「Buy Ticket」から枚数を選びクレジットで支払いも簡単。当日でも入場券を購入できるが混み合うので予約がおすすめ。

● **手荷物は少なくまとめて**
正面入口で荷物検査が行われる。ここで大きな荷物はクロークに預けるように指示される。作品や周囲の見学者にも配慮して軽装で◎。

● **撮影マナーを守って見学を**
館内の写真撮影は可能。ただし、フラッシュ撮影や動画撮影は禁止されている。特別展や撮影禁止表示のある場所もあるので注意。

● **日本語ガイド付きツアーに参加**
館内では多様な言語に対応したガイドツアーを開催しており、日本語対応もある。内容や時間は日により異なる。

● **携帯アプリをインストール**
METの無料アプリをダウンロードすれば、オーディオガイドとしても活用できる。日本語の選択も可能。

1st floor / 1階

巨大な展示物が目を引く館内の必見美術作品が結集

エジプト美術のデンドゥール神殿やロバート・レイマン・コレクションの絵画など、大規模な展示が数多く並び、圧巻のコレクションを目の前にできる。

■ エジプト美術
■ アメリカン・ウイング
■ ロバート・レイマン・コレクション
■ アフリカ・オセアニア・南北アメリカ美術
■ ギリシャ・ローマ美術

1階 鑑賞時間 約1～2時間

必見作品はこれ！

受胎告知 …… map B
デンドゥール神殿 …… map E

※企画展開催により、展示作品が移動している場合があります。最新情報は公式HPをご確認ください。

A ハトシェプスト女王の像
Seated Statue of Hatshepsut

BC1473～1458年頃制作。ハトシェプスト女王の等身大の彫像。／エジプト美術／ギャラリー115

鑑賞のポイント
儀式用に男性用の衣服を着用し、正装した姿を表現している

B 受胎告知 必見！
The Annunciation
1445〜1510年制作。ボッティチェリの代表作といわれる壮大な絵画。／ロバート・レイマン・コレクション／ギャラリー952
●サンドロ・ボッティチェリ

鑑賞のポイント
遠近法により幻想的な空間をつくり上げている。左側の若い天使が醸し出す荘厳な雰囲気と右側の聖母マリアが持つやわらかな雰囲気の違いにも注目

C ステンドグラス
Stained Glass Window from the Mrs. George T. Bliss House, New York
1908〜09年ジョン・ラ・ファージ制作。彼の作品のなかで、繊細かつ複雑で技術の高さがうかがえる。／アメリカン・ウィング／ギャラリー700

鑑賞のポイント
女性が着用しているガウンは細かいガラス片をつなぎ合わせて繊細に作られている。動きや折り目を出す技術が素晴らしい

鑑賞のポイント
美術館に献上された初代の展示物。オークの葉の花輪が鮮明に描かれている

D 大理石の棺
Marble sarcophagus with garlands
3世紀頃制作。大理石でできた棺にはていねいな模様がはっきり残る。／ギリシャ・ローマ美術／ギャラリー169

E デンドゥール神殿 必見！
The Temple of Dendur
BC15年頃制作。ローマ皇帝アウグストゥスがエジプトを支配していた時代から残されている神殿。／エジプト美術／ギャラリー131

鑑賞のポイント
アウグストゥスがエジプトの神々に供物を捧げる様子が描かれている

→次ページ 2階

ART

2nd floor 2階
世界に名高い巨匠の絵画を一堂に集めた芸術の宝庫

最大の見どころは19-20世紀初頭ヨーロッパ絵画・彫刻のエリア。ゴッホ、フェルメール、クリムト、ゴーギャンなどの有名作品が数多く展示され、各派の崇高な美術を堪能できる。

2階 鑑賞時間 約1～2時間

- 19-20世紀初頭ヨーロッパ絵画・彫刻
- ヨーロッパ絵画
- 日本美術
- 古代中近東美術

必見作品はこれ！

- 糸杉 ……… map **G**
- 少女 ……… map **I**
- 水差しを持つ女 ……… map **H**

※企画展開催により、展示作品が移動している場合があります。最新情報は公式HPをご確認ください。

H 水差しを持つ女
Young Woman with a Water Pitcher
1660年代初頭制作。青とグレーの銀色を帯びた色調が、やさしい室内の雰囲気を描き出している。／ヨーロッパ絵画／ギャラリー614
● ヨハネス・フェルメール

鑑賞のポイント
ラピスラズリ（瑠璃）の天然石を使用して描かれたブルーの色合いはフェルメール・ブルーと呼ばれる

F 自画像
Self-Portrait with a Straw Hat
1887年制作。ゴッホはパリ滞在中に自身をモデルとし20以上の自画像を制作しておりそのうちの1枚。／19・20世紀初頭ヨーロッパ絵画・彫刻／ギャラリー825
● フィンセント・ファン・ゴッホ

鑑賞のポイント
ゴッホ本人の姿を知る上での貴重な自画像。穏やかな表情が特徴

G 糸杉
Wheat Field with Cypresses
1889年制作。ゴッホにとって糸杉は、自然の構造物のなかで最も完成されたものだったという。自然物、特に緑色の表現が難しいことを語っていたという。／19・20世紀初頭ヨーロッパ絵画・彫刻／ギャラリー822
● フィンセント・ファン・ゴッホ

鑑賞のポイント
ゴッホ独特の力強い筆圧が存分に表現され、渦巻くようなフォルムも見られる

I 少女
Study of a Young Woman
1665～67年制作。少女は、トローニーと言われており、想像で描いたものであると考えられる。／ヨーロッパ絵画／ギャラリー614
● ヨハネス・フェルメール

鑑賞のポイント
作品の大きさ、雰囲気、構成などが、フェルメールの作品「真珠の耳飾の少女」と類似しており、関連性やストーリーがあると考えられているが、真相は明らかではない

©The Metropolitan Museum of Art

J トレド風景
View of Toledo

1597年制作。前景は木々や川が流れる反面、遠景は不毛の地が描かれており、私的な心象が凝縮された作品といわれる。／ヨーロッパ絵画／ギャラリー619
●エル・グレコ

鑑賞のポイント
エル・グレコが唯一描いた純粋な風景画として名高い

K ド・ブロリ公爵夫人の肖像
Princesse de Broglie

1851～53年制作。当時のフランス貴族の肖像画家としての晩年の作品。／19-20世紀初頭ヨーロッパ絵画・彫刻／ギャラリー957
●ジャン・オーギュスト・ドミニク・アングル

鑑賞のポイント
青いサテンとレースのガウン、金の刺繍が施されたショールなどが繊細に描かれている

メトロポリタン美術館 内の レストラン&ショップ

アート作品に包まれた聖地でくつろぎの時間が過ごせる。

カンター・ルーフトップ・ガーデン・バー
Cantor Rooftop Garden Bar

館内最上階にあるバー。おいしいカクテルを飲みながらセントラル・パークやイーストサイドの景色が眺められるとあり、大人気。
🕐11:00～16:00（金・土曜は～20:00）

5階
↑ドリンクを買えるバーは2カ所設置されている

グレート・ホール・バルコニー・カフェ
The Great Hall Balcony Cafe

クラシックの演奏を聴きながら、軽食とドリンクが楽しめる。アジア系の軽食をはじめ、デザート、アルコールも充実している。
🕐11:00～16:15（金・土曜は～20:15）

2階
↑グレートホールの真上のバルコニーにある

ペトリー・コート・カフェ
Petrie Court Café

セントラル・パークを背景にカジュアルな食事ができるセルフカフェ。サンドイッチやサラダなどの軽食は、すべてパックされており、中庭で食べることもできる。スイーツも用意。
🕐11:00～16:00（金・土曜は～20:00）

1階
↑ヨーロッパ彫刻・装飾美術のエリアの奥にある

ミュージアム・ショップ
Museum Shop

館内の1階と2階にあるショップ。美術館オリジナルグッズやアーティストモチーフのグッズ、スケッチや絵画用品など、幅広いアイテムが揃う。
🕐メトロポリタン美術館に準ずる

1階
↑2階のショップにはゴッホがモチーフの商品も

ART

カタツムリのような個性的な外観に注目！

芸術的建築が魅力のグッゲンハイム美術館

独特な外観や、らせん状の建物の中をスロープを下りながら作品を鑑賞するという展示が、訪れる人に驚きと感動をもたらす美術館。斬新な企画展を行うことでも有名。

グッゲンハイム美術館
Solomon R. Guggenheim Museum

アッパー・イースト・サイド
MAP 付録P.7 D-2

1943年、フランク・ロイド・ライトにより完成した渦巻状の外観が特徴の美術館。国定歴史建造物に指定された20世紀を代表する建築物のひとつで、外観自体が作品といえる。館内では、著名な近代芸術家の展示だけでなく、ロシア出身の抽象画家、ワシリー・カンディンスキーの作品を多く所蔵することでも知られる。

☎212-423-3500 ⓂⒶ4・5・6線86St駅から徒歩8分 ⓗ1071 5th Ave. ⓔ10:30～17:30 ⓒ無休 ⓓ$30、シニア・学生$19、月・土曜16:00～17:30は寄付制

↑フランク・ロイド・ライトに建築設計が委託され完成した

↑らせん構造の展示スペースは、アーティストに利点と課題を与え続けているといわれる

information

● チケットは公式HPで予約
ほかの大型美術館同様、チケットは事前購入がおすすめ。公式HPの「Buy Tickets」から訪れる日を選択すると自動で金額が表示される。その後枚数を選び、クレジット情報を入力。

● 携帯アプリをインストール
無料のアプリをダウンロードすれば、オーディオガイドとしても活用できる。(日本語なし)

● セントラルパークを眺められる3カフェ
Cafe Rebayでは軽食(サンドイッチやサラダ)、コーヒー、ビールとワインが楽しめる。
🕛11:00～16:00（土・日曜は～17:00）

必見！
黄色いセーターのジャンヌ・エビュテルヌ
Jeanne Hebuterne with Yellow Sweater
1918～19年制作。アメデオ・モディリアーニの最愛の女性といわれるジャンヌを描いている。
● アメデオ・モディリアーニ

印と前兆
Signs and Portents
スペインの抽象表現主義の絵画の巨匠といわれる。鮮やかな色合いがリードするダイナミックな作風が特徴。
● ホセ・ゲレーロ

鑑賞のポイント
大気中のできごとを示唆するかのような躍動感のある一枚

鑑賞のポイント
『コンポジション』は全部で10点制作されているが、この作品はリズミカルな動きのある描写が特徴

鑑賞のポイント
特定の美術運動や派閥に属さず、独自の絵画を追い求めた作者。独特のやわらかい曲線が美しい

コンポジション 8
Composition 8
1923年制作。絵画の中に音楽的な要素を積極的に取り入れ、モノの形を再現するのではなく、感情を表現した。
● ワシリー・カンディンスキー

©Solomon R. Guggenheim Museum

壮大な宇宙と太古の自然を感じる世界最大規模のミュージアム
アメリカ自然史博物館で地球の歴史に迫る

一度見たら忘れられない、大迫力の恐竜の骨格標本や大型哺乳類の展示に加え、さまざまな企画展示やイベントを開催するミュージアム。生命の起源をたどる神秘の旅に出かけよう。

アメリカ自然史博物館
American Museum of Natural History

アッパー・ウエスト・サイド MAP付録P.6 C-4

1869年に誕生した、世界最大級を誇る自然史博物館。約3200万点を超える貴重な資料が展示されており、太陽系の歴史、地球、人類の進化の研究施設としても活躍している。特に恐竜の展示、IMAXやプラネタリウムの壮大な宇宙ショーは必見。テーマごとの趣向を凝らした展示のほか、映画『ナイト・ミュージアム』の世界を体感できる宿泊イベントなども開催。

☎212-769-5100 Ⓜ B・C線 81St-Museum of Natural History駅から徒歩2分 ⌂Central Park W. & 79th St. ⏰10:00〜17:30 休無休 料$28、シニア・学生$22(プラスワン$34、シニア・学生のプラスワン$27、プラスオール$39、シニア・学生のプラスオール$31)

← 歴史が漂う正面入口。厳かな雰囲気だが、開場すると多くの客で賑わう

↑ 正面入口を抜けると世界最大の高さといわれる巨大な恐竜バロサウルスが迎えてくれる

→ 海洋動物ホールの巨大なクジラは迫力満点。クジラの下で多様な海洋生物の展示を見ることができる

information

● **チケットは公式HPで予約**
ほかの大型美術館同様、チケットは事前購入がおすすめ。公式HPの「Buy Tickets」で3種類のチケットから希望のものを選び枚数を入力。種類は、一般の常設展のみのチケットのほか、常設展+特別展、IMAX、3D、プラネタリウムから1つを選べるプラスワン、どの展示も見ることができるプラスオールがある。その後、クレジット情報を入力して予約する。

● **英語のガイドツアーを開催**
博物館内では英語のガイドツアー(約75分)を無料開催。予約不要で1階北米哺乳類展示前に集合する。日本語でのツアーは行っていない。

● **宿泊イベントで夜の博物館を満喫**
子ども向けの宿泊イベントはもちろん、大人限定のイベントも開催。年に一度、映画『ナイト・ミュージアム』の世界を体感できる夜の展示のほか、ライブやディナー、お酒の提供もあり、特別感を味わえる。寝袋持参、その他条件はあるが、大好評のイベントなのでチェックしたい。(開催日は年により異なる)

【特別展】
↑ 自身が恐竜の世界に入り込んだようなバーチャルリアリティ体験ができる。ほかにも、化石の骨を組み合わせて恐竜を作る体験もある

【特別展】
↑ ティラノサウルスのモデル展示。目の前で見るとゴツゴツした肌や小さな目、頭部の毛並みなどがよくわかる

【特別展】
↑ ティラノサウルスのプロジェクション。躍動しながら目の前に迫るティラノサウルスは大迫力で驚くばかりだ！

©AMNH/ D.Finnin

ART

街に点在する貴重な美術品やアートを見落とさないで！
名画・名作を訪ねて美術館&博物館巡り

アッパー・イースト・サイド周辺には「ミュージアム・マイル」と呼ばれる美術館通りがあるほど、街なかには数多くの美術館や博物館が建つ。自分好みの場所を選んで効率よく見学したい。

ノイエ・ギャラリー
Neue Galerie
アッパー・イースト・サイド
MAP付録P.7 D-3

ドイツやオーストリアの有名美術作品を所蔵する

ヨーロッパ風の建物で、クリムトやシーレなどのオーストリアとドイツの近代絵画、調度品、工芸品を鑑賞できるギャラリー。カフェ「サバスキー」が併設されており、くつろぎの時間を過ごせる。

☎212-628-6200 交M4・5・6線86 St駅から徒歩6分 所1048 5th Ave. 営11:00〜18:00(第一金曜は〜20:00) 休火曜 料$28、シニア$18、学生$15、第1金曜17:00〜20:00は無料 ※12歳以下は入場禁止

➡5番街と86th St.の角にある上品な建物

⬅工芸品と家具の展示室では貴重なアイテムを保存

鑑賞のポイント

キャンバスの上に油彩と金彩を施しており、2006年6月、当時史上最高の156億円の値がついたことも

アデーレ・ブロッホ=バウアーの肖像I
Portrait of Adele Bloch-Bauer I
1907年制作。絵の完成に約3年をかけた大作で、ウィーンの実業家、フェルディナント・ブロッホ=バウアーの妻、アデーレをモデルに描いた。
●グスタフ・クリムト

フリック・コレクション
Frick Collection
アッパー・イースト・サイド MAP付録P.7 D-4

ゴージャスな豪邸美術館で絵画や調度品の数々に圧倒

鉄鋼で財をなした実業家ヘンリー・フリック氏の豪邸がそのままミュージアムに。フェルメール、レンブラントなどの名画や、豪華な家具と暮らしぶりを肌で感じられる。中庭も美しい。

☎212-288-0700 交M6線68 St駅から徒歩5分 所1 E. 70th St. 営11:00〜18:00 日曜11:00〜17:00 休月曜 料$22、シニア$17、学生$12、水曜14:00〜17:00は寄付制、第1金曜(1・9月以外)18:00〜21:00は無料

➡豪華なダイニングルームにはゲインズボローの絵画が飾られている

➡個人宅とは思えない豪邸の静かな中庭

ノグチ美術館
The Noguchi Museum
クイーンズ MAP付録P.3 D-2

1985年、美しい場はそこに住む人の心を変化させ、地域全体が向上するというイサム・ノグチの信念により自身のアトリエを美術館に。イサム・ノグチの代表的な作品が集まり、家具や照明・光の彫刻などを展示。

☎718-204-7088 ❖N・W線Broadway駅から徒歩15分 ❖9-01 33rd Rd. ❖11:00～18:00(第1金曜は～20:00) ❖月・火曜 $16、シニア・学生$6、第1金曜は無料

作家プロフィール
イサム・ノグチ
Isamu Noguchi

1904年、ロサンゼルスでアメリカ人の母親と日本人の父の間に生まれる。景観のなかに調和する作品や遊び場、自由を象徴する大規模な彫刻などを手がける。晩年は香川県高松市牟礼町を制作の本拠地としており、ニューヨークだけではなく日本国内にも作品が点在している。

多彩な作品の美学を感じる イサム・ノグチが残した

→イサム・ノグチの特徴的な庭園美を見ることができる

→おしゃれなミュージアムショップの一角。ショップ内の家具やインテリアは購入もできる

→アメリカの振付師マーサ・グレアムのバレエ『アパラチアン・スプリング』のために制作されたロッキングチェア

All Photos: Nicholas Knight.

ニューヨーク市立博物館
Museum of the City of New York
アッパー・イースト・サイド MAP付録P.7 D-1

ニューヨークらしさあふれる個性的なテーマの展示が定期的に行われ、建物はランドマークになっている市立博物館。展示室では時代の変遷を追うように展開し、ニューヨークの活力の源である人種の多様性や奥深さを学べる。

☎917-492-3331 ❖6線103 St駅から徒歩7分 ❖1220 5th Ave. ❖10:00～17:00(土・日曜は～18:00) ❖無休 ❖$20、シニア・学生$14

街の多様性や歴史を学ぶ ポップな企画や展示に注目

→ニューヨークの労働者についての展示

↑入口すぐにホールが広がる博物館

→らせん階段には星条旗の星のように輝く照明が特徴的

→ギフトショップには素敵なニューヨークのグッズが豊富

アート / エンターテインメント / グルメ / スイーツ&カフェ / ショッピング / 歩いて楽しむ / ホテル

83

ART
ストリートで発見！パブリック・アート

ニューヨークの街に現れる巨大なパブリック・アート。交差点の角に立つオブジェや壁画など、目を引く個性的なデザインが地元になじんでいて素敵。街歩きの途中で探してみたい。

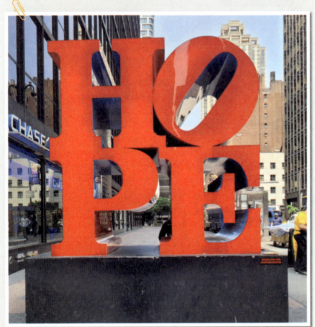

ホープ
HOPE
ミッドタウン・ウエスト **MAP** 付録P.14 B-2
ロバート・インディアナ作。7th Ave.と53rd St.の交差点付近にある超有名な彫刻。HOPEデザインは世界中でさまざまなフォーマットで再現されてきた。
🚇 F線57 St駅から徒歩2分

アラモ
Alamo
イースト・ビレッジ **MAP** 付録P.19 E-4
トニー・ローゼンタール作。1967年に設置された、一辺約2.5m、重さ約816kgの鉄のキューブ。
🚇 6線Astor Pl駅から徒歩1分

グループ・オブ・フォー・ツリーズ
Group of Four Trees
ロウアー・マンハッタン **MAP** 付録P.23 C-4
1969年に、デイヴィッド・ロックフェラーがジャン・デュビュッフェに依頼した40フィートの高さの"4本の木"。当時ニューヨークで最大の屋外パブリックアートだった。
🚇 J・Z線Broad St駅から徒歩1分

レッド・キューブ
Red Cube
ロウアー・マンハッタン
MAP 付録P.23 C-4
イサム・ノグチ作。1968年に設置された金融市場のギャンブル性を示唆している。
🚇 R・W線Cortlandt St駅から徒歩1分

チャージング・ブル
Charging Bull
ロウアー・マンハッタン
MAP 付録P.12 C-4
アーチュロ・ディ・モディカ作のブロンズ像。体にさわると幸運と繁栄をもたらすと信じられている。
🚇 4・5線Bowling Green駅から徒歩2分

ENJOY A GLORIOUS NEW YORK NIGHT

エンターテインメント

感動と興奮が押し寄せる！

Contents
ブロードウェイで ミュージカル を鑑賞 ▶P86
優雅な気分で クラシック を堪能 ▶P90
ジャズの聖地 で生演奏を楽しむ ▶P92
地元の MLB を観戦 ▶P94

ENTERTAINMENT

躍動感あふれる演者のパフォーマンスや、歌と踊りの完成度の高さに感動！

©Deen van Meer

大迫力のパフォーマンスに感動！
ブロードウェイでミュージカルを鑑賞

大がかりな舞台演出、大迫力の音響、華やかなミュージカルの舞台を一度は本場で鑑賞したい。ロングランの名作も、話題の新作も、見どころ満載！

魔法の絨毯が空を飛ぶ
マジカルなディズニーの世界

アラジン
Aladdin

アラビアの架空の都市アグラバーを舞台に、魔法のランプを手に入れた青年アラジンが愛する王女ジャスミンのために、魔神ジーニーと冒険を繰り広げる物語。2014年トニー賞では5部門にノミネート。最優秀助演男優賞をジーニー役が獲得した。

↑魔法のランプからジーニーが登場
©Matthew Murphy

↑色鮮やかな衣装も見どころのひとつ
©Cylla von Tiedemann

鑑賞の
ポイント
「ホール・ニュー・ワールド」を歌うアラジンとジャスミンを乗せる空飛ぶ絨毯が見もの

↓アラジンが王となりジャスミンを迎えにいく ©Matthew Murphy

ニュー・アムステルダム劇場
New Amsterdam Theatre
ミッドタウン・ウエスト MAP付録P.14 B-4
なし M 1・2・3・7・N・Q・R・W・S線 Times Sq-42 St駅から徒歩2分 214 W. 42nd St. 日曜15:00、火・木曜19:00、水曜13:00・19:00、金曜20:00、土曜14:00・20:00 月曜 $99.50～199.50

86

↑自然の力強さがにじみ出るシーン ©Joan Marcus

↑ムファサとサラビの間に次期王となる息子のシンバが誕生 ©Brinkhoff-Mogenburg

↑静寂の表現も豊かで圧倒される ©Joan Marcus

大人も子どもも感動する野生王国の壮大な世界

♪ **ライオン・キング**
The Lion King

トニー賞6部門を受賞し、2024年に27年目を迎えたロングラン演目。アフリカの雄大な自然を背景にライオンの王子シンバの成長と命の連鎖を描いたディズニーの名作。作曲担当はエルトン・ジョン。動物のメイクやパペットを使った演出も秀逸。

ミンスコフ劇場
Minskoff Theatre
ミッドタウン・ウエスト MAP付録P.14 B-3
☎866-870-2717 Ⓜ1・2・3・7・N・Q・R・W・S線 Times Sq-42 St駅から徒歩3分 所200 W. 45th St. 営日曜15:00、火・木曜19:00、水曜14:00・19:00、金曜19:00、土曜14:00・20:00 休月曜 料$138.50〜280

父親を失いながらもたくましく成長するシンバ。叔父のスカーに立ち向かう

鑑賞のポイント
オープニング曲の『サークル・オブ・ライフ』の歌声で魅了される。動物の動きもリアル！

↑ミュージカルの始まりを告げる迫力のある歌声 ©Joan Marcus

©Matthew Murphy

マイケル・ジャクソンのライブが再現されたかのような臨場感

MJ・ザ・ミュージカル
MJ the Musical

「キング・オブ・ポップ」の名で世界に知られるスター、マイケル・ジャクソンの半生を描いたミュージカル。幼少期からスターになるまでの様子が数々のヒット曲と共に場面展開していく。トニー賞4冠を受賞。

ニール・サイモン劇場
Neil Simon Theatre
ミッドタウン・ウエスト MAP付録P.14 B-2
☎877-250-2929 ⓂC・E線 50 St駅から徒歩3分 所250 W. 52nd St. 営日曜15:00、火・木・金曜19:00、水曜13:00・19:00、土曜14:00・20:00 休月曜 料$89.75〜

完璧にマイケルを再現したダンスと歌で観客を魅了する

鑑賞のポイント
歌とダンスはもちろん、声や喋り方までマイケル本人が再現されている

→代表曲が流れる度に歓声と共にリズムを刻む観客も多い ©Matthew Murphy

↓幼少期からスターになるまでの苦悩も描かれる ©Matthew Murphy

ENTERTAINMENT

モルモン宣教師の布教活動を描く2000年代を代表するミュージカル
ザ・ブック・オブ・モルモン
The Book of Mormon

新たな信者を集めるために外国に派遣された2人のモルモン教宣教師のストーリー。ところどころ過激な表現で社会風刺を描き、観客を笑いの渦に巻き込む。トニー賞9部門受賞。

↑モルモン教を忠実かつコミカルに紹介
©Julieta Cervantes

©Julieta Cervantes

鑑賞のポイント
楽曲提供はアナと雪の女王の代表曲「Let it go」を手掛けたロバート・ロペス氏

リリック劇場
Lyric Theatre
ミッドタウン・ウエスト MAP付録P.14 B-4
☎877-250-2929 ⊕M·1·2·3·7·N·Q·R·W·S線 Times Sq 42 St駅から徒歩3分 ㊟214 W. 43rd St. ㊋日曜14:00、火・木・金曜19:00、水曜11:00・19:00、土曜13:00・19:00 ㊡月曜 ㊙$59〜

↑一糸乱れぬ圧巻のダンス。名曲の数々も楽しみ
©Jeremy Daniel

セクシーな衣装とダンスにジャズの名曲が楽しめる
シカゴ
Chicago

トニー賞リバイバル・ミュージカル作品賞に輝くロングラン作品。1920年代のシカゴで、ロキシーとヴェルマの2人の女性が、スキャンダルを利用して名声を手にしていく物語。女優の米倉涼子がロキシー役で出演したことでも知られる。

鑑賞のポイント
鑑賞する時期によって変わるロキシー・ハートの配役にも注目

アンバサダー劇場
Ambassador Theatre
ミッドタウン・ウエスト MAP付録P.14 B-3
☎212-239-6200 ⊕M·N·Q·R·W線 49 St駅から徒歩2分 ㊟219 W. 49th St. ㊋日曜14:00・19:00、月・火・木曜20:00、土曜14:30・19:00 ㊡水曜 ㊙$104〜288

華やかなキャバレーの舞台裏で繰り広げられる愛の物語
ムーラン・ルージュ!
Moulin Rouge!

パリに実在する華やかなキャバレー「ムーラン・ルージュ」で繰り広げられるNo.1の踊り子・サティーンとシンガーソングライター・クリスチャンのロマンスを描く。2020年にトニー賞最優秀作品賞受賞。

鑑賞のポイント
舞台演出に加え、多くの馴染みのポップス音楽で会場が沸く

アル・ハーシェルド劇場
Al Hirschfeld Theatre
ミッドタウン・ウエスト
MAP付録P.14 A-4
☎877-250-2929 ⊕M·A·C·E·日線 42 St／Port Authority Bus Terminal駅から徒歩2分 ㊟302 W.45th St. ㊋日曜13:30・15:00・19:30、月・火・木曜19:00、水曜14:00・19:00・20:00、金曜19:00・20:00、土曜14:00・20:00 ㊡演目ない日 ㊙$121〜

↓真っ赤な装飾の劇場内は『ムーラン・ルージュ！』の世界観そのもの
©Evan Zimmerman

ハリポタファンならずとも必見の見事な演出で魔法の世界を再現
ハリーポッターと呪いの子
Harry Potter and the Cursed Child

本と映画で世界中に名を馳せたハリー・ポッターシリーズ最終作『ハリーポッターと死の秘宝』から19年後のロンドンを舞台に描く続編。ストーリーの鍵となる呪いの子とは!?

鑑賞のポイント
魔法の世界を見事に舞台上で再現する演出に注目

リリック劇場 ▶P88

↑魔法を使うシーンはまるで手品を見ているかのよう
©Matthew Murphy

←劇場では、大人になったハーマイオニーとロンが登場
©Matthew Murphy

色鮮やかな衣装と舞台で描く
「オズの魔法使い」の裏話

ウィキッド
Wicked

2003年の初演から20年以上続くロングラン作品。オズの魔法使いの裏話として、西の悪い魔女・エルファバと南の良い魔女・グリンダの知られざる友情を描く。トニー賞3部門受賞。

アンバサダー劇場 ▶P88

↑迫力ある歌声に会場全体が圧巻
©Joan Marcus

鑑賞のポイント
大掛かりな舞台装置や、舞台を彩る美術。豪華な衣装や照明、音響にも注目

↑車椅子での生活を送るエルファバの妹、ネッサローズ
↑映画版公開を控え、今後さらに注目が集まる!? ©Joan Marcus

本格的な演劇を気軽に楽しむ

オフブロードウェイ

小さな劇場で上演される演劇をオフブロードウェイと呼び、演目は多岐にわたる。

言葉の壁も心配なし
コミカルな音楽パフォーマンス

ブルーマン・グループ
Blue Man Group

3人の青いペイントをしたスキンヘッドのパフォーマーが繰り広げるイノセント・コメディ。オリジナル楽器やテクノロジーに合わせて披露する高い音楽性に、くすりと笑わせてくれるユーモラスなパントマイムが絶妙。

↑スモッグやライトの効果など楽しい演出が満載
©Lindsey Best

↑音楽、アート、コメディが融合した最高の舞台が繰り広げられる ©Lindsey Best

アスター・プレイス劇場
Astor Place Theatre

イースト・ビレッジ MAP 付録P.19 D-4
☎800-258-3626 🚇6線Astor Pl駅から徒歩1分 📍434 Lafayette St. 🕐月〜木曜19:00、金曜17:00・20:00、土・日曜14:00・20:00 休無休 💲$49〜102

ブロードウェイで鑑賞!

現地で手配するほうが安く入手できるが、観たい演目が決まっているなら日本で予約するのが確実。

チケットを買う

● 日本で予約する
日本のチケット会社なら、日本語で予約できるので最も確実。ただし料金は割高。
ワールドチケットガイド
☎03-5775-4500 休無休
HP https://www.world-ticket.jp
現地の手配会社のHPからチケットを購入することもできる。支払いはクレジットカード、手数料は約$15〜。

あっとニューヨーク
☎212-489-9049
HP www.at-newyork.com
NEWYORKing ☎646-684-4848
HP hinewyorking.com/home

● 現地で入手する
ボックスオフィスで買う
フリーペーパーなどで演目の最新情報を入手。チケットは各劇場の入口にあるチケット売り場で購入できる。正規料金での販売のみで割引はなし。オープン時間は劇場により異なるが、一般的には10:00〜18:00。

tkts(チケッツ)で買う
tktsに行けば、当日券を安く購入することができる。割引率などは演目により異なるが、

正規料金の半額程度で買うことができる。
チケッツ(tkts)
MAP 付録P.14 B-3 🚇N・R・W線49 St駅から徒歩3分 📍W. 47th St. on Broadway 🕐11:00(月・火・金曜15:00)〜20:00(日曜は〜19:00) 休無休

観劇のマナー

劇場内での飲食は禁止。撮影、録音も禁止されている。携帯電話の電源は切っておくのがマナー。チケットの半券は、再入場の際に必要になるので、しっかり保管しておくこと。服装については、特にドレスコードはなく、カジュアルな服装で問題はないが、多少ドレスアップをして雰囲気を楽しむのもおすすめ。

ENTERTAINMENT

世界最高峰と呼ばれる総合芸術施設で過ごす
優雅な気分でクラシックを堪能

アメリカでもトップを誇る演目が常時開催されるリンカーン・センター。
ニューヨークを本拠地とする有名楽団や、実力派の団体の公演が開催されている。

→アリス・タリー・ホール内にあるプレリュード・カフェ（左）、ジュリアード音楽院では多くの学生が学ぶ（右）

総合芸術の聖地として異才を放つ
リンカーン・センター
Lincoln Center

アッパー・ウエスト・サイド MAP 付録P.8 B-1

アメリカが誇る大型劇場、コンサートホール、芸術学校、図書館などが集まる世界最大級の総合芸術施設。ワールド公演が行われる人気のバレエやオペラの劇団演目を上演。すぐに売り切れるほどのコンサートや話題作が多いのでチケットは早めに購入したい。

☎212-875-5456 交M1線66 St-Lincoln Center駅から徒歩2分 所Lincoln Center Plaza 営10:00(日曜12:00)～18:00 ※ボックスオフィスの営業時間 休無休

↑アリス・タリー・ホールの特徴的な外観

リンカーン・センターで鑑賞

鑑賞のマナー

●**服装は正装が基本**
鑑賞する際はフォーマルを基本とした服装で訪れたい。男性はジャケット着用は必須。ネクタイやスラックス、革靴などを意識して。女性はワンピースやつま先の見えない靴など、ドレスアップした服装にしたい。スニーカーやジーンズ、サンダルはNG。

●**携帯電話の使用は禁止**
演奏や公演中は携帯電話の使用は禁止されている。ニューヨーク市条例で定められており、コンサート、映画、演劇、講演、舞踊公演、博物館、図書館、画廊などに適用。携帯電話の着信音が鳴る、撮影や録画を行う、電話で話し続けるなどの迷惑行為は$50の罰金だ。

チケットを買う

●**日本で予約する**
事前予約をするなら日本のチケットガイドを利用するのが便利。手数料がかかり演目も限られるが、事前購入しておけば確実で安心。また、現地の手配会社のHPからチケットを購入することもできる。各団体の公式HPからもオンライン予約ができるので確認しておきたい。
ワールドチケットガイド(→P.89)
あっとニューヨーク(→P.89)

●**現地で購入する**
現地購入なら各劇場のボックスオフィスへ。日本語案内がないので、不安な場合は事前に下調べを忘れずに。

中庭にある噴水のライトアップシーンは幻想的で美しい

アメリカ5大オーケストラのひとつの本拠地
ニューヨーク・フィルハーモニック
New York Philharmonic

1842年創立、クラシックの名門楽団。マーラーやバーンスタイン、トスカニーニといった名指揮者が所属した。日本人では、小澤征爾も副指揮者として活躍したなじみのある楽団で、ホールは常に満席に。

デイヴィッド・ゲフィン・ホール
David Geffen Hall
アッパー・ウエスト・サイド　MAP付録P.8 B-1
☎212-875-5656　営9月下旬〜6月上旬　料$94〜255
※公演により異なる　HPnyphil.org

↑素晴らしい演奏を支えるホールの音響と舞台演出も見事

アメリカが誇る有名バレエ団体
ニューヨーク・シティ・バレエ
New York City Ballet

ニューヨークが本拠地のバレエ団。ロシアの振付師ジョージ・バランシンを迎えて1948年に創設。『白鳥の湖』『ロミオとジュリエット』『ジゼル』などの人気の名作公演は完売が続いている。

デイヴィッド・H.コーク劇場
David H Koch Theater
アッパー・ウエスト・サイド
MAP付録P.8 B-1
☎212-496-0600　営1・3・5・9・10月　料$70〜240※公演により異なる　HPwww.nycballet.com

↑人気の演目はもちろんバレエ・ガラも注目
Photo by Paul Kolnik

豪華な舞台がオペラファンを夢中にさせる
メトロポリタン・オペラ
Metropolitan Opera

1833年創設のオペラ楽団。歴史ある名楽団で、年間200回以上もの公演を行うほどの実力を兼ね備える。世界的な演出家が手がける舞台や楽曲も多く、見どころが満載。

メトロポリタン・オペラ・ハウス
Metropolitan Opera House
アッパー・ウエスト・サイド
MAP付録P.8 B-1
☎212-362-6000　営10月上旬〜5月中旬　料$92.50〜355※公演により異なる　HPwww.metopera.org

↑国連事務局のビルなどの建築家ウォレス・ハリソンが手がけた豪華な建物

ENTERTAINMENT

本場の音楽に耳を傾けて

ジャズの聖地で生演奏を楽しむ

ニューヨークで開花したといわれるジャズは、街のクラブで気軽に聴くことができる。素敵な音楽と一杯のお酒で気分はご機嫌。大人の楽しいナイトライフを満喫しよう。

ムードある曲から手拍子したくなる曲まで雰囲気を楽しんで

一流ミュージシャンが出演する老舗

ブルー・ノート
Blue Note

グリニッチ・ビレッジ MAP 付録P.20 B-1

1981年にオープンした有名ジャズアーティストの演奏が間近に見られる名門クラブ。ピアノの形をしたひさしが特徴的な入口を進むと、豪華なステージと目の前に並ぶ客席が印象的。演奏前に食事もできるので、先にドリンクや料理を注文して音楽と一緒に味わいたい。

☎212-475-8592 Ⓜ A・B・C・D・E・F・M 線West 4 St-Washington Sq駅から徒歩1分
131 W. 3rd St. 20:00〜、22:30〜 無休 $40〜 ※アーティストにより異なる

ピアノの形をしたひさしが目印の入口

バー席のチケットはテーブル席よりリーズナブル

↓照り焼きバーベキュー・チキンウイング $14

→ニューヨーク発祥のマティーニも用意している

→カクテル $16〜も種類が豊富なので、演奏を聴きながら楽しみたい

ジャズの巨匠が演奏した聖地
ヴィレッジ・ヴァンガード
Village Vanguard

グリニッチ・ビレッジ MAP 付録P.18 A-3

1935年にオープン。セロニアス・モンク、ジョン・コルトレーン、マイルス・デイヴィス、チャールス・ミンガスなどのモダン・ジャズの巨匠が演奏した老舗ジャズクラブ。趣のある室内ではステージと客席が一体となり、生演奏を体感できる。

☎212-255-4037 M1・2・3線14 St駅から徒歩5分 住178 7th Ave. S. 営20:00〜、22:00〜 休無休 料$40

サックスの音色が響く店内。真剣に聴き入る客が多い

↑赤いひさしが目印のレトロな外観

↑カウンター席とテーブル席がある

↑ジャズクラブらしくムードがある店内

店内撮影はOKだが演奏中は撮影NGなのでマナーを守りたい

アットホームな有名ライブハウス
スモールズ・ライブ
Smalls Live

グリニッチ・ビレッジ MAP 付録P.18 A-4

バーカウンターが数席と椅子を並べただけのシンプルなジャズクラブ。目の前に立つアーティストは、地元の演奏者が多いが、その分フレンドリーで親しみやすく、ノリもいい。ステージと席の距離が近く、ときにはアドリブやリクエストに応じてくれることもあり、店内は一体感に包まれる。

☎なし M1線Christopher St-Sheridan Sq駅から徒歩1分 住183 W. 10th St. 営19:30、21:00、22:30、24:00 休無休 料$35

ミュージシャンがハートを揺さぶるソウルを毎日届けている

バーがないので簡単なドリンクのみ

無名のミュージシャンも多いが親しみやすく雰囲気は最高！

迫力満点の
ゴスペルを聴きに行こう
神聖な黒人霊歌がルーツのゴスペル。祈りを捧げる場で歌声に聴き惚れたい。

豪華絢爛なホールで礼拝体験を
タイムズ・スクエア教会
Times Square Church

ミッドタウン・ウエスト MAP 付録P.14 B-2

多様な人種の参加者がいる中心街の教会。華やかなロビーが広がり、ステージの歌声には感動する。

☎212-541-6300 M1・C・E線50 St駅から徒歩2分 住237 W. 51st St. 営日曜10:00、13:00 休無休 料寄付制

↑美しい歌声が響く教会内

本物のゴスペルを体験
メモリアル・バプティスト教会
Memorial Baptist Church

ハーレム MAP 付録P.4 C-3

1935年に設立されたアール・デコ調の教会。牧師とメンバーが心を込めてゴスペルを歌う。

☎212-663-8830 M2・3線116 St駅から徒歩3分 住141 W. 115th St. 営日曜11:00〜※礼拝時刻になると観光客は退席 休無休 料寄付金$15

↑神聖な場所という意識を

ENTERTAINMENT

スター選手のプレーに大興奮！
地元のMLBを観戦

有名選手が熱戦を繰り広げる球場に大歓声が響くメジャーリーグの試合。ニューヨーカーと一緒にご当地のチームを応援しよう！

> ヤンキー・スタジアムのフィールドはいつも熱気に包まれている

MLBを代表する名門チーム
ニューヨーク・ヤンキース
New York Yankees

ベースボールの本場アメリカで野球観戦をするなら、憧れのニューヨーク・ヤンキース戦へ。ワールドシリーズのチャンピオンに27回も輝く格式高い名チームで、ピンストライプのユニフォームがアイコン。野球の神様ベーブ・ルースをはじめ、松井秀喜、黒田博樹、イチロー、田中将大選手たちが所属した。本拠地はヤンキー・スタジアム。

↑2009年に新オープンしたスタジアム

$27.99

↱人気のロゴ入りキャップ

> ヤンキースとメッツの対戦はサブウェイ・シリーズと呼ばれている

日本人選手が大勢所属した
ニューヨーク・メッツ
New York Mets

1880年代に存在したニューヨーク・メトロポリタンズの愛称が現在のチーム名の由来。ヤンキースとの対戦は注目のカードのひとつ。これまでに野茂英雄、新庄剛志、松井稼頭央、高橋尚成、高津臣吾、五十嵐亮太、松坂大輔など多くの日本人選手が活躍。現在は千賀滉大、藤浪晋太郎選手が所属。本拠地はシティ・フィールド。

スタジアムで観戦！

チケットを買う

●オンライン　チームの公式HPで購入できる。試合スケジュールから希望日、座席の種類を選択し、人数を入力。そのあとクレジットで決済。「My billing address」はOther Countryを選択すること。

●窓口で　スタジアムのボックスオフィスで前売り券と当日券を購入できる。当日券は対戦カードによっては売り切れの場合も多い。

球団の本拠地はこちら

●ヤンキー・スタジアム Yankee Stadium
ブロンクス MAP 付録P3 D-1
☎212-926-5337　B・D・4線161st-Yankee Stadium駅から徒歩すぐ　1 E. 161st St. The Bronx　www.mlb.com/yankees

●シティ・フィールド Citi Field
クイーンズ MAP 付録P3 E-3
☎718-507-8499　7線Mets-Willets Point駅から徒歩すぐ　123-01 Roosevelt Ave. Queens　www.mlb.com/mets

スタジアム・ツアーに参加する

各球場ではスタジアム・ツアーを開催。ダグアウトや選手のロッカールーム、フィールドやベンチを見学できる（内容は球団により異なる）。

●ヤンキー・スタジアム・ツアー
曜日によって異なる、所要約90分　$38
www.mlb.com/yankees/ballpark/tours

●シティ・フィールド・ツアー
曜日によって異なる、所要約90分　$25
www.mlb.com/mets/ballpark/tours

YOUR UNFORGETTABLE LUNCH AND DINNER

グルメ

話題の名物料理が満載!

Contents

- ニューヨーカー気分で味わう **朝食** 5店 ▶P98
- **グルメバーガー** の王道ならこの5店 ▶P100
- 個性が光る **ベーグル専門店** 6店 ▶P102
- 毎日通いたくなる♪ **人気ベーカリー** 5店 ▶P104
- セレブも訪れる **極上のステーキハウス** 4店 ▶P106
- 都会の洗練された **フレンチ** 4店 ▶P108
- **スターシェフ** のレストラン3店 ▶P111
- **ブルワリー** 3店でクラフトビールを味比べ! ▶P112
- 長き歴史を物語る **老舗バー** 2店 ▶P114
- 素材にこだわる **デリカテッセン** 2店 ▶P116

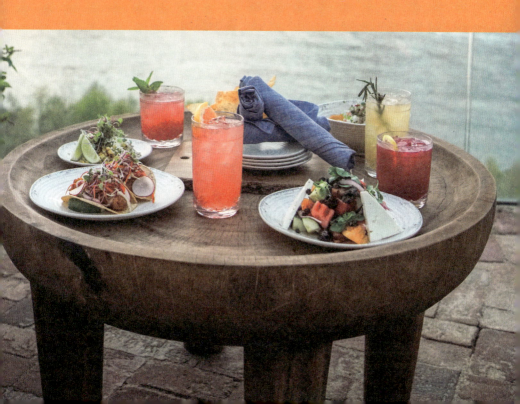

GOURMET

ニューヨークの食事で気をつけたい 食べたいものを食べる！

世界から注目される最新のレストランや流行のフードアイテムが集まるニューヨークの食文化。
ダイナーやステーキハウスなどのアメリカらしい食事や豊富なジャンルのメニューを味わおう。

出かける前に

どんな店を選ぶ？

ニューヨークのレストランでは、世界各国から集結するトップレベルの美食が堪能できる。華やかな仕上がりのフランス料理やイタリア料理、アジア料理、エスニック、和食にいたるまで選択肢はさまざま。アメリカならではのパンケーキやバーガーが味わえるダイナーや、極上の熟成肉が味わえるステーキハウスも見逃せない。写真映えするカフェやティールームは、味わいだけでなく内装や独自の世界観が楽しめる。ドーナツやカップケーキなどのスイーツは、ヘルスコンシャスなニューヨーカーが満足できる厳選したオーガニック食材を使用する店が増えている。値段設定は高めだが、朝と昼はカフェやフードコートでカジュアルに、夜はレストランでセレブな気分を楽しむなど、旅の予算やシーンに合わせて店を選びたい。

● 上質なレストランを選ぶなら

高級レストランがひしめくニューヨーク。毎年発表される「World's 50 Best Restaurants」にランクインするレストランは世界が認める味と空間が保証されている。また、レストランのガイドブック『ザガット・サーベイ』掲載店はニューヨーク市内でも評価が高い。

予約は必要？

話題の高級レストランやステーキハウス、バー、アメリカンダイナーは予約をしてから訪れたい。ほとんどの飲食店は公式HPで簡単に予約ができる。「Reservation」ページで日時、人数、名前などの情報を入力するだけなので日本からでも可能。

ドレスコードはある？

ほとんどの店はカジュアルな服装で入店できる。高級レストランではドレスコードを設定している店もあるので、訪れる店に合うように用意しておこう。詳細はP.188を参照。

レストラン — Restaurant P108〜

スターシェフが腕をふるう高級店や、各国料理を提供するカジュアルレストランがある。

ステーキハウス — Steakhouse P106

最上級の品質を誇る熟成肉を楽しめる。ボリューム満点のステーキは必食。

アメリカンダイナー — American Diner P98

エッグベネディクトやパンケーキなど人気メニューをカジュアルに味わえる。

バー — Bar P64・114

ご当地のカクテルとニューヨークの摩天楼を眺められるルーフトップ・バーが大人気。

カフェ — Cafe P117〜

サードウェーブコーヒーや紅茶など、世界で流行するドリンクを個性が光る店内で。

フードコート — Food Court P50

スターシェフのプロデュースなど、ハイレベルな進化系フードコートが中心。

スイーツ — Sweets P117〜

ヘルスコンシャスで素材にこだわったドーナツやアイスクリームなどは見た目も華やか。

デリ — Deli P116

好きな料理をボックスに詰める量り売り。コスパが高く、分量も調節できるので便利。

入店から会計まで

入店して席に着く

入店の際に予約名を確認されるので、名前を伝える。レストランでは担当店員が席までエスコートしてくれる。

料理を注文する

レストランではテーブルごとに決められた担当店員がおり、注文から会計まですべて同じ店員が行う。着席すると担当店員が声をかけてくれるので顔を覚えておこう。オーダーはアイコンタクトをすれば取りにきてくれる。大きな声で店員を呼ぶのはマナー違反なので注意。

ドリンクを注文する

料理と同じく担当店員にオーダーする。お酒を注文する場合、パスポートの提示を求められることがあるので持参を。レストランによっては水が有料の場合もあるので確認したい。

追加注文する

一度注文するとメニューを下げられてしまうので、必要なときは担当店員を呼んでメニューをもらう。

会計する

レストランやバーは、基本的にテーブル会計なので、担当店員に「Check please」と声をかけて伝票を受け取る。伝票のバインダーに現金、またはクレジットカードを挟んで支払う。チップも併せて渡そう。

チップの支払い

チップの目安は?
ニューヨークでは「チップは労働賃金の一部」であり、支払うのが当たり前とされる。レストランで食事をする場合、チップの相場は18〜25%が目安。サービスに応じて自分で金額を決定できるので、チップの額が伝票にあらかじめ記載されている場合もあるが書き換え可能。店員への感謝の気持ちとして支払おう。

提示額	+18%	+20%
$20	$23.6	$24
$40	$47.2	$48
$60	$70.8	$72
$80	$94.4	$96
$100	$118	$120

現金で支払う
伝票を受け取ったら、テーブルにチップを含めた現金を置いて退店するのみ。チップはコインではなく紙幣を置くのがスマート。

クレジットカードで支払う
伝票を受け取ったら、伝票とクレジットカードを渡す際に、支払いたいチップの金額を店員に伝え精算してもらう。店によっては、伝票のチップ欄に自分でその金額を記入し、精算してもらう場合もある。

チップ額をアプリで計算
チップ額の計算をしてくれる無料のアプリをインストールしておくと簡単で便利。支払う金額を入力すると、レストランは18〜25%のレートでチップ額を算出してくれる。

レシートをよく見て支払いを
会計時、伝票にすでにチップ料金が加算されている場合がある。レシートに「Tip」や「Gratuity」という項目があればチップ料金が加算されているので支払う前に確認したい。

食の祭典を楽しむ

NYCレストラン・ウィーク
一流レストランや新オープン店の料理をお得な価格で味わえるグルメイベント。年2回開催され、約300店舗のレストランが参加。コース料理のテイスティングメニューや熟成肉、大皿の中国料理、スターシェフの高級レストランなどで、気軽に食事を楽しめるのが魅力。

●開催情報
日程 年2回。開催日程は年により異なる
料金 ランチ$35(2コース)、ディナー$60(3コース)
予約 参加レストランはニューヨーク市の開設する専用HP、もしくはOpentableというWebサイトから予約が可能。人気のレストランは事前に予約をしておきたい
参加店 開催ごとに異なる。開催前に公式HPを確認するのが望ましい
公式HP www.nyctourism.com/restaurant-week

スモーガスバーグ
ウィリアムズバーグで誕生した食のマーケット。毎年4月〜11月中旬の週末限定で行われ、約100の個性豊かな屋台で地元の食材やオーガニック野菜などを使用した料理を味わえる。多彩な料理を食卓に並べて食べるという意味のSmorgasbord(スモーガスボード)が由来。近年は、マンハッタンでも開催される人気急上昇のイベントだ。

●開催情報
ウィリアムズバーグ
ウィリアムズバーグ MAP付録 P.28 A-1
⚐ 90 Kent Ave. ⏰ 土曜の11:00〜18:00
プロスペクト・パーク
ブルックリン郊外 MAP付録 P.2 C-4
⚐ Breeze Hill, Prospect Park ⏰日曜の11:00〜18:00
ワールド・トレード・センター
ロウアー・マンハッタン MAP付録 P.23 B-3
⚐ Westfield World Trade Center, Oculus Plaza ⏰金曜の11:00〜18:00

お役立ちポイント

飲酒・喫煙のルール
飲酒および喫煙は21歳から。外食でお酒を飲むときはパスポートチェックをするレストランもあるので、パスポートを持参しよう。たばこは、ホテルやレストラン、バーなどは禁煙。

注文のしすぎに気をつけて
料理のサイズや量はボリュームがあるので、注意してオーダーを。事前に量を確認する、シェアして食べるなど工夫したい。

残った料理は持ち帰りできる
高級レストランやビュッフェ以外の飲食店なら、残った食事を持ち帰ることができる。店員に「To go box, please」と声をかけて箱をもらい、自分で詰めよう。

トイレがない飲食店も多い!?
観光名所やデパートでは、施設内でトイレをほかの店と共有している場合が多い。店員にトイレのカギを借りて利用する店もある。繁華街のファストフード店やカフェはトイレのない店もあるので、近隣のトイレの場所を確認しておきたい。

知っておきたいテーブルマナー
日本の作法とは異なるルールや文化の違いを事前に押さえたい。

基本のテーブルマナー
食べるときは、食器を持ち上げず、音を立てないようにするのがマナー。ナイフ、フォークを使ってお肉を食べるときは、ナイフで切ったあとにナイフを置き、右手にフォークを持ち替えて食べるのがニューヨーク流。使わない手は膝の上に置いておく。

レディファーストを忘れずに
レストランでテーブルに着席するときは必ず女性が先、入口では手でドアを押さえ「After you」と女性を先に通すなどの配慮を。

GOURMET

いつもより少し早起きして一日をスタート

ニューヨーカー気分で味わう朝食5店

アクティブに過ごしたい旅の朝は、地元で人気のアメリカンな朝ごはん。パンケーキやエッグベネディクトなどを味わいながら、今日の予定を立ててみるのはいかが？

地元で愛されるとっておきの名店
スミス
The Smith

チェルシー MAP付録P.10 C-1

ミレニアル世代に大人気のアメリカン・ビストロ。ファッション、広告、アートなどハイセンスな人々でいつも賑わう。食事、サービスの質は一流で、朝食は隠れたベストセラーだ。

☎ 212-685-4500 🚇 Ⓜ N・R・W線28 St駅からすぐ 📍1150 Broadway 🕐 8:00(日曜9:00)〜23:00(金曜は〜24:00) 土曜9:00〜24:00 休無休

ボリューム満点の豪快な5段重ねに驚き

パンケーキ $19
Salted Caramel Pancake
ボリューム満点で、濃厚な甘さを感じられるメニューが揃う
※写真は一例

→ タイル張りのモダンな内装

→ 早朝から深夜まで長時間営業しているのがうれしい

フレンチトースト$18、パンケーキ$18は人気の朝食メニュー

ほのかに感じるベリーの酸味と軽やかな歯ごたえが美味

「行列のできる店」ナンバーワンの人気店
クリントン・ストリート・ベイキング・カンパニー
Clinton St. Baking Company

ロウアー・イースト・サイド
MAP付録P.11 F-4

→ コーヒーとセットに

週末のブランチは1時間以上待つこともあるという評判の良質な食材を使ったパンケーキや卵料理が名物。ワッフル＆チキンなどディナーのメニューも見逃せない。

☎ 646-602-6263 🚇 Ⓜ F線Delancey St駅から徒歩7分 📍4 Clinton St. 🕐 9:00〜16:00(水〜土曜ディナーあり17:30〜22:00) 休無休

→ 平日の朝と開店直後なら並ばずに座れるので時間帯を選びたい

NY朝ごはんの大定番
サラベス
Sarabeth's
グラマシー MAP付録P.11 D-1

1981年、サラベスとビルの夫妻が自宅アパートで手作りジャムとパン工房を始めたのがルーツ。有名なエッグベネディクトなどの卵料理に定評があり、ナチュラルテイストで鮮度の高い料理を提供している。

☎212-335-0093 Ⓜ6線28 St駅から徒歩2分 ㊒381 Park Ave. S. 営8:00〜22:00(日曜は〜21:00) 休無休

とろとろのポーチドエッグとオランデーズ・ソースが絶妙

毎日ていねいに作っています。ぜひ食べにきてね！

クラシック・エッグベネディクト $26
Classic Eggs Benedict
そっとナイフを入れると、とろけるポーチドエッグが絶品

販売 ➡ 持ち帰り用のジャムも

⬅ 天井が高く広々とした店内で優雅にブランチしたい

生産者が見える厳選素材を使った朝ごはん
グッド・イナフ・トゥ・イート
Good Enough to Eat
アッパー・ウエスト・サイド MAP付録P.6 B-3

自然派レストランの先駆けとして1981年にオープン。エリアのランドマーク的存在で、週末は行列ができる。スープやソースはすべて自家製で体にやさしく、パンや菓子なども毎日店内で焼くというこだわりを持つ。

☎212-496-0163 ⓂB・C線86 St駅から徒歩4分 ㊒520 Columbus Ave. 営8:00〜22:00 休無休

⬇ アンティークで飾られた店内

プロバンス風オムレツ $17
Provencal Omelette
ピーマン、パプリカ、オニオンにゴートチーズを合わせて

気軽にヘルシーな朝ごはん
ハッチ＆ウォルド
Hutch & Waldo
アッパー・イースト・サイド MAP付録P.7 E-3

サーモントーストやブリトーなど一日中オーダー可能な朝食とランチスポットの人気店。グルテンフリーで乳製品不使用のメニューなど四季折々のおいしくて栄養のある健康的なファストカジュアルが自慢。市内に3店舗展開中。

☎なし ⓂB・C線86 St駅から徒歩4分 ㊒247 E 81st St. 営7:00〜16:00 休無休

キオスクタイプのお店で健康的なファストフードを

朝食ブリトー $14.5
breakfast burrito
スクランブルエッグなどの中身に、ハッチトマトサルサ・ソースがアクセントに

⬇ 健康に良さそうな各種フレッシュジュース($8〜)やスムージー($9)も人気

契約農家から毎朝届く新鮮な卵を使用

ふわふわの卵料理は朝の定番ですね！

GOURMET

> ジューシー&エココンシャスが今のトレンド

グルメバーガーの王道ならこの⑤店

肉汁あふれるパティと、オーガニックなど厳選素材を使用した絶品バーガー。行列が絶えない人気店の個性あふれる味わいを試してみたい。

世界一高額なハンバーガーが登場
セレンディピティ3
Serendipity3
アッパー・イースト・サイド MAP 付録P.9 E-2

多くのハリウッドスターやセレブを虜にするハイエンドなカフェ。スイーツはもちろん「高級バーガー」で一躍有名に。白トリュフのスプレッドを塗り、金箔をのせ、生クリームとキャビアをトッピングした贅を極めたバーガーに大興奮！

☎212-838-3531　🚇N・R・W線 Lexington Av/59 St駅から徒歩2分　🏠225 E. 60th St.　🕐11:00(土・日曜10:00)〜23:00　休無休

エクストラヴァガント
Le Burger Extravagant

キャビアやトリュフを使用した高級バーガー。ダイヤモンド付きの爪楊枝は持ち帰り可。要事前注文

$295

↑濃厚なチョコレートとスモアのサンデー $10

上質な素材のみを使用したこれぞセレブの高級バーガー

↑店内の装飾が上品(左)。スイーツが絶品なのでカフェ利用も(右)

エミリー・バーガー
Emily Burger Double Stack

熟成パティを2枚重ねて炒め新鮮野菜とともに特製ブレッツェル・バンズで挟んで提供

$27

> 熟成肉のパティは大満足間違いなしです！

バンズからはみ出るパティは熟成肉の旨みを最大限生かす

ブルックリンで誕生したダイナー
エミリー
Emily
ソーホー MAP 付録P.20 B-2

エミリーとマットのハイランド夫妻が作る創作ピザ屋のバーガー。2014年にブルックリンでデビューして以来大好評で、こだわりバーガーでも有名。熟成パティを2枚使い、野菜やバンズにいたるまで贅沢な食事体験を提供する。

☎917-935-6434　🚇1線Houston St駅から徒歩3分　🏠35 Downing St.　🕐12:00(日曜11:00)〜22:00(金曜は〜24:00)土曜11:00〜24:00　休無休

↑付け合わせのポテトフライはサクサクとした食感

→市内随一の精肉問屋パット・ラフリーダ製の熟成パティを使用(左)。グリニッチ・ビレッジの四つ角に立つ(右)

→付け合わせにクリンクル・カットのフレンチフライは必食

シャック・バーガー
Shack Burger
高級レストランと同じアンガス種の牛肉を100%使用している
$7.99

クオリティ・バーガーの専門店
シェイク・シャック
Shake Shack
ミッドタウン・イースト **MAP**付録P.23 A-2
2004年、ニューヨークで産声を上げたバーガー店。食材や味に妥協せず、圧倒的なおいしさでたちまち大評判に。グリーンのロゴと木目調の店内は落ち着きがあり、カフェ利用にもおすすめ。バーガーを注文するなら名物クリンクル・カットのフレンチフライが必食。
☎646-545-4800 交M・E線World Trade Center駅から徒歩4分 所215 Murray St. 営10:30〜22:00 休無休

バーガー店とは思えない高級感
5ナプキン・バーガー
5 Napkin Burger
ミッドタウン・ウエスト **MAP**付録P.14 A-4
クロスの掛かったテーブルで、上品にお皿に盛られたバーガーをゆったりと食べたい人のためのレストラン。洗練された店内と、コロラド州アスペン産のオールナチュラル極上ビーフをバーガーにして味わえる。
☎212-757-2277 交M・A・C・E線42 St/Port Authority Bus Terminal駅から徒歩5分 所630 9th Ave. 営10:00〜23:30(日〜火曜は〜22:30) 休無休

ナプキンが5枚必要になるほど肉汁がじゅわっとあふれだす

↑農家の納屋をイメージしたナチュラルな内装(左)。レストラン街にある店舗(右)

5 ナプキン・バーガー
5 Napkin Burger
とろけるグリュイエールチーズとボリューム満点のパティは食べごたえ抜群!
$21.50

↑繁華街なので観光客も多く来店する(左)。タイムズ・スクエアにほど近い立地(右)

有機栽培を守り素材本来の味を堪能

ヘルシーバーガーの代表格と名高い
ベアバーガー
Bareburger
ミッドタウン・ウエスト **MAP**付録P.14 A-3
「体にやさしくておいしい」を追求する店。ビーフは放牧牛や有機飼育牛のみ使用し、バンズや野菜に無添加、無農薬のものしか使わない徹底ぶり。ヴィーガンメニューも旨みがしっかり感じられ、ヘルシー志向のニューヨーカーに人気。
☎212-673-2273 交M・A・C・E線50 St駅から徒歩5分 所366 W.46th St. 営12:00〜22:00(金・土曜は〜24:00) 休無休

↑バーガー $10.95〜

※料理はイメージです

GOURMET

もっちり食感のできたてをいただきます！

個性が光るベーグル専門店 **6** 店

ユダヤ系移民がもたらしたベーグルは、今や街の名物フードのひとつ。オリジナリティあるフィリングやカラフルな生地などが楽しめる。

→ 店内は注文を待つ客で混み合う
→ 親しみのあるスタッフも素敵

1976年創業の老舗店
エッサ・ベーグル
Ess-a-Bagel

ミッドタウン・イースト
MAP 付録P.15 F-2

朝早くから出勤前のニューヨーカーや観光客であふれる人気店。店内でベーグルを作っているのでいつでもふっくらやわらかなできたてを食べられる。クリームチーズや具材の種類も豊富で選ぶのも楽しい。

☎212-980-1010　M6線 51 St駅から徒歩2分　831 3rd Ave.　6:00〜17:00　無休

スライスされた芳醇なローストビーフがぎっしり

← 濃厚なチーズや大満足のお肉などが選べる

ローストビーフ
Roast Beef
$11.25
朝からガッツリ食べたい人におすすめ。圧倒的なボリューム感！

地元客に愛される人気店
ミュレイズ・ベーグル
Murray's Bagels

グリニッチ・ビレッジ
MAP 付録P.18 B-3

元金融マンが夢を叶えるべくベーグルの卸売り業者で修業し、1996年に夢を叶えるべく創業。店名は父親の名前に由来したもの。以来、いつも地元の人々で店内が混み合う手作りベーグル専門店。ベーグルを使ったサンドイッチ類も種類豊富で人気。

☎212-462-2830　L線 14 St駅から徒歩2分　500 6th Ave.　6:00〜17:00 土・日曜7:00〜16:00　無休

↓店内でパンの種類や挟む具材を選んで決めることができる

種類豊富なカスタマイズが魅力的

もっちりしてずっしり

バンガロー コロニー
Bungalow Colony
$13.25
ホームメイドのローストビーフやミュンスターチーズが入り、食べごたえ抜群！

メンバー・オブ・ザ・トライブ
Member of the Tribe
$16.99
スモークサーモンやクリームチーズなどの王道フィリングを堪能

モチモチで風味が凝縮
シェルスカイズ・ブルックリン・ベーグルズ
Shelsky's Brooklyn Bagels

ブルックリン郊外　**MAP** 付録P.24 C-4

ユダヤ系デリが手がけるベーグル店。やや小ぶりのベーグルは密度が濃く、しっかり噛みごたえのある食感。

☎718-855-8817　F・G線4 Av - 9 St駅から徒歩1分　453 4th Ave.　6:30（土・日曜7:00）〜14:00　無休

→ 多くの利用客に愛されるメニューが豊富に揃う

王道から変わり種までお気に入りをチョイス

102

今日のイチオシは新鮮なサーモンとタラだよ！

↑昔からユダヤ人が多く住むエリアにある

好みの魚をチョイスとクリームチーズと

1907年に総菜店から始まる
ラス&ドーターズ
Russ & Daughters

イースト・ヴィレッジ
MAP付録P.21 F-2

ポーランド系ユダヤ人移民ジョエル・ラス氏が開店したベーグルショップ。酢漬けのニシンや世界各地から入荷するサーモンなど、燻製魚の品揃えはトップレベル。外皮が香ばしい小ぶりのベーグルはサイズもほどよく楽しめる。

シュテトル
Shtetl
$20
銀ダラの燻製とゴートチーズが具材。あっさり風味のベーグル

☎212-475-4880 ◉F線2 Av駅から徒歩2分 ⌂179 E. Houston St. ⌚8:00〜16:00 休無休

流行に敏感な革新的ショップ
バズ・ベーグル&レストラン
Baz Bagel & Restaurant

ノリータ MAP付録P.21 E-4

ユダヤ系のソッキーノ家がファミリーで経営するベーグルと惣菜の専門店。手作りと素材のよさが際立つベーグルは、伝統を継承しながら新しいフィリングなどモダンな要素も取り入れている。

☎212-335-0609 ◉J・Z線Canal St駅から徒歩3分 ⌂181 Grand St. ⌚7:30〜14:00（土・日曜は〜15:00） 休無休

↑リトル・イタリーで評判が良い店

バズ
Baz
$18
ゴマなどをまぶしたパンパーニッケル・ベーグルにはみ出すほど大量のスモークサーモンを挟んだ贅沢な味

↑ソーダファウンテンのあるレトロな店内

鮮やかなサーモンをふんだんにサンド

もっちりとした生地が小腹を満たしてくれる

パイク・ストリート
Pike Street
$10.25
フライドベーコン、トマト、レタスなどシンプルな素材をまとめてサンド

↑店内奥には工房があり、製造工程が見学できる

ベーグル&ビアリ販売店
コザーズ・ベーグル&ビアリーズ
Kossar's Bagels & Bialys

ロウアー・イースト・サイド
MAP付録P.13 D-1

1936年にポーランド出身のユダヤ系移民が創業。17世紀から東欧に伝わるシンプルな製法を守りつつ、手作りのベーグルを提供している。ニューヨークに「ビアリ」というポーランド発のパンを伝えた店でもある。原材料はすべてナチュラルな素材を使用している。

☎212-473-4810 ◉F線Delancey St駅から徒歩5分 ⌂367 Grand St. ⌚6:00〜16:00（金〜日曜は〜17:00） 休無休

↑赤いファサードの下にはテラスもある

GOURMET

ファッション関連のショップのようなインテリア

長く愛される老舗からエッジの効いた新店まで
毎日通いたくなる人気ベーカリー **5** 店

香ばしい匂いに誘われて、ベーカリーに足を運んでみたい。
王道の老舗から、常識を塗り替えるフレーバーやメニューに出会える。

超アヴァンギャルドなベーカリー
スーパームーン・ベイクハウス
Supermoon Bakehouse
ロウアー・イースト・サイド MAP付録P.13 D-1
オーストラリア出身の天才焼き菓子職人ライ・スティーブン氏がオープン。クロワッサンとマフィンのハイブリッド「クロフィン」など、前代未聞の斬新な味と形のパンが、洗練されたアパレルブランドのような店内に整然と並ぶ。

☎非公開 ㊊F線Delancey St駅から徒歩2分 ㊋120 Rivington St. ⌚10:00〜18:00 ㊡火・水曜

→ 厳選されたダークチョコレートを惜しげもなく使用

スーパームーン・チョコレート・クロワッサン
Supermoon Chocolate Croissant $9

→ インスタ映えするブティックのような店内
→ カウンター席が数席ある

レモン&ポピーシード・クロフィン
Lemon & Poppy Seed Cruffin $6.50

プライド・クロワッサン
Pride Croissant $9

フェレーロ・ロシャー・クロフィン
Ferrero Rocher Cruffin $6.50

← レモンカードとポピーシードのプチプチとした食感が◎

← ヴィーガン用に作られたカラフルなクロワッサン

↑ クロワッサンとマフィンを掛け合わせたハイブリッド系スイーツ

104 ※料理はイメージです

全粒粉とライ麦の自然の味
バルサザール・ベーカリー
Barthazar Bakery
ソーホー MAP付録P.21 D-3

本格フランス料理店バルサザールに隣接する直営ベーカリー。フランスの田舎風パンや洋菓子を手本にした素朴なスタイルでファンが増加。

☎ 212-965-1414 ❿ 4・6線 Spring St駅から徒歩1分 所 80 Spring St. 営 8:00～15:30 休 無休

→ フルーツタルト Fruit Tart $9.5
→ 甘酸っぱいベリー系を盛り込んだタルト

→ 昼間はベーカリーの外までできるほど人気が集まる

→ コンパクトな店はすぐ満員になる
→ まるでパリの下町のパン屋のよう

→ バター・クロワッサン Butter Croissant $5
→ 市内でベストといわれるできたてのサクサク感は美味

→ スティッキー・バン Sticky Bun $6
→ ペカンナッツをあしらったアメリカの伝統菓子

→ ブラックベリーのデニッシュ・ペイストリー Danish Du Jour $6.5
→ ブラックベリーの甘酸っぱい味わいとデニッシュパンの相性が抜群！

おしゃれなビストロ＆ベーカリー
ラファイエット
Lafayette
ノーホー MAP付録P.21 D-1

朝食からブランチ、ディナーまでフランスが薫るおしゃれな料理を提供するビストロ＆ベーカリー。天気の良い日は外のテラス席が気持ちいい。

☎ 212-533-3000 ❿ B・D・F・M・6線 Broadway-Lafayette St駅／Astor Pl駅から徒歩3分 所 380 Lafayette St. 営 ベーカリー8:00～21:00 朝食8:00～11:00(土・日曜は～10:00) ランチ11:30～15:30 ディナー17:00～22:00(日～火曜は～21:30) 休 無休

→ レストラン席の一部で、購入してすぐ食べられる

→ チョコレートのシュプリームデニッシュ Pain Au Chocolat Supreme $9.5
→ チョコレートのクリームが入った人気のデニッシュパン

→ パンプキンチャイのシュプリームデニッシュ Pumpkin Chai Suprem $9.5
→ 皮は甘くサクサク、中はふんわりしっとりした味わい

→ ほうれん草とアジアーゴチーズのフリッタータ Spinach & Asiago Frittata
→ ほうれん草とアジアーゴチーズのオムレツを挟んだサンドイッチ

→ ウォールナッツレーズンデニッシュ Walnut Raisin Danish
→ ウォールナッツとレーズンが入った甘い一品

→ ブルーベリーデニッシュ Blueberry Danish
→ ブルーベリーがたっぷりのったデニッシュ

チェルシーマーケットの休憩に
エイミーズ・ブレッド
Amy's Bread
ミート・パッキング・ディストリクト
MAP付録P.10 B-3

エイミー・シェルバーさんが創業したエイミーズ・ブレッドは、各種手作りパンほか、サンドイッチや朝食用ペストリー、クッキーなどが人気。市内には6店舗ある。

☎ 212-462-4338 ❿ A・C・E・L線 14 St駅／8 Av駅から徒歩5分 所 75 9th Ave. 営 8:00～18:00(金～日曜は～19:00) 休 無休

→ 青色に統一された入口

→ ボンボローニ Bomboloni $5.45
→ イタリア式ドーナツ。フィリングはバニラやストロベリーなど

→ ドニ Doni $6.25
→ 大粒のレーズンが入った素朴なブレッド

→ サラート・カルナット Salato Carnatto $4.85
→ ベーコンやオニオンが入ったおかずクロワッサン

アメリカのパン業界の革命児
サリバン・ストリート・ベーカリー
Sullivan Street Bakery
チェルシー MAP付録P.22 C-4

元彫刻家のジム・レイヒー氏が創業したベーカリー。彼が採用した「こねりなし」製法は、イースト菌の使用量が少なくしっとりとした仕上がりが特徴で全米に広まった。

☎ 212-929-5900 ❿ C・E線 23 St駅から徒歩4分 所 236 9th Ave. 営 8:00～19:00(日・月曜は～16:00) 休 無休

→ 落ち着いた住宅街にある

→ やさしくて懐かしさを感じる味わいのパンです

GOURMET

> やわらかくてジューシーな熟成肉に舌鼓

セレブも訪れる極上のステーキハウス4店

ニューヨークの旅で一度は食べたいステーキ。ポーターハウスがおいしい街の代表格である老舗で、味もボリュームも大満足のディナータイム。

1885年創業、5種の王道熟成肉を揃える
キーンズ・ステーキハウス
Keens Steakhouse

ミッドタウン・ウエスト MAP付録P.17 D-3

最高級の熟成ステーキを提供する老舗。観光客に加え、地元客の利用も多い。重厚な雰囲気の店内では、口の中でとろけるやわらかさのステーキを楽しめる。

☎212-947-3636 交MB・D・F・M・N・Q・R・W線34 St - Herald Sq駅から徒歩2分 所72 W. 36th St. 営11:45(土・日曜17:00)～22:30(日曜は～21:30) 休無休 予約$150～

プライム・ポーターハウス
Prime Porterhouse
T字型の骨付き肉がダイナミックに盛り付けられた王道の一皿
$138(2人前)

1. ラム・チョップ2本 $59
2. 大広間のほか個室も完備
3. 重厚なバーカウンターもある

ステーキ
Steak
芳醇な香りが食欲をそそる。ミディアムレアがおすすめ。2人前だが3人で分けてちょうどの分量
$141.9(2人前)

ステーキハウスの原点ともいえる老舗
ピーター・ルーガー・ステーキ・ハウス
Peter Luger Steak House

ウィリアムズバーグ MAP付録P.28 B-4

熟成ステーキはUSDAプライムビーフを使用する高品質なステーキハウス。多くのステーキハウスのオーナーはここで修業したという、原点の店としてファンも多い。

☎718-387-7400 交MJ・M・Z線Marcy Av駅から徒歩5分 所178 Broadway 営11:45～22:45 日曜12:45～21:45 休無休 予約$150～

1. カジュアルな広い店内 2. 入ってすぐ席がある

ニューヨーク最古のステーキハウス
オールド・ホームステッド・ステーキハウス
Old Homestead Steakhouse
チェルシー MAP 付録P.10 B-3

1868年創業でニューヨークで最も古いといわれるステーキハウス。伝統のメニューも多く、豪快な熟成肉の骨付きリブステーキはおすすめ。神戸バーガー($51.7)や、日本から輸入された和牛ステーキ12oz $385も注文が多いとか。

☎ 212-242-9040 ⓂA・C・E・L線14 St駅から徒歩5分 ㊟56 9th Ave. ⏰17:00〜21:00 土曜16:00〜22:00 ㊡月曜 予約 $280〜

ポーターハウス・ステーキ
Porterhouse Steak
USDAの認証を受けた最高品質の熟成肉を堪能できる
$173.8(2人前)

1. 共同経営者のシェリー兄弟 2. 入口の牛のフィギュアが店のアイコン 3. 2階にあるライブラリー風の重厚なダイニングルーム 4. フィレミニョンとポテトケーキ (時価)

毎日精肉工場で高品質のビーフを選んでいるよ

ポーターハウス
Porterhouse
ミディアムレアに焼いた熟成肉。バーではビールやワイン類も注文できるのでお肉と合わせたい
$69(1人前)

著名人御用達の極上肉を堪能
ギャラガーズ・ステーキ・ハウス
Gallaghers Steak House
ミッドタウン・ウエスト MAP 付録P.14 B-2

1927年創業の伝統的なステーキハウス。クリントン元大統領やシルベスター・スタローンなど多くの有名人に愛される香ばしい熟成肉は至福のディナーを演出してくれる。

☎ 212-586-5000 ⓂM・C・E線50 St駅から徒歩2分 ㊟228 W. 52nd St. ⏰11:45〜16:00、16:00〜22:00(金・土曜は〜23:00) ㊡無休 予約 $150〜

ボリューム満点のステーキをお出ししますよ

1. 十分に炙ってもおいしくいただける。好みの焼き加減を伝えたい 2. 高級感があり特別なディナーに利用する地元客も多い 3. シェフが持つ大きな肉の塊は迫力がある

GOURMET

世界トップレベルの名店がマンハッタンに集まる
都会の洗練された**フレンチ❹店**

極上の食材や調理法が集結し、最先端のムーブメントを生み出すニューヨーク。
ミシュラン受賞歴やベストレストランの称号を持つ実力店で、特別な旅の夜を過ごしたい。

おすすめメニュー
マグロとチコリーのタルタル添え
Asian Tuna and Belgian Endive
鮮度の高いマグロの赤身を細かく刻み繊細に盛り付けた前菜。ベルジアンチコリーが香りと味わいのアクセント

1.

フレンチ・シーフードの老舗
ル・ベルナルダン
Le Bernardin
ミッドタウン・ウエスト MAP 付録P.14 B-2

1972年にパリで創業し、ニューヨークで30年以上の歴史を誇るシーフードの名店。開店直後にニューヨーク・タイムズ紙で4ツ星に輝き、2005年からミシュランガイドで3ツ星を取り続ける。「世界のベストレストラン50」にも入賞。

☎212-554-1515 ⓜ1線50St駅徒歩3分 ⌂155 W. 51st St. ☀ランチ12:00～14:30(月～金曜のみ)、ディナー17:00～22:30(金・土曜は～23:00) ⓡ日曜 ⓟ予約
ランチ$150～、ディナー$250～

1. シェフおすすめコースの一部。予算$250～で季節の食材を華麗に昇華した渾身の一皿が味わえる 2. パーティ会場にもなるメインフロア 3. シェフおすすめコースの一部。クラブケーキはカニをドルチェのような装いに 4. ミッドタウンの喧騒を忘れさせるモダンな空間。テーブル席で最高のおもてなしを 5. 夜のシーフードコースの一部。ロブスターやエビが入ったペースト

※料理はイメージです

おすすめメニュー
アンコウと薬膳草
Monkfish
冬の代表的な高級魚であるアンコウを使用。アジアで薬膳料理に添えられる葉で飾り付けしている

巨匠が織りなす正統派の料理
レストラン・ダニエル
Restaurant Daniel
アッパー・イースト・サイド MAP付録P.9 D-1

フランス・リヨン出身で世界的に活躍するシェフ、ダニエル・ブリュー氏が1993年にオープン。最高級の素材を用いた料理は繊細で季節感にあふれ、毎年ミシュランガイドの星に輝く。クラシカルな内装やサービスも素晴らしい。

☎ 212-288-0033　交 M F・Q線 Lexington Av/63 St駅から徒歩4分　所 60 E. 65th St.　営 17:00～22:00　休 月曜(5・6月は営業)　予約 ディナー$350～

1. コースの予算は$350～。予約が取りにくいので出国前にリザーブしたい。2. ダニエル・ブリュー氏をはじめ、多くのシェフが繊細な一皿を作り上げていくキッチン 3. 緑が鮮やかなキュウリとヴァシュラン・モン・ドールと呼ばれる高級チーズ 4. 広いフロアとクラシカルなテーブル席

革新的なモダンフレンチ
ジャン・ジョルジュ
Jean-Georges
アッパー・ウエスト・サイド MAP付録P.8 C-2

世界各地に店舗を持つシェフ、ジャン・ジョルジュ氏の旗艦店。アジアの食材やスパイスなどを取り入れた斬新な料理が人気を博す。2005年からミシュランガイドで毎年星を獲得し、ニューヨーク・タイムズ紙で4ツ星の評価を受ける。

☎ 212-299-3900　交 M 1・2・A・B・C・D線59 St - Columbus Circle駅から徒歩1分　所 1 Central Park W.　営 16:45～21:30　休 日・月曜　予約 ディナー$300～

おすすめメニュー
ロブスターとさやえんどうの前菜
Appetizer - Lobster and Green beans
ニューヨークで好まれる真っ赤なロブスターはプリプリの食感。コース料理の一部

1. 夜のコースは$300～が目安。ホタテなどの海鮮をアートのように盛り付け 2. 一皿目から芸術性の高さと荘厳な世界観に引き込まれる。鮮やかなロブスターが美味 3. 白を基調とした明るい店内で優雅に食事を楽しめる 4. サワラを洋風にアレンジしたコースのメインが美味

109

GOURMET

大人が納得する料理の店
フレンチェッテ
Frenchette
ソーホー **MAP** 付録P.20 C-4

元バルザザールの叩き上げのフレンチ・シェフ2人が作り上げた至極のメニューとラグジュアリー空間。常勤ソムリエの、オーガニックとバイオダイナミックワインのセレクトも高評価を受けており、おすすめのワインを頼んでみたい。

☎212-334-3883 Ⓜ1線 Franklin Stから徒歩3分 ⊞241 W. Broadway ⊙12:00(土・日曜11:00)〜22:00(日曜は〜21:00) 休無休 予約 ランチ $50〜、ディナー $100〜

おすすめメニュー
ドライエイジング・ビーフ・ステーキ
Côte de Boeuf
2人用 $136。75日間かけて熟成させ、芳醇な香りを閉じ込めたステーキ。赤ワインと合わせてマリアージュを楽しんで

1. ニューヨークの名物料理でもある熟成肉をフレンチベースで味わう 2. 落ち着いた雰囲気の店はシックな装いが高級感を漂わせる 3. ロブスターのカレーバター焼き 4. 予約がなくてもバーで食事ができるのがうれしい
© Melanie Dunea

ニューヨークで大ブームのカジュアルフレンチを楽しむ

今NYで流行のカジュアルフレンチ。女子会や仕事帰りに立ち寄れる、モダンな空間が急増中。常連に愛される老舗からスターシェフがプロデュースする新店まで、一大ブームを起こしている。

1. グリーンアワーと呼ばれるハッピーアワーの小皿は各 $15で豊富な種類から注文できる 2. 劇場の名残で2階席も用意されている 3. 予約が取れなくてもバーで食事ができる

最高にロマンティックな店
ブーシュリー
Boucherie
グリニッチ・ビレッジ **MAP** 付録P.18 A-4

元劇場のスペースを使った、伝統的なブラッスリー兼ステーキハウス。ドライエイジド・ステーキ、元バスティスのヘッドシェフが定番ビストロ料理を提供。

☎212-837-1616 Ⓜ1線 Christopher St-Sheridan Sq駅から徒歩2分 ⊞99 7th Ave S. ⊙11:00(土・日曜10:00)〜24:00 休無休 予約 ランチ・ディナー $60〜

エスカルゴ、タコのグリルなどが並ぶ

クリエイティブな発想を一皿に描く
スターシェフのレストラン ❸ 店

「世界のベストレストラン50」の常連店のトップシェフが生み出す、季節や食材を最大に生かした華やかな食卓。メディアにも取り上げられる有名店で、美と食の共演を体感したい。

世界一に輝いた最高級レストラン
イレブン・マディソン・パーク
Eleven Madison Park
グラマシー MAP 付録P.11 D-2

ミシュランガイド3ツ星の常連で、2017年には「世界のベストレストラン50」で1位に選ばれた高級フレンチ。スイス出身のダニエル氏が、選び抜いた食材と卓越した技法を駆使して芸術的な料理を構築する。

☎212-889-0905 交M6線23 St駅から徒歩3分 所11 Madison Ave. 営17:30～22:00、木・日曜17:00～23:00、土曜のランチ12:00～14:00 休無休 予ディナー＄300～

Chef's Profile
ダニエル・フム
Daniel Humm
弱冠24歳で初の星を獲得。2003年からアメリカで活躍し、数々の権威ある賞を受賞。

←ホテルのサロンを思わせる極上のフロア

↑コース料理の一部。ヒマワリに見立てたキャビアが美しい

←カニの風味を感じる前菜にヒマワリの花びらをのせて

おすすめコース
キャビア
オクラとコーンブレッド添え
Caviar with okra and corn flatbread
アート作品を思わせる卓越した技術と料理の配置が独創的

↑記念日などの特別な日に利用したくなる

絶品料理をカジュアルに堪能
エステラ
Estela
ノリータ MAP 付録P.21 E-3

オーナーシェフのイグナシオ氏が2013年にオープン。趣向を凝らした料理はどれも完成度が高く、ワインのセレクトも秀逸。「世界のベストレストラン50」にもランクイン。予約なしでも利用できる。

☎212-219-7693 交M6線Bleecker St駅から徒歩1分 所47 E. Houston St. 営17:00～22:30、金・日曜ランチ11:30～14:30 休無休 予ランチ＄50～、ディナー＄80～

↑素材にこだわったイタリアンを味わえる

Chef's Profile
イグナシオ・マットス
Ignacio Mattos
ウルグアイ出身。アリス・ウォータース氏やフランシス・モールマン氏などに師事。受賞歴多数。

おすすめコース
オリーブ＆オリーハム
Olives and Olli ham
トスカーナ風サラミとして知られるオリーハム。独特の香りが特色で、旨みが凝縮されている

日本で修業した寿司職人が熟練技を披露
シオン・アット・69レオナール・ストリート
Shion at 69 Leonard Street
トライベッカ MAP 付録P.23 C-1

東京の伝統的な寿司屋「鮨さいとう」で8年以上卸していた宇井野氏が本格的な江戸前寿司を提供。確かな目利きや丹念な仕込み、ていねいな接客など、すべてにおいて一流だ。ニューヨーク・タイムズ紙で3ツ星を獲得。

☎212-404-4600 交M1線Franklin St駅から徒歩3分 所69 Leonard St. 営18:00～20:30～ 休日曜 予ディナー＄450～

↑和を研究し尽くした名店の味をニューヨークで

おすすめコース
桜鱒
Sakuramasu
日本海で獲れる本鱒（ホンマス）は桜鱒（サクラマス）と呼ばれる。幻の高級魚をシンプルに味わう

GOURMET

工場跡をリノベートして作ったタップルーム

ビールの注文はここで。さまざまな味わいを用意

ブルックリンの醸造所で過ごす大人の時間
ブルワリー❸店でクラフトビールを味比べ!

マイクロブルワリーと呼ばれる小規模なビール醸造所が増えているブルックリン。ビールのテイスティングや製造過程の見学もでき、ご当地ビールの楽しみ方も多彩だ。

クラフトビールの先駆け的存在
ブルックリン・ブルワリー
Brooklyn Brewery
ウィリアムズバーグ MAP付録P28 B-1

1988年、ブルックリンで創業のブルワリー。ラガービールとエールビールの2種類を製造、販売しており、現在は日本をはじめ世界中で親しまれている。もとは製造工場だが、ビールを味わえるテイスティングルームや売店も併設。

⬆ブルワリーなので食事は用意されていないが、近くのピザケータリングなどで購入してビールと味わえる

⬆瓶入りのビールは6本入り$10。いろいろな種類を混ぜると$12で購入できる。ビール好きは必飲!

☎718-486-7422 Ⓜ L線Bedford Av駅から徒歩7分
⌂79 N. 11th St. ⏰16:00(金曜14:00、土・日曜12:00)〜21:00(火曜〜22:00、金曜〜23:00、土曜〜24:00、日曜〜20:00) 休無休 料工場見学45分$26〜

醸造所の見学ツアーに参加する

月〜金曜1日数回開催されるツアーに参加。親しみやすいガイドと一緒においしいビールができるまでを見学しよう。

❶受付
入口左側にある売店が受付。リストバンドと見学中にかける透明のめがねを受け取る。ここで早速、缶ビール1本もらえるのがお得!

❷ツアー説明
できたてのビールを飲みながら説明を聞く。ここで参加者は簡単に自己紹介し、ガイドがブルワリーの歴史などについて話してくれる

❸発酵槽
次に発酵槽などがある工場内の見学へ。大きな発酵槽の中で麦芽、ホップ、水、酵母などを加えて発酵させる。7〜8日かかるそう

❹ボトリング
さらに進んで、ボトル詰めのプロセスを見学。店舗に並んでいるビール瓶に次々と液体が流し込まれていく様子はスピーディー!

❺テイスティングルーム
ツアー用テイスティングルームに併設された個室で、ビールを飲みながらホップや麦芽などの実物を見ながら解説してくれる

❻タップルーム
ツアー終了後は各自テイスティングルームでのんびり過ごすもよし、飲み足りなければタップルームでもう1杯楽しむのもアリ!

❼ショップ
おみやげにぴったりの醸造所限定アイテムやビールを販売している。ポップなデザインのロゴTシャツなどおしゃれに着こなしたい

ブルワリーブームの先駆的存在
アザー・ハーフ・ブリューイング・ドミノパーク
Other Half Brewing Domino Park
ウィリアムズバーグ MAP付録P.28 A-3

小規模の醸造所にブルックリンらしい広めのタップルーム。外にはパティオ席もある。15種類ほどのクラフト生ビールほかワインやカクテル類もある。小腹がすいたら隣のピザレストラン、ロベルタスでピザやスナックの注文も可能。

☎718-362-6199 L線Bedford Av駅から徒歩16分 34 River St. 12:00(土・日曜11:00)〜22:00(土曜は〜23:00、日曜は〜21:00) 無休

ポエトリースナップス$5。ライスラガー4.5%が含まれている。クリーンな味でほのかに酸味があり飲みやすい(スモールサイズあり、$4、$7)

ドウグ$9。黒色系のエールビールで、カスケディアン・ダークエール7.2%が含まれている。濃いが飲みやすい(スモールサイズあり、$4、$7)

グリーンシティ$9。白濁した見た目だが、IPA7%で、苦みが強めでも飲みやすい。IPAやダブルIPA好きにおすすめ。

入店してすぐに、ビールを作る醸造機が現れる

↑ドミノ・パークやグランド・フェリー・パークの近辺に位置する

常時10種類前後のビールを提供している

ビールを誰よりも愛するオーナーの工場
ストロング・ロープ・ブルワリー
Strong Rope Brewery
ゴワヌス MAP付録P.24 C-3

オーナーのジェイソン氏が一人でスタートしたマイクロブルワリー。麦芽などの原材料はニューヨーク州産にこだわる。オリジナルレシピは120種類以上あり、タップルームでは奥の工場でできた新鮮なビールが飲める。

☎929-337-8699 D・N・R線Union St駅から徒歩1分 574A President St. 15:00(金〜日曜12:00)〜22:00(金・土曜は〜23:00、日曜は〜21:00) 無休

↑IPAやスタウトなど一部の缶のデザインが一新した

↑ブルワリー外観(左)。入ってすぐにタップルームとカウンターバー。奥が製造工場になっている(右)

ブルックリンのワイン醸造所
アーバン・ワイナリーを訪れる
Urban Winery

都会の街なかにあるアーバン・ワイナリーというスタイルがブルックリンで発展。近郊のブドウ栽培農家からブドウを購入し、街の醸造所でワインを造り販売する。併設されたテイスティングルームもお楽しみのひとつ。

地域に根差したワインを製造
ブルックリン・ワイナリー
Brooklyn Winery
ウィリアムズバーグ MAP付録P.25 B-2

アメリカ国内にある自社ワイナリーで造ったワインを提供するバー。ワインの70%はニューヨーク州産で30%はカリフォルニア州産。グラスワインはハッピーアワー$7がお得。

☎347-763-1506 G線Nassau Av駅から徒歩5分 61 Guernsey St. 17:00(土・日曜13:00)〜22:00(日曜は〜18:00) 月曜

↑チーズやカボチャの種の盛り合わせ$17

↑ウエディングパーティにも利用される

↓購入できるワインは1本$19〜

GOURMET

長き歴史を物語る老舗バー❷店

時代を超えて受け継がれるカクテルレシピ

名門一族が開業したバーや、著名人、作家が好んで通ったバーなど、創業100年を超えて格式と伝統を守り続ける異世界のような空間を訪ねて。

> マックスフィールド・パリッシュ氏の巨大な絵画が飾られている

ブラッディ・メアリー発祥の聖地
キング・コール・バー
King Cole Bar

ミッドタウン・イースト MAP 付録P.15 D-1

ニューヨークの名門であるアスター家が1904年に開業したセント・レジス・ホテル内のバー。レストランの奥に位置し、重厚感のあるカウンターは10名ほどの席が用意されている。ニューヨーク発祥のカクテル「ブラッディ・メアリー」誕生のバーで、本場の味を求めて訪れる客が絶えない。

☎212-753-4500 Ⓜ E・M線5 Av/53 St 駅から徒歩3分 🏠 2 E. 55th St. 🏨 セント・レジス・ニューヨーク内 ⏰ 11:30(日曜12:00)～24:00 休無休 💳

⬆ ブラッディ・メアリーは1934年当時のバーテンダーにより生まれた

➡ ホテルレストランの奥にひっそりと設けられているバー。ジャケット着用でドレスコードを意識して

⬆ 格式を守り伝統を受け継ぐバーテンダーの特別な一杯を

114

中心街から離れ100年以上の時を刻む
ホワイト・ホース・タヴァーン
White Horse Tavern
トライベッカ MAP付録P.10 B-3

1880年創業、ニューヨークで2番目に歴史のあるダイナー。もとは、ハドソン・リバーの橋の周辺で仕事をする男性たちのバーで、1950年代には、ウェールズの詩人であるディラン・トマス、アメリカの作家ジャック・ケルアックなどが通った。当時のままのバーカウンターや柱、天井などが残る、趣ある店内で過ごしたい。

☎ 212-989-3956　1線Christopher St-Sheridan Sq駅から徒歩6分　567 Hudson St.　16:00(金曜14:00、土・日曜11:00)～翌4:00(日曜翌2:00)　無休

←週末の昼は地元客がブランチに利用できるカジュアルダイナー

深夜も営業しておりテラス席は満席になることが多い。帰宅時はタクシーで

←オレンジとライムの香りで爽快感を味わえる
シップ・オブ・プライド・パンチ・カクテル$18～

カクテルのルーツを知る

起源やバーテンダーの逸話など、カクテル発祥のストーリーはさまざま。街の代表的なカクテルを知り、大人のナイトライフを豊かに過ごしたい。

ニューヨークにゆかりのあるカクテルはこちら

ヨーロッパで嗜まれていたミックスドリンクが起源

　カクテルの歴史は古く諸説あるが、ヨーロッパでは古代ローマや古代ギリシャの時代から作られていたとされる。ビールやワイン、馬乳などをベースに多様な材料を加えた、オリジナルのミックスドリンクだった。
　中世になると、常温で飲まれていたドリンクは寒い時期になると温めて飲むようになり、ドイツのグリューヴァインやフランスのヴァン・ショーなどのホットカクテルが誕生した。ヨーロッパのカクテルは常温に加えて温かいものが主流となり、この時代の人々はホットワインも嗜んでいたとされる。
　1876年、ドイツ人技術者カール・フォン・リンデにより冷凍機が開発され、やがてアメリカにも伝わることに。冷凍機の登場により、材料を冷やすことや製氷が可能となり、食文化が一変。カクテルも常温のものから冷たいものが作られるようになり、総じて「コールドカクテル」と呼ばれた。

ニューヨークで確立されたコールドカクテルの文化

　コールドカクテルの誕生は、カクテルの飲み方や種類にも変化をもたらした。ニューヨークでは、カクテルグラスやミキシンググラスに氷を入れて冷やす方法や、氷をグラスに先入れしてからカクテルを注ぐロングタイプのカクテルなどが提供され始める。
　また、新しいものに積極的なニューヨークでは、今までにない斬新なカクテルが次々と誕生。ジンをベースにドライ・ベルモットを加えた「ドライ・マティーニ」や、ウイスキーとスイートベルモットをミックスした「マンハッタン」は、ニューヨークのバーテンダーが生み出したとされる。映画の主人公がマティーニのグラスを傾けるシーンが流れるとブームを生んだ。また、ウォッカをベースにトマトジュースを加えた「ブラッディ・メアリー」が、キング・コール・バー(→P114)で誕生。格式高い一杯を味わうため、聖地のバーを訪ねる人も多い。

ブラッディ・メアリー
Bloody Mary

→ウォッカをベースにトマトジュースを加える。「カクテルの女王」と呼ばれ、16世紀のイングランド女王、メアリー1世の隠れた呼び名が由来

マンハッタン
Manhattan

→第19代アメリカ大統領選のときチャーチル首相の母親がニューヨークのマンハッタン・クラブでパーティを催した際に提供したレシピ

ニューヨーク
New York

→ウイスキーにライムジュースを加える。都市の名前を冠しており、ニューヨークの日の出を連想させる鮮明なオレンジ色が特徴

マティーニ
Martini
→ジンと香りの強いワインのベルモットをシェイク。「カクテルの帝王」と称され、『007』『7年目の浮気』など多数の映画に登場する

コスモポリタン
Cosmopolitan

→ウォッカベースのカクテルにライムの酸味が楽しめる。ドラマ『Sex and the City』で主人公のキャリーが好んで飲んでいる

GOURMET

お手軽なのにとびきりおいしいメニューを選べる

素材にこだわるデリカテッセン ❷ 店

自分好みの惣菜やサラダなどを好きな分量だけ選んで購入できるデリカテッセン。
日によって変化するメニューやヘルシーフードが充実しており、どれにしようか迷うのも楽しい。

本格的なイタリアンスタイル
マンジア
Mangia
ミッドタウン・イースト
MAP 付録P.15 E-3

1981年の創業時に「ファーム・トゥー・テーブル」を提唱したイタリアンデリ。量り売りで自由にパスタやサラダなどの惣菜を選び、店内スペースで食べられるのも◎。

☎212-644-0422 ❻6線51 St駅から徒歩5分 ⌂422 Madison Ave. ⏰7:00～18:00 土・日曜

→好きなものを選べるサラダバーはニューヨーカーのグルメスポット

→ソプレサッタ・パニーニ $9.50～。サラミ、モッツァレラチーズなどがぎっしり

→きれいに仕上げられた洋梨のタルト $7.50～

→さわやかな自家製レモネード $5.50

→ローストしたナス、トマト、ピーマンが入ったロラティーニ $11.50

NYのアイコン的なデリ
カッツ・デリカテッセン
Katz's Delicatessen
ロウアー・イースト・サイド
MAP 付録P.11 E-4

1888年創業、有名人も多く訪れる古き良きデリカテッセン。メニューはボリューム満点で、昼間は長蛇の列ができていることが多い。朝か深夜に行くのがおすすめ。

☎212-254-2246 ⓜF線2 Av駅から徒歩3分 ⌂205 E Houston St. ⏰8:00～23:00(金曜、土・日曜は24時間営業) 無休

→レトロなアメリカンの内装が魅力的

→キュウリのピクルスが付き、2種類の味を一緒に楽しめるコンボズアズアルーベン $31.95。おすすめはパストラミとコーンビーフ

↑とろけるアメリカンチーズが入ったホットサンドイッチ、フィリーチーズステーキオンクラブ $22.95

→グレービーソースでゆっくりローストしたブリスケットサンドイッチ、カッツブリスケットオブビーフ $27.95

忙しいニューヨーカーの味方
具だくさんのスープ・スタンド

街に点在する温かなスープ・スタンド。食材がたっぷり入っているので小腹がすいたときに活躍しそう。

行列ができるスープ専門店
オリジナル・スープ・キッチン
Original Soup Kitchen
ミッドタウン・ウエスト MAP 付録P.14 B-1

時間をかけて作るスープの味は安定しており常に高評価。チェーン店だが、どのショップにも行列ができるほどで、ランチタイムなどは覚悟して並ぼう。

☎212-956-0900 ⓜN・Q・R・W線57 St-7 Av駅から徒歩3分 ⌂259A W. 55th St. ⏰11:00～20:00(日曜は～19:00) 無休

↑コンパクトなスタンドにアツアツのスープが並ぶ

クラムチャウダー(上)
$7
クリーミーな海鮮スープは定番の人気スープ

ロブスター・ビスク(下)
$10
メイン州産の最上級ロブスターを惜しげなく投入した濃厚なスープ

SWEET ENCOUNTER LIKE A JEWEL

スイーツ&カフェ

一度は食べたい！至福のご褒美

Contents

- ホテルで楽しむ **アフタヌーンティー** 2店 ▶P118
- カラフル&キュートな **カップケーキ** が人気 ▶P120
- 甘くてふわふわ！ **ドーナツ** にひとめぼれ ▶P122
- みんな大好き！ひんやり **アイスクリーム** 5店 ▶P124
- 老舗の **ニューヨークチーズケーキ** を堪能 ▶P126
- **ハイブリッド系** スイーツから目が離せない！ ▶P127
- 居心地のよい **おしゃれカフェ** で過ごす ▶P128
- 進化する **サードウェーブコーヒー** の店 ▶P130

SWEETS&CAFE

豪華なティーサロンで優雅に過ごす午後のひととき
ホテルで楽しむアフタヌーンティー ❷店

高級感あふれるフロアと、贅を尽くした食器やインテリアに包まれながらのティータイム。
優雅な空間に香る紅茶と、ていねいに作られたスイーツは特別な旅を演出してくれる。

↑インテリアはバカラグラスやシャンデリアで彩られている

豪華絢爛な空間でティータイム
グランド・サロン
Grand Salon
ミッドタウン・ウエスト MAP付録P.15 D-2

フランスのバカラ社がプロデュースする、ゴージャスなホテルの2階にある優雅なティーサロン。フランスの老舗紅茶ブランド、マリアージュフレール社と提携し、香り高い紅茶が楽しめるアフタヌーンティーは毎日12〜17時に提供される。

☎212-790-8867 Ⓜ E・M線5 Av/53 St駅から徒歩2分 🏠 28 W. 53rd St. 🏨 バカラ・ホテル内 🕐 7:00〜23:00(日曜は〜22:00) 休 無休

↑洗練された店内。紳士が集うバーも併設されている

スコーン
→サクサクとした食感のプレーンスコーンは紅茶と相性抜群

季節により異なるケーキやフルーツなどが美しく盛り付けられている

アフタヌーンティー
$85(1名)
小さくてかわいらしいケーキやお菓子が3段トレーに並べられた華やかなセット。バカラ社特製のブレンドティーが含まれる

118

ホテルの専属パティシエが作るケーキは風味はもちろんデザインもおしゃれ

↑ひときわ目立つ豪華なシャンデリアがお出迎え

贅を尽くしたサロンの内装は圧巻
パーム・コート
The Palm Court
ミッドタウン・ウエスト **MAP**付録P.9 D-2

プラザ合意の会場にもなった豪華なプラザホテルにあるティーサロン。アフタヌーンティーは、毎日10時30分〜16時の間に提供している。アップタウンに近く、休日のブランチをリラックスして過ごすセレブなニューヨーカーが多く利用している。

☎212-759-3000 Ⓜ N・R・W線5 Av/59 St駅から徒歩5分 ⌂768 5th Ave. Ⓗプラザホテル隣接 ⏰6:30〜23:00 休無休

アフタヌーンティー
$120(1名)
サンドイッチ、スコーン、セイボリー系、ケーキ類の大満足のセット。ブランチにはシャンパンに変更も可能(料金別途)

ベルガモット・ティー
↑セットの紅茶は数種類から選べる。気品と落ち着きのある香りのベルガモットが人気

↑写真映えするかわいらしいティーカップ

シナモン・スピン
↑セットのセイボリーとして味わえるシナモン・スピン(季節により異なる)

紅茶みやげが購入できる街の専門店

新しいお茶の文化を世界へ発信
ベロック・ティー・アトリエ
Bellocq Tea Atelier
グリーンポイント **MAP**付録P25 A-2

3人のクリエイター集団によるティーブランド。オーガニック茶葉やスパイスを使ったブレンドティーが人気。

☎800-495-5416 Ⓜ G線Greenpoint Av駅から徒歩5分 ⌂104 West St. ⏰12:00〜18:00(金・土曜は〜19:00) 休無休

↑店内の雰囲気に調和するエロー缶

↑厳選した茶葉を使用したアールグレイ $15

↑店内では紅茶の飲み比べもできる

地元生まれの高級紅茶ブランド
ハーニー&サンズ
Harney&Sons
ソーホー **MAP**付録P21 D-3

世界中から取り寄せた最高級の茶葉を使い、斬新な創作茶を発表。店内で試飲ができ、奥にはカフェも併設。

☎212-933-4853 Ⓜ 4・6線Spring St駅から徒歩3分 ⌂433 Broome St. ⏰11:30(土曜10:30)〜18:30 休無休

119

SWEETS&CAFE

> ドラマのヒロイン気分でいただきます！

カラフル＆キュートな**カップケーキ**が人気

ドラマ『Sex and the City』で、主人公がカップケーキを食べるシーンが話題となり、街を代表するスイーツに。アイシングは店ごとに個性あふれるデザインで迷ってしまうほど！

グラデュエーション
チョコレートのバタークリームとスプリンクルでデコレーション。$5.15

ドラマで一躍有名になった人気店
マグノリア・ベーカリー
Magnolia Bakery
アッパー・ウエスト・サイド MAP 付録P.8 B-1
ドラマ『Sex and the City』に登場するニューヨーク生まれの店。豊富な種類の色とりどりのカップケーキが揃い、甘くて濃厚なトラディショナルな味わい。

☎212-724-8101 ◉1線66 St-Lincoln Center駅から徒歩4分 ◉200 Columbus Ave. ◉8:00〜22:00(金・土曜は〜23:00) ◉無休

キャロット
ニンジン入りのカップケーキに、クリームチーズとウォールナッツをトッピング。$5.15

➡奥には広めのテーブルエリアを設けている

アメリカの各メディアが賞賛
モリーズ・カップケーキ
Molly's Cupcakes
ソーホー MAP 付録P.20 B-1
シカゴ、アイオワ、シンシナティなど全米に広がるカップケーキ店。さまざまなメディアで「最高のカップケーキ」と絶賛されてきた。オレオ好きにはたまらないオレオカップケーキが看板メニューで人気。

☎212-414-2253 ◉A・B・C・D・E・F・M線West 4 St-Washington Sq駅から徒歩2分 ◉228 Bleecker St. ◉10:00〜21:00 ◉無休

➡本棚には自由に読むことができる書籍も充実

クレームブリュレ
クリームがバニラスポンジに包まれたクラシックタイプのクレームブリュレ $3.90

サモア
バニラのスポンジにチョコレートガナッシュ、キャラメルバタークリームをのせて。$3.90

カウンターの椅子はブランコになっており独創的なデザイン

↑茶色の外観が目印のシンプルな装いとなっている

西海岸発のカップケーキ専門店
スプリンクルズ
Sprinkles
アッパーイーストサイド MAP付録P.9 E-2
ビバリーヒルズ生まれの、カラフルなカップケーキ専門店。ソルティキャラメルやバニラ、ストロベリー味などが人気。ヴィーガン向けやグルテンフリー、ミニサイズなど、健康志向の女性が喜ぶカップケーキもある。

☎ 212-207-8375 ◎M・N・R・W線 Lexington Av／59 st駅から徒歩1分 ㊝780 Lexington Ave. ⌚10:00〜20:00(木〜土曜は〜21:00) ㊡無休

ソルティキャラメル
ザラザラとした甘いバタークリームがたっぷりトッピング。$5.10

レモンブルーベリー
ブルーベリー入りのふんわりとやわらかく焼き上げられた甘さ控えめのカップケーキ。$5.35

キャロット
生地に細切りのキャロットが練り込まれ、少しざらっとした舌ざわりのクリームが中に入っている。$5.10

↑店内にイートインスペースはないが、ターミナル駅の近くにあるので人が絶えない

繊細な口当たりが上品
リトル・カップケーキ・ベイクショップ
Little Cupcake Bakeshop
ソーホー MAP付録P.21 E-2
『Food & Wine』マガジンで、全米ナンバーワンのカップケーキとチョコレートケーキに、それぞれ選ばれた店。カップケーキのケーキは、キメが細かくしっとり。

☎ 212-941-9100 ◎M・R・W線Prince St駅から徒歩3分 ㊝30 Prince St. ⌚8:00〜23:00 ㊡無休

↑地元の女性に大好評。常に賑わっている店内

レッドベルベット
鮮やかなカラーとしっとりとした生地が◎。$4.75

バニラ
素朴ながらも「シンプル・イズ・ベスト」を体現した王道のおいしさ。$4.75

↑なめらかなチーズケーキも注文してみたい

121

SWEETS&CAFE

かわいいデザインと素材にこだわる王道スイーツ

甘くてふわふわ！ドーナツにひとめぼれ

ふんわり軽くてやわらかなイーストタイプや、ずっしりとしたケーキタイプなど、ドーナツ専門店の趣向を凝らした味を楽しんで。

ふわっとカラフルなドーナツが揃う
ザ・ドーナツ・パブ
The Donut Pub
ウェスト・ビレッジ MAP付録P.18 A-2

1964年創業。名物はしっとりとやわらかくふわふわの口当たりのクロワッサンドーナツ。バラエティ豊かな味が多く、アメリカの甘さを体験したければこの店のドーナツがおすすめ。ドーナツはすべてナッツフリーで、ナッツアレルギーのある人にも最適。
☎646-398-7007 ⓂL・2・3・F・M線14 St駅から徒歩1分 ㊟203 W 14th St. 営24時間営業 休無休

スモアズ クロワッサンドーナツ
S'mores Croissant Donut
焼いたマシュマロをチョコレートと一緒にクラッカーやビスケットで挟んだお菓子、スモアズをモデルに作られている。$5

ストロベリー クロワッサンドーナツ
Strawberry Croissant Donut
トッピングされているざらっとした舌ざわりのストロベリークリームが絶妙。$5

カプチーノ クロワッサンドーナツ
Cappuccino Croissant Donut
カプチーノクリームがたっぷりのったガツンとした甘さが特徴的。$5

⬆創業以来変わらぬスタイルで続けている

⬆ソーダファウンテンのような古き良き店内

トリプルチョコレート
Triple Chocolate
チョコレート好きには最強のドーナツ。$3.5

ココナッツキャラメルクッキー
Coconut Caramel Cookie
ココナッツとキャラメル味の甘くてふわふわやわらかいドーナツ。$3.5

植物由来の原料で作られたドーナツ
ダンウェル・ドーナツ
Dun-Well Doughnuts
ブルックリン MAP付録P.25 C-3

2011年創業、ブルックリン発の手作りドーナツの店。原料はすべて植物由来で、毎日手作りで作られている。Brooklyn Roasting Companyと提携しコーヒーもおいしい。
☎347-294-0871 ⓂL線Montrose Av駅から徒歩1分 ㊟222 Montrose Ave 営8:00〜18:00 休無休

クラシックPB&J
Classic PB&J
イチゴジャムがたっぷり入った甘くてふわふわやわらかい食感を楽しめる。$4

⬆おやつの時間には店内で行列ができることも

⬆閑静な住宅街にたたずむおしゃれな外観

60年以上愛される老舗ドーナツ店
ピーターパン・ドーナツ＆ペストリー・ショップ
Peter Pan Donut & Pastry Shop
グリーンポイント MAP 付録P.25 B-2

創業当時から変わらないレシピで地元客に愛されるアットホームな店。昔ながらの手作りドーナツは、シンプルな定番から派手なデコレーションを施したものまで種類豊富。古き良きアメリカを感じさせる雰囲気も心地よい。

☎ 718-389-3676 ⊗ G線Nassau Av駅から徒歩4分 ㊟ 727 Manhattan Ave. ⊘ 4:30 (土曜5:00、日曜5:30) ～18:00 (木～土曜19:00) ㊡ 無休

↑明るい店内はいつも行列ができるほどの人気。見た目はシンプルだが味わいは絶品と地元で話題に

ハニー・ディップ
HoneyDip
王道のシュガーアイシング。ふわふわの食感がたまらない！$1.95

ツイスト
Twist
シュガーがかかった定番の味。モチモチの生地が◎。$1.95

シュガー・ジェリー
Sugar Jelly
やわらかなドーナツ生地にストロベリージャムを入れて。$1.95

↑入口のかわいらしいお店のロゴが目印

ふわふわやわらか系の先駆者
ドウ・ドーナツ
Dough Doughnuts
ミッドタウン・ウエスト MAP 付録P.14 C-3

2010年にブルックリン店からスタートし、近年のニューヨークのドーナツブームを先取りした大きくて甘いドーナツが特徴。マンハッタンに3店舗があるほか、フードコートやフリーマーケットにも出店している。

☎ 212-597-4536 ⊗ M B・D・F・M線47-51 Sts Rockfeller Center駅から徒歩3分 ㊟ 10 Rockfeller Center ⊘ 8:00 (土・日曜9:00) ～19:00 (日曜は～18:00) ※売り切れ次第閉店 ㊡ 無休

↑シティ・キッチン内にある定番スイーツ店

チョコレート・ピーナツバター
Chocolate Peanut Butter
ポップコーンとチョコレートのコラボレーション。$5.65

チーズケーキ
Cheese Cake
チーズケーキ好きはマストアイテムの濃厚な味わい。$5.65

ドーナツ専門店の王道
ドーナツ・プラント
Doughnut Plant
ロウアー・イースト・サイド
MAP 付録P.13 D-1

1994年創業のドーナツ店。バラの形をしたドーナツや、プライド月間限定のレインボー色のドーナツなど、いつも斬新な発想で驚かせてくれる。ドーナツの絵が施されたチェアもかわいくてインスタ映えしそう！

☎ 212-505-3700 ⊗ M F線Delancey St駅から徒歩5分 ㊟ 379 Grand St. ⊘ 7:00～21:00 ㊡ 無休

クレームブリュレ
Creme brulee
外側はキャラメライズしてカリッと、中はやわらか。$4.75

プライド・ドーナツ
Pride Doughnut
6月のプライド月間を記念した期間限定ドーナツ。$5.25

↑マンハッタンの中心にある

SWEETS&CAFE

個性豊かなフレーバーを選べば写真映え間違いなし!

みんな大好き! ひんやりアイスクリーム 5 店

新感覚フレーバーが味わえる店や厳選素材を使用した店など話題のアイスクリーム専門店。
インスタ映えするポップなビジュアルは、見ているだけで楽しくなっちゃう!

自然素材を使ったヘルシーな味
ヴァン・ルーヴェン・アーティザン・アイス・クリーム
Van Leeuwen Artisan Ice Cream
ウィリアムズバーグ MAP 付録P.28 A-2

アイスクリームトラックから始まり、現在は多数の店舗を構える人気店に成長。厳選した天然素材と伝統の技にこだわった手作りアイスクリームは、上品でやさしい味わい。動物性の原料を使わないヴィーガン・アイスもあり、健康志向のニューヨーカーに好評。

☎929-337-6907 ㉔ L線Bedford Av駅から徒歩6分 ㊟ 204 Wythe Ave. ㊂ 11:00〜24:00(金・土曜は〜翌1:00) ㊤無休

↑アース・グリーンは抹茶風味のシェイク(上)。香りのよいアールグレイのアイスクリームをカップで(下)

プラネット・アース
Planet Earth
ヴィーガンのプラネット・アースは本物の地球のようなデザイン
$10.90

↑雑貨店のようなかわいい店内

ダンボ散歩の休憩で寄りたい人気アイス
ブルックリン・アイス・クリーム・ファクトリー
Brooklyn Ice Cream Factory
ブルックリンダンボ MAP 付録P.26 A-2

ブルックリン橋の近くにあるアイスクリーム店。2001年の創業以来、観光客から多くの人気を集める。卵とグルテンを含まない、天然素材のみ使用している。バニラ、チョコレート、ストロベリー、コーヒー味など8種類に季節のフレーバーが揃っている。

☎718-522-5211 ㉔ A・C線High St駅から徒歩7分 ㊟ 14 Old Fulton St. ㊂ 12:00〜22:00 ㊤無休

←バー&レストランも併設している

↑ブルックリン橋を眺められる屋外スペース

バターピーカン
Butter Pecan
$8
あっさりとした味わいのアイスクリームを1スクープでたくさんのせてくれる

珍しいフレーバーの数々に注目
モーゲンスターンズ・ファイネスト・アイス・クリーム
Morgenstern's Finest Ice Cream
グリニッチ・ビレッジ **MAP** 付録P.21 E-2

卵を使わず、上質な素材だけで作られるアイスクリームは、リッチでコクのある味わい。バニラやチョコレートといった定番から、バナナカレーなどの変わったものまで、オーナーが独自に考案した個性的なフレーバーが話題を集めている。

☎ 212-209-7684 交 M J・Z 線 Bowery St駅から徒歩3分 所 88 W Houston St. 営 12:00〜23:00(金・土曜は〜24:00) 休 無休

→サンデー各種 $10〜

3ディップ $9.99
3 dip
3種類の好きなフレーバーを選んでコーンで。おすすめは真ん中のブラッド・オレンジ

↑まるで北欧のような雰囲気の店

↑白を基調とした店内は洗練された空間

↑アイスクリームのドルチェはフランス料理のデザートほどのレベルの高さ(季節により異なる)

ブラック・セサミ
Black Sesami
黒ゴマのクランチトッピングのブラック・セサミはシナモン・チュロス・コーン

日本人が作る繊細なスイーツ
デザート・クラブ・チカリシャス
Dessert Club ChikaLicious
イースト・ビレッジ **MAP** 付録P.19 F-3

日本人パティシエが手がけるデザート専門店。$26でデザートの3コースが楽しめる(+$13でワインのペアリングも可)。どれも日本人ならではの細やかなセンスを感じさせる。

☎ 212-691-2426 交 M 6線 Astor Pl駅から徒歩6分 所 203 E. 10th St. 営 15:00〜22:00(水曜は〜21:30、日曜は〜21:00) 休 月・火曜

↑赤いファサードのおしゃれな外観

↑目の前でデザートを仕上げてくれる

メディアから絶賛されるアイス
デイビーズ・アイスクリーム
Davey's Ice Cream
イースト・ビレッジ **MAP** 付録P.19 F-3

ザガットやビレッジボイスなどに「ベストアイスクリーム」と評されたアイスクリーム専門店。ニューヨーク州の乳製品工場から仕入れた高品質の天然ミルクとクリームのみを使用しているとされ、甘すぎないアイスクリームでペロリと食べられる。

☎ 212-228-2248 交 M 4・6線 Astor Pl駅／L線1 Av駅から徒歩6分 所 309 E 9th St. 営 13:00〜23:00(金・土曜は〜24:00) 休 無休

↑ベーク仕立ての新鮮なチョコチップクッキーで、アイスクリームをサンドしたアイスクリームサンドイッチ $11.75

↑カラフルかつ装飾も飾られ、ポップな装いとなっている

クッキークリーム
Cookies & Cream
甘すぎないやさしい味わいが感じられる。写真はシングル
$6.85

SWEETS&CAFE

濃厚な味わいとオールドアメリカンを感じる絶品
老舗のニューヨークチーズケーキを堪能

ニューヨークチーズケーキは、古くからユダヤの人々に愛された伝統の味。
クリームチーズを多く使用したコク深い味わいが特徴で、地元客が通う老舗も点在。

手ごろなサイズがうれしい有名店
アイリーンズ・スペシャル・チーズケーキ
Eileen's Special Cheesecake
ノリタ MAP付録P.21 E-3

ガイドブックやグルメサイトでトップに選ばれるチーズケーキ専門店。オーナーのアイリーン氏は、1976年から同じ味を提供。母親直伝の家庭的スタイルは、甘すぎず、濃すぎず、サイズも1人分としてちょうどよく何度でも食べたくなる。

☎212-966-5585 ❹・6線Spring St駅から徒歩1分 ❻17 Cleveland Pl. ❼11:00～19:00(金・土曜は～20:00) 無休

ベルベットやチョコレートなどケーキのバリエーションが豊富

ストロベリー Strawberry $6
甘酸っぱいストロベリーと濃厚なチーズが相性抜群

チーノリ Cheenoli
チョコレートソースがたっぷりかかった人気のチーズケーキ $6

プレーン Plane $6
ニューヨークチーズケーキといえばこれ、という王道の味

↑有名店だけあって連日賑わう

↑アットホームな店

歴史あるダイナーの味
ジュニアズ
Junior's
ダウンタウン MAP付録P.27 E-4

創業1950年のダイナー。チーズケーキはニューヨークトップといわれる名物。秘伝のレシピは初期から不変で、もっちりした食感とほんのり酸味が残るさわやかさが特徴。フルーツトッピングもおすすめ。

☎718-852-5257 ❹B・Q・R線DeKalb Av駅から徒歩1分 ❻386 Flatbush Ave. ❼7:00～24:00 無休

ストロベリー・チーズケーキ $9.75
Strawberry cheesecake
新鮮なイチゴとさくさくクラムの取り合わせで「世界一素敵なケーキ」と評される

←ストロベリー・チーズケーキはホールで持ち帰る人も多いとか

さまざまな種類のチーズケーキが並ぶショーケースは圧巻!

→明るい店内には開店当時の繁栄ぶりが今も漂う

自由でクリエイティブな発想から生まれた掛け算グルメ
ハイブリッド系スイーツから目が離せない!

異なる種類の食材を掛け合わせた新感覚のスイーツは、新しいものが大好きなニューヨーカーも注目。驚きの初体験メニューに挑戦したい。

B $1.50
カップケーキ×マカロン
=カップカロン
ミニマムなサイズのカップケーキにサクサクマカロンをプラス

D $12.99
クッキー生地×トッピング
=コールドクッキー
クッキー生地を冷やしてトッピングを混ぜた新しいスイーツ

A $7.50
クロワッサン×ドーナツ
=クロナッツ
クロワッサン風の生地を揚げたハイブリッド系の火付け役として話題に

A $8
アイスクリーム×スモア
=フローズンスモア
アイスの入ったマシュマロにバーナーで焦げ目をつけてくれる

A $5.75
クッキー×ミルク
=クッキーショット
クッキー生地の中に温かいミルクを入れた新商品。15時から販売

C $8.73
たい焼×ソフトクリーム
=たいソフト
たい焼の口にソフトクリームを詰め込んだ斬新なデザート

A ヒット商品が多数
ドミニク・アンセル・ベーカリー
Dominique Ansel Bakery
ソーホー **MAP** 付録P.20 C-3
斬新なスイーツを続々と考案するベーカリー。クロナッツは日本でも話題に。
☎212-219-2773 ⓂC・E線 Spring St駅から徒歩1分 🏠189 Spring St. ⏰8:00〜19:00(季節により変動あり) 休無休

B 超ミニカップケーキ
ベイクド・バイ・メリッサ
Baked by Melissa
ミッドタウン・ウエスト **MAP** 付録P.9 E-2
一口サイズのカップケーキが人気。小さくてカラフルなケーキは宝石のよう。
☎212-842-0220 ⓂN・R・W線 5 Av／59 St駅から徒歩8分 🏠784 Lexington Ave ⏰9:00〜20:00 休無休

C たい焼の進化系
タイヤキNYC
Taiyaki NYC
ノリータ **MAP** 付録P.21 E-4
チャイナタウンにあるアイスクリーム店。たい焼型のコーンに入ったアイスはインスタ映え抜群。
☎212-966-2882 ⓂJ・Z線 Canal St駅から徒歩3分 🏠119 Baxter St. ⏰12:00(金〜日曜11:00)〜22:00 休無休

D 生のクッキーに衝撃
クッキー・ドゥー
Cookie Do
チェルシー **MAP** 付録P.14 B-3
焼く前のクッキー生地をそのまま食べる驚きのスイーツ。今までに味わったことのない独特の食感。
☎646-861-1912 ⓂN・R・W線49 St駅から徒歩2分 🏠732 7th Ave ⏰12:00〜22:00(木〜土曜は〜23:00)

SWEETS&CAFE

オリジナリティあふれる素敵な空間でひと休み
居心地のよい**おしゃれカフェ**で過ごす

朝食やデスクワーク、友達との会話を楽しんだり、思い思いの時間が流れるカフェ。
1杯ずつ丁寧に淹れたコーヒーや、鮮やかなビバレッジなどドリンクと一緒にリラックス。

天井から光が入る明るい店内は心地よい雰囲気

コロンビア出身なんだ!豆のことは任せて

コロンビア産の新鮮なコーヒーを提供
デヴォーション
Devocion
ウィリアムズバーグ MAP 付録P28 A-3

コロンビアの山奥にあるコーヒー農園で収穫された完熟の豆を最短距離でブルックリンまで運び、最高の焙煎をかけて提供。広々とした店内には独自のロースタリーが稼働する。フェアトレードに賛同するブルックリナーたちが、長い列を作ることも。

☎718-285-6180 Ⓜ L線Bedford Av駅から徒歩10分
⌂69 Grand St. ⏰8:00～19:00 休無休

⬆野菜ローストのペストリーは色鮮やか $6.25

⬆マキアート $4.50は焙煎したてのコーヒー豆を使用し、香りもしっかり感じられる

Good Taste!

⬆自家製グラノラ・バーは朝食にぴったり。$6.25

テーマは不思議の国のアリス
アリスズ・ティー・カップ
Alice's Tea Cup
アッパー・ウェストサイド MAP 付録P6 B-4

ランチ、ブランチ、スコーンやケーキなどの軽食、ボリュームのあるアメリカサイズのアフタヌーンティーに数百種類のお茶を提供。壁には絵やドレスが飾られ、昔の木製の織り機などがテーブルに使われたコージーな雰囲気のティーハウスは不思議の国のアリス好きにはたまらない。市内に3店舗ある。

☎212-799-3006 Ⓜ A・B・C線72丁目駅から徒歩4分 ⌂102 W 73rd St.
⏰11:00(土・日曜10:00)～18:00 休無休

⬆お茶とスコーンのセット$18。お茶を3杯分選ぶことができる(写真はジャスミンパールティー)

Good Taste!

⬆日替わりで数種類から2個選べるスコーン。バターとジャムと生クリームがサイドに付く(写真はハム&チーズ、マンゴーのスコーン)

壁にはアリスのイラストや衣装が飾られている

→店内のインテリアや飾られている絵画からも歴史が感じられる

落ち着いた雰囲気のヨーロッパスタイルのカフェ

←本場のカプチーノ$5(左)とコーヒーのおともに食べたいシュークリームに似たイタリアのデザートプロフィトロール$5(右)

Good Taste!

アメリカ初のカプチーノが味わえる
カフェ・レッジオ
Caffe Reggio

グリニッチ・ヴィレッジ **MAP**付録P.20 B-1

1927年オープンのアメリカ初の伝統的なイタリアンカフェで、カプチーノをこの国で初めて紹介した店。1974年の名作『ゴッドファーザー2』にも登場している。夜にはビールやワインも楽しめる。

☎212-475-9557 Ⓜ A・B・C・D・E・F・M線 W 4 St-Wash Sq駅から徒歩2分 ⌂119 MacDougal St. ⏰9:00〜翌3:00(金・土曜は〜翌4:30) 休無休

入口からすぐにコーヒーの注文が行える

砂糖のアイシングの甘さとレモンの爽やかな甘酸っぱさが後を引くレモンローフ$4

コーヒー豆本来の旨みと香りが引き出されたコールドブリュー$4.5

Good Taste!

サードウェーブブームを牽引するカフェ
ヴァラエティ・コーヒー・ロースターズ
Variety Coffee Roasters

アッパー・イーストサイド **MAP**付録P.7 E-3

2008年にブルックリンのウィリアムズバーグで創業したカフェで、アメリカ発サードウェーブコーヒー・トレンドを牽引する店のひとつ。毎日ブルックリンの店舗で自家焙煎していて新鮮なコーヒーを味わえる。

☎212-289-2104 Ⓜ 4・5・6線 86 St駅から徒歩すぐ ⌂1269 Lexington Ave ⏰7:00〜21:00 休無休

北欧風ベーカリーでひと休み
バケリ
Bakeri

ウィリアムズバーグ **MAP**付録P.28 A-2

2009年にブルックリンで創業した北欧風ベーカリー。「パンを焼くことがなによりも楽しい」女性スタッフを中心にグリーンポイントの工房で少量生産。製造工程が併設のオープンカフェからよく見える。

↑見た目も華やかなローズブレッド$6

↓ふわふわのシナモンロール$5.50

☎718-388-8037 Ⓜ L線 Bedford Av駅から徒歩10分 ⌂150 Wythe Av. ⏰7:00(土・日曜8:00)〜18:00 休無休

エレガントな花柄の店内は穏やかな空間を演出する

店内はウッド調、入口はレンガに囲まれた趣のある店構え

Good Taste!

抹茶ブームを先導するカフェ
チャ・チャ・マッチャ
Cha Cha Matcha

ダンボ **MAP**付録P.26 B-2

近年の健康ブーム&抹茶ブームを先導する人気の抹茶カフェ。抹茶ラテや抹茶レモネードほか、スムージーやカプチーノ、コールドブリューもある。2016年のオープン以来、市内に7店舗ほか、ロサンゼルスにも店がある。

↑スプリンクルズ入りのカラフルで可愛いファンフェッティクッキー$6

↓ラベンダー、パープルウベに牛乳を加えたパープルドリンク$7

☎なし Ⓜ F線 York St駅から徒歩8分 ⌂55 Water St. ⏰7:00(土・日曜8:00)〜19:00 休無休

SWEETS&CAFE

バリスタがていねいに淹れる最高の一杯を楽しむ
進化するサードウェーブコーヒーの店

味わいはもちろん、豆の生産地や環境への配慮を大切にするコーヒーチェーン。ロースター設置店やクラフトスタイルなど、高いレベルを追求し続ける店をご紹介。

選び抜いた生豆を店内で焙煎
スターバックス・リザーブ・ロースタリー
Starbucks Reserve Roastery
チェルシー MAP付録P.10 B-3

3フロアからなる巨大空間は、まるでコーヒーのテーマパーク。店内で焙煎工程を見学できるほか、最高品質のコーヒーが味わえる。

☎212-691-0531 Ⓜ1・2・3・A・C・E線14 St駅から徒歩4分 🏠61 9th Ave. 🕐7:00(土・日曜8:00)～22:00(金・土曜は～23:00) 休無休

↑バリスタが淹れるラテ$6.00にシナモンロール$8.00を合わせて

サードウェーブの代表格
ブルー・ボトル・コーヒー
Blue Bottle Coffee
ミッドタウン・ウエスト MAP付録P.15 D-3

2002年にカリフォルニアで創業。厳選した豆を店内で焙煎し、注文を受けてから1杯ずつ抽出するハンドドリップコーヒーが自慢。

☎510-653-3394 ⓂB・D・F・M線42 St-Bryant Park駅から徒歩3分 🏠54 W. 40th St. 🕐6:30(土・日曜7:00)～19:00 休無休

↑バーカウンターでは1杯ずつ抽出する様子が見られる
↑大流行のコールドブリュー$6.50はしっかりとしたコクを感じる

←アイスラテ$5は瓶のようなグラスで提供
←バーの横にはカウンター席がある

最高の味をシンプルに追求
ナインス・ストリート・エスプレッソ
Ninth Street Espresso
イースト・ビレッジ MAP付録P.11 F-3

シンプルなスタイルで品質重視のコーヒーを提供。独自に開発した豆を使ったエスプレッソが人気。

☎なし ⓂM線1 Av駅から徒歩13分 🏠700 E. 9th St. 🕐7:00～19:00 休無休

サードウェーブコーヒー

アメリカのコーヒー文化にはこれまでに3つの波があり、第1の大量消費時代、第2のシアトル系カフェ全盛時代を経て、現在はニューヨーク発祥とされるサードウェーブの時代へ。豆の品質や生産地、焙煎方法などにこだわり、職人がハンドドリップでていねいに淹れるのが特徴。最近は独自のロースターを導入する店も増加中。

→注文を受けてからバリスタが1杯ずつ抽出

●こちらもチェック
スタンプタウン・コーヒー・ロースターズ
Stumptown Coffee Roasters
チェルシー MAP付録P.10 C-1

カウンター・カルチャー・コーヒー
Counter Culture Coffee
ノリータ MAP付録P.21 E-3

FIND YOUR FAVORITE ITEMS AND SOUVENIRS !

ショッピング
ニューヨークメイドを選びたい

Contents

- ブランドストリート **5番街** でお買物 ▶P.134
- ハイエンドな **高級デパート** を訪れる ▶P.138
- 肌にやさしい **自然派コスメ** をセレクト ▶P.140
- 大人テイストの **チョコレート** を探しに ▶P.142
- 日々の暮らしを彩る **雑貨&ステーショナリー** ▶P.144
- **スーパーマーケット** は食みやげの宝庫！ ▶P.146
- 何でも揃う！ **ドラッグストア** に立ち寄り ▶P.148

SHOPPING

旅の思い出を手に入れる　欲しいものであふれるニューヨーク！

洗練されたハイブランドやニューヨークモチーフの雑貨、食みやげなど、魅力あふれる商品が並ぶ街なかのショップ。ルールやお得な情報を確認して、ニューヨーカー気分で買い物しよう。

基本情報

ショッピングエリアの特徴を知る

ニューヨークでの買い物は、個性豊かなエリアの雰囲気やテイストに合わせた品揃えに注目したい。5番街は、世界に誇る高級ブランド街で、アメリカを代表するデパートや高級店が集中している。ソーホーは流行最先端のショップが集まり、話題の地区であるブルックリンには、セレクトショップやニューヨークメイドの商品が豊富。ハドソン・ヤーズなど、大型施設内のショッピングセンターも連日賑わいをみせている。

ビジネスアワーは？

ショップは10～19時、デパートや大型施設内は20時頃までが目安。タイムズ・スクエアに面したショップは深夜まで営業している店も。日曜は早めに閉店することが多い。

クレジットカードは必須アイテム

多くの店でクレジットカードが使用可能。逆に現金が使えない店もあるのでカードは必携。小銭で支払うことはほとんどない。小銭の受け渡しの際は、カウンターに置いて店員に取らせることは失礼にあたるので必ず手渡しで。

気軽に返品や差額返金できる

買い物したあとにサイズが異なる、汚れがあるなどはもちろん、気に入らない場合でも返品が可能。購入時のレシートが必要になるので必ず保管しよう。商品タグは切らないこと。

eレシート取り扱い店が増加

ペーパーレス化が進んでいるニューヨークでは、レシート発行をせずにメールでデータ化されたレシートを受け取るeレシートを導入している店もある。会計時にレシートの要・不要を聞かれることもあるので覚えておきたい。

アルコールを購入するなら

深夜0～8時の間、アルコールの販売は禁止されているので注意したい。購入時、パスポートの提示を求められることもあるので持参するのがベスト。

$110以下の衣料品は非課税

ニューヨークでは$110以下で購入できる衣服や靴などの衣料品は非課税。1つの商品が$110以下であれば何個購入しても非課税なので、商品の選び方を工夫すれば賢く買い物ができる。

店頭のPOPを正しく読み取る

店頭のPOPには、デイリーで変わるセール情報や割引率、まとめ買い情報などが表示されている。「Buy3 Get1」は3個購入するともう1個プレゼント、「$5=2」は通常価格が$3の商品の場合、2個購入すると$5に割引になるという意味。店内をまわる際は意識して見てみよう。

ニューヨーク限定商品を探す

ニューヨークで創業したブランドのコーチ（→P.135）、アバクロンビー＆フィッチ（→P.136）、ケイト・スペード・ニューヨーク（→P.40）では、ご当地限定デザインの商品を取り扱っている。珍しいデザインも多いのでチェック。

ギフトラッピングはセルフで

ニューヨークでは、デパートやショップでのギフトラッピングをほとんど行わない。クリスマスなどもホリデーデザインのバッグに入れるのみとシンプル。日本のデパートで行うような包み紙もなかなか見かけないので、ギフトにする場合は自身でギフトボックスやラッピング資材を購入する。

コンビニを活用する

食料品やコスメなどのバラマキみやげ探しはもちろん、ニューヨーク滞在中に使用する歯ブラシやケアアイテム、水やお菓子などを購入できる。困ったらデュアン・リード（→P.148）などを利用したい。

サイズ換算表

服（レディス）		服（メンズ）	
日本	ニューヨーク	日本	ニューヨーク
5 XS	0-2	—	—
7 S	4	S	34
9 M	6	M	36
11 L	8	L	38
13 LL	10	LL	40
15 3L	12	3L	42

パンツ（レディス）		パンツ（メンズ）	
日本(cm)	ニューヨーク	日本(cm)	ニューヨーク
58-61	23	68-71	27
61-64	24	71-76	28-29
64-67	25	76-84	30-31
67-70	26-27	84-94	32-33
70-73	28-29	94-104	34-35
73-76	30	—	—

靴（レディス／メンズ）	
日本	ニューヨーク
22	5／—
22.5	5.5／—
23	6／—
23.5	6.5／5.5
24	7／6
24.5	7.5／6.5
25	8／7
25.5	8.5／7.5
26	9／8
26.5	9.5／8.5
27	10／9
27.5	10.5／9.5
28	11／10
28.5	—／10.5
29	—／11

お得情報

バーゲンの時期は?
夏と冬の年2回あり、期間は7月4日の独立記念日前から8月中旬と、11月第4木曜の感謝祭翌日から正月までのホリデーシーズン。デパートでは50〜80%割引でブランド品が購入できるなど、お得な期間を狙って買い物を楽しみたい。

デパートのビジター割引を利用
大型デパートでは、旅行客を対象に割引クーポンを発行している。メイシーズ(→P.139)では、インターナショナル・セービングカードを発行。セール品を含む大半の商品が10%オフで購入できる。ブルーミングデールズ(→P.139)ではセービング・パスを発行。10%オフで買い物ができる。館内のビジターセンターを訪れたい。

オフプライスショップ

開店直後が狙い目の激安店
ハイブランドばかりで手が出ない場合、街のオフプライスショップを利用するのもいい。高級ブランドの衣料品や小物などが、定価から70〜90%オフで購入できる(店により異なる)。午後になると客で賑わい、試着や会計も混雑する。開店直後や午前中に訪れると商品が豊富に揃っているうえゆっくり選びやすい。

●代表的なオフプライスショップ
センチュリー21
ロウアー・マンハッタン MAP 付録P.23 B-3
☎212-227-1202 ㊤R・W線 Cortlandt St駅から徒歩1分 ㊟22 Courtland St.
㊐9:00〜21:00(日曜は〜20:00) ㊡無休

ノードストローム・ラック
ユニオン・スクエア MAP 付録P.19 D-3
☎212-220-2080 ㊤4・5・6・L・N・Q・R・W線 14 St-Union Sq駅から徒歩1分 ㊟60 E. 14th St. ㊐10:00〜21:00(月曜11:00〜19:00) ㊡無休

スーパーマーケット

入口でカートとカゴを入手
1つの商品が大きいのでカゴやカートを利用したい。商品を開封して食べたあと、棚に戻してしまう地元客もいるので、開封された商品は選ばないよう注意したい。

バルク売りで必要な分だけ購入
コーヒー豆やグラノラ、ナッツ、グミなどはバルクコーナーで。必要な量だけ購入でき無駄がない。専用の袋とタグに商品番号を記入し、好きな分だけ詰めるのみ。

おしゃれなエコバッグを選ぼう
ニューヨークではビニール製レジ袋の使用が禁止されており、必要な場合は紙袋を購入する。各スーパーマーケットでデザイン性の高いおしゃれなエコバッグを販売しているので、購入して旅の思い出にするのもおすすめ。

レジの支払い方法を確認!
レジでの精算は、スーパーマーケットでは各レーンに並ぶことが多いが、コンビニなどでは1列に並んで空いたところへ順番に進む。商品はカゴやカートから出して、一品一品ベルトコンベアに自分で並べる。最後に後ろの人の商品と区別するための専用バーを置く。レジ係が商品バーコードをスキャンし精算。商品はレジ係がショッピングバッグに入れてくれるので任せればOK。

●高品質を保証する認証マークに注目
エココンシャスなロコが商品や食材選びの基準としている認証マーク。高品質を保証するアイコンで、コスメや紅茶などを選ぶ際に参考にしたい。

USDA ORGANIC
アメリカ農務省の高い基準をクリアしたオーガニック商品

おすすめのみやげ

地元発祥のアパレル店、自由の女神やエンパイア・ステート・ビルのモチーフみやげ、素材にこだわったコスメや食品など、「これぞニューヨーク!」といえるアイテムを持ち帰りたい。

高級ブランド　▶P.134
ティファニーやコーチなど一流ブランドは品揃えも豊富。

ニューヨーク発祥店　▶P.40
地元で創業したアパレルやスポーツブランドで限定アイテムを。

雑貨　▶P.144
自由の女神などをモチーフにしたアイテムがインパクト大。

自然派コスメ　▶P.140
日本未上陸のオーガニックコスメなど、上質な素材の商品を。

ブランドチョコレート　▶P.142
ショコラティエが作る繊細なデザインのチョコレートが魅力。

食品　▶P.146
スーパーマーケットや青空市の食材はバラマキみやげにぴったり。

ショッピングのマナー

まずはあいさつを
入店時は「Hi!」とスタッフに声をかけるのがマナー。買う側は「買い物を楽しみたい」という意思表示になり、店員からも不審に思われないので心がけたい。

高級品は勝手にさわらない
ブランド店やデパートでは高級品の取り扱いもあるので手に取ってよいか確認したい。試着する際もスタッフに声をかけてからしよう。

SHOPPING

> ニューヨークを代表するデパートや高級ブティックが並ぶ

ブランドストリート5番街でお買い物

マンハッタンでショッピングといえば誰もが思い浮かべる5番街。世界の流行最先端を結集したハイブランドが立ち並ぶセレブリティな通りをショップクルーズ。

5番街のなかでもティファニーの外観は多くの観光客が注目する撮影スポットとして有名

↑ヒュー・ダットンによるアートインスタレーション「ダイヤモンド スカイライト」が広がる

↑修理専門のサービスサポートチームがあり、修理やサイズ直しが可能

時を超えて愛される往年のブランド

ティファニー・ランドマーク

Tiffany & Co. - The Landmark

ミッドタウン・イースト MAP 付録P.15 D-1

改装期間を経て2023年にリニューアルオープンしグレードアップしたティファニー5番街本店。10フロアにティファニーの美しく優雅な世界観が広がる。本店だけの限定品を含むハイジュエリーからウェディングリングなど何でも揃っていて、芸術品として見るだけでも優雅な気持ちになれ、至福の時間を過ごせる。

☎212-755-8000 Ⓜ N・R・W線 5 Av/59 St駅から徒歩4分 🏠727 5th Ave. ⏰10:00〜20:00 日曜11:00〜19:00 休無休

世界をリードするブランドの最新コレクションも陳列

大胆な柄とデザインが目を引くバッグが並ぶ

次世代のブランドコンセプトを表現
コーチ
Coach
ミッドタウン・イースト MAP 付録P.15 D-2

2016年に5番街に誕生してから、世界の注目を集めるコーチのフラッグシップストア。入口から従来のデザインやコンセプトを塗り替える可能性を想像させる。2階はメンズ、3階はウィメンズ向けに、ブランドの創造的ビジョンを発揮したアイテムが並ぶ。革製品の修繕を行う工房もある。

☎212-758-2450 Ⓜ E・M線 5 Av/53 St駅から徒歩1分 685 5th Ave. 10:00〜20:00 日曜11:00〜18:00 無休

↑従来の女性のイメージにとらわれず恐竜や宇宙をイメージしたデザインのバッグも斬新

↑定番のウォレットは5番街限定デザインに注目　↑1階には巨大な恐竜がたたずむ

3階のウィメンズフロア。ウェアやシューズ、アクセサリーなどが並び圧巻の品揃え

アート／エンターテインメント／グルメ／スイーツ&カフェ／ショッピング／歩いて楽しむ／ホテル

※商品はイメージです　135

SHOPPING

ニューヨークコレクションに毎回登場するブランド

⬇革製品は質の良さが際立つ仕上がりになっている

ワンランク上の大人かわいいが叶う
マイケル・コース
Michael Kors
ミッドタウン・ウエスト **MAP**付録P.15 D-3

アメリカのファッションデザイナー、マイケル・コース氏のクラシックなレディスアパレル。バッグや財布など大人の女性の心をくすぐる、新しいデザインを発信し続けている。

☎212-582-2444 Ⓜ B・D・F・M線47-50 Sts-Rockefeller Center駅から徒歩3分 ⌂610 5th Ave. 🕘9:00〜21:00 日曜11:00〜19:00 無休

➡独創的な柄を落ち着きのあるカラーでまとめて。色のトーンを抑えたピンクのハンドバッグは普段使いはもちろんパーティにも活躍

俳優や歌手などのセレブが愛用
アバクロンビー&フィッチ
Abercrombie & Fitch
ミッドタウン・ウエスト **MAP**付録P.15 D-1

東海岸のアイビーリーグを感じさせる軽快かつカジュアルなスタイルを提案するファッションブランド。マライア・キャリーやデイヴィッド・ベッカムも着用していたことで知られ、上質で着心地のよいウェアや小物を販売。

☎212-381-0110 Ⓜ E・M線5 Av/53 St駅から徒歩3分 ⌂668 5th Ave. 🕘10:00〜20:00 無休

➡やわらかなコットン素材のトートバッグ。生成のブームは世界共通！

➡カジュアルスタイルで入店できるショップ

気取らないオールアメリカンのスタイルが魅力

そのほかのブランドショップ

輝くダイヤモンドは圧巻 **ハリー・ウィンストン** Harry Winston ミッドタウン・イースト **MAP**付録P.15 D-1	超高級ジュエリーの老舗 **カルティエ** Cartier ミッドタウン・イースト **MAP**付録P.15 D-2	有名腕時計ブランド店 **ロレックス** Rolex ミッドタウン・イースト **MAP**付録P.15 D-2
バッグの王道ブランド **ルイ・ヴィトン** Louis Vuitton ミッドタウン・イースト **MAP**付録P.15 D-1	上質な本革製品が並ぶ **コール・ハーン** Cole Haan ミッドタウン・ウエスト **MAP**付録P.15 D-2	女性が憧れるファッション **ケイト・スペード・ニューヨーク** Kate Spade New York ミッドタウン・ウエスト **MAP**付録P.15 D-3
洗練された美意識を発信 **プラダ** Prada ミッドタウン・ウエスト **MAP**付録P.15 D-2	感度の高いドレスが豊富 **ドルチェ&ガッバーナ** Dolce & Gabbana ミッドタウン・イースト **MAP**付録P.15 D-1	気品と高級感を兼ね備える **バナナ・リパブリック** Banana Republic ミッドタウン・ウエスト **MAP**付録P.15 D-2

大流行のスポーツブランドが進出

5番街のブランドストリートから南下したエリアには、カジュアルファッションとして注目されているスポーツブランドの旗艦店やコンセプトストアが続々オープンしている。ブランドのコンセプトを全面に表現した店舗で世界観を最大限に感じることができ、ヨガなどのスポーツ体験イベントも開かれている。

世界が認めるブランド旗艦店
ナイキ・ハウス・オブ・イノベーション
Nike House Of Innovation
ミッドタウン・ウエスト MAP付録P.15 D-2

2018年に誕生したブランドの新ショップ。地上5階、地下1階からなる建物には、豊富なデザインと機能性の高いシューズが並ぶ。

☎212-376-9480 ❻ Ｅ・Ｍ線5 Av/53 St駅から徒歩4分 ⌂650 5th Ave. ⏱10:00～20:00 ❌無休

⬆ ランニングなどアクティブなスポーツでも日常でも活躍するシューズが選べる

⬇ センセーショナルな店内に惹きつけられる

大流行のヨガウェアを購入
ルルレモン
Lululemon
ミッドタウン・イースト MAP付録P.15 D-3

女性に人気のヨガウェアやヨガグッズを販売。今までになかった高級ラインのスポーツウェアは、おしゃれにスポーツを楽しみたい人にぴったり。

☎332-239-6660 ❻ Ｂ・Ｄ・Ｆ・Ｍ線47-50 Sts-Rockefeller Center駅から徒歩5分 ⌂592 5th Ave. ⏱10:00～20:00 ❌無休

⬆ 動きに合わせてフィットする着心地のよさが◎

⬇ カナダブランドながらマンハッタンで一大ブームを起こした人気店

SHOPPING

ファッショニスタ御用達の老舗で上質な品を
ハイエンドな高級デパートを訪れる

ニューヨークのデパートには、セレブスターやアパレル業界の著名人が通い、映画にも登場する有名店が数多く集まる。気品あふれるアイテムを選びたい。

最旬トレンドのコレクションが入荷

女性の美を追求し続ける老舗
サックス・フィフス・アベニュー
Saks Fifth Avenue
ミッドタウン・イースト MAP 付録P.15 D-2

ニューヨークを拠点とする高級デパート。ラグジュアリーファッションに特化した館内の中央には、レム・コールハース氏が手がけたダイクロガラス製のエスカレーターを設置。高級感あふれるフロアをゆっくりまわりたい。

☎212-753-4000 ❖Ⓜ E・M線5 Av/53 St駅から徒歩4分 ❖611 5th Ave. ⏰11:00～19:00 日曜12:00～18:00 休無休

⬇5番街にたたずむ重厚感のある老舗

おすすめフロア

ニューヨークのデパートで最大の売り場面積を誇る8階シューズフロアは必見。靴好きな女性が集まるとあってブランドの品揃えも圧巻！2018年に大幅拡張された2階ビューティフロアでは、コスメや香水のショップが約170店集まり、スパやマッサージ、ネイルなどのビューティ体験もできる。

➡気品あるジミー・チューのピンヒール

➡秋冬になると革製のブーツも多数登場する

➡5番街側の入口近くにある香水の売り場にはニューヨーク限定デザインも

※商品はイメージです

⬆8階にあるレディスのシューズフロア

⬇2階にはビューティに特化したアドバイザーを配置している

入口を進むと高級ジュエリーやバッグの展示販売があり吹き抜けの空間が広がる

世界が誇る豪華絢爛なデパート
バーグドルフ・グッドマン
Bergdorf Goodman
ミッドタウン・ウエスト MAP 付録P.15 D-1

世界の富豪がショッピングを楽しむといわれる高級デパートの老舗。5番街を挟んで西側がレディス館、東側がメンズ館となり、レディス館1階のジュエリーフロアにはきらびやかな宝石が並ぶ。手が届かなくとも一度は見学したい。

☎ 212-753-7300 N・R・W線5 Av/59 St 駅から徒歩2分 754 5th Ave. 11:00～19:00（日曜は～18:00）無休

ドレスアップして身につけたい宝石が輝く

おすすめフロア
入口すぐのジュエリーフロアは高額な宝石が並び一度は見学したい夢のような空間。ショーウインドーの芸術性の高さも有名で、クリスマスの時期にはドレスアップしたマネキンや豪華なディスプレイが登場し絶好の撮影ポイントに。

→貫禄に満ちあふれた外観はニューヨークを舞台とする映画にも数多く登場

↑個性あふれるレディスのシューズフロアは2階にある

豊富な品揃えがローカルに好評
ブルーミングデールズ
Bloomingdales
アッパー・イースト・サイド MAP 付録P.9 E-2

「ブルーミー」の愛称で知られるアメリカの有名デパート。ルイ・ヴィトンやプラダなどのブランドからカジュアルまで幅広く揃い、ひとつの建物で流行を網羅できるのが魅力。

☎ 212-705-2000 N・R・W線 Lexington Av/59 St 駅から徒歩1分 1000 3rd Ave. 10:00～20:00 日曜12:00～19:00 無休

↑バカラのグラスセットも購入できる

おすすめフロア
ハイブランドだけではなくインテリアショップなども多く入居する。またビューティフロアでのメイクアップ体験も楽しい。

ビューティフロアでブランドの化粧品を体験

おしゃれな品が揃う注目の百貨店
ノードストローム
Nordstrom
ミッドタウン・ウエスト MAP 付録P.14 B-1

西海岸生まれのデパートがマンハッタンに初出店。2018年のメンズ館に次ぎ、2019年10月に満を持してレディス館がオープン。良質なサービスに定評があり、品揃えに期待が高まる。

☎ 212-295-2000 1・2・A・B・C・D線 59 St - Columbus Circle 駅から徒歩2分 225 W. 57th St. 10:00～21:00 日曜11:00～19:00 無休

レディス館はメンズ館と連絡通路で直結する

おすすめフロア
7階建てのうち、注目のシューズフロアは2階に。広々としたフロアで、ブランドからカジュアルまで、ノードストロームらしい幅広い品揃えを目指す。

←2018年に完成したメンズ館も訪れたい

旅行者が重宝する大手百貨店
メイシーズ
Macy's
ミッドタウン・ウエスト MAP 付録P.16 C-3

アメリカで展開する百貨店。高級ブランドからカジュアルショップまで幅広い年齢層が利用できる。ビジターセンターを併設し、観光案内やクーポンなどの情報も入手できる。

☎ 212-695-4400 B・D・F・M・N・Q・R・W線 34 St - Herald Sq 駅から徒歩2分 151 W. 34th St. 10:00（日曜11:00）～21:00（金・土曜は～22:00）無休

↑ロゴが入ったオリジナルグッズもある

おすすめフロア
地下フロアでは、ビジターセンターが設置されており、メイシーズのオリジナルグッズも販売。デパートカラーと大きな星のデザインがインパクト大！

黒にゴールドのカラーが映えるバッグも用意

SHOPPING

ナチュラル志向の女子が通うショップに行きたい！
肌にやさしい自然派コスメをセレクト

ビューティ&ヘルシーへの意識が高いニューヨーカーが愛用するナチュラルコスメ。
安心して使える高評価のアイテムや、日本未上陸のブランドなどのショップをご紹介。

ナチュラルな内装の店にはアイテムがずらりと並ぶ

天然素材にこだわる実力店
ソーポロジー
Soapology
チェルシー MAP付録P.10 B-3

デッドシーソルトなど、天然成分を使ってハンドメイドしたボディケアが並ぶ。エッセンシャルオイル、クリーム、ボディスクラブ、マッサージオイル、ソープなどが揃い、おみやげにもおすすめ。

☎212-255-7627 M A・C・E・L線14 St駅から徒歩1分 ⌂67 8th Ave. ⏰10:00～22:00 休無休

ソイ・マッサージ・キャンドル
熱で溶けたオイルをマッサージオイルとして使える $26

バター・クリーム $28
しっとりとした潤いを感じられるボディ用保湿クリーム

ウォールナッツ・ポリッシャー $75
エッセンシャルオイルの自然ブレンドのボディスクラブ

バスタブがありフレンドリーな店員が商品を実際に手で使い心地を試させてくれる(左)。最寄り駅を降りてすぐの立地(右)

老舗のドクターズコスメを選ぶ
キールズ
Kiehl's
イースト・ビレッジ MAP付録P.19 E-3

1851年アポセカリー(調剤薬局)として創業。化学とハーブの知識をもとに天然由来成分を配合したスキンケア、ボディケア、ヘアケア、さらにレディス用のみならずメンズ製品も販売。

☎212-677-3171 M L線3 Av駅から徒歩1分 ⌂109 3rd Ave. ⏰10:00～20:00 日曜11:00～18:00 休無休

フェイシャルクリーム $39
不動の人気商品であるフェイシャルクリームはノーマル肌用からオイリー肌用まで用意

クレンジングウォッシュ $65
洗いあがりがさっぱりしながらも潤いを閉じ込める

保湿用美容液オイル $57
ナイト用アンチエイジングケアのアイテムは女性必見

店舗で$85以上の買い物をすると、オキシゲン・フェイシャルが無料に

ナチュラル派の新定番ブランド
ブルックリン・ハーボリウム
Brooklyn Herborium
ボコカ MAP付録P.24 A-3

モウリーとエマという2人の自然志向の女性が少量ずつ手作りする、ホリスティック＆手作り自然派スキンケア店。店内は広く落ち着いた空間で、店の裏側は作業場になっている。

☎ 347-689-4102 交 M・F・G線Carroll St駅から徒歩12分 所 275 Columbia St. 営 11:00〜17:00 休 月曜

→トートバッグや雑貨類なども販売されている

$78

オイル（左）
ミネラルミスト（右）

→天然由来の植物から作るオイルと爽やかな香りのミスト。手のひらにオイルを垂らしてのばしてからミストを吹きかけると効果的

美肌ケアクリーム
→日焼け後に塗るビタミンC配合のケア用品

$40　$41

→入口の左側に作業場を併設（上）。多様なスキンケア用品からお気に入りを見つけて（右）

アメリカ最古の薬局
C.O.ビゲロウ
C.O. Bigelow Chemists
グリニッチ・ヴィレッジ MAP付録P.18 B-4

1838年創業、アメリカで最も歴史のある薬局。薬はもちろんのこと、良質のスキンケアやヘアケア商品、雑貨などをセレクトしている。スキンケアやヘアケアの自社商品も各種販売している。

☎ 212-533-2700 交 M1線Christopher St-Sheridan Sq駅から徒歩5分 所 414 6th Ave. 営 9:00〜19:00（日曜は〜17:30）休 無休

ヒートラブ
→100%ケミカルフリーのEiR NYCブランド。メントール効果が持続する、筋肉痛や頭痛に効く

$24

ボディクリーム
→自社ブランドC.O.ビゲロウ・アポセカリーの)とボディクリーム（右）はさっぱりとした使い心地

$22

まるでスキンケアのセレクトショップのような品揃え

さまざまな肌質に対応
マリン＋ゴッツ
Malin + Goetz
グリニッチ・ヴィレッジ MAP付録P.18 A-1

天然素材から作られた製品でシンプルなスキンケアがポリシー。アルミナム、アルコール、パラベン、香料、ベーキングソーダなど不使用で、敏感肌の人はもちろん、ユニセックスで使用できるのが魅力。

☎ 212-463-7368 交 M1線23 St 駅から徒歩2分 所 177 7th Ave. 営 10:00（土曜11:00）〜20:00 日曜11:00〜18:00 休 無休

モイスチャライザー（左）
デオドラント（右）
→高濃度のビタミンが含まれたモイスチャライザーと、すっとのび、爽やかな香りが続くデオドラント

$52　$24

→本店はレンガ壁が特徴で温かみを感じる

141

SHOPPING

ショコラティエが手がける芸術のような一粒
大人テイストのチョコレートを探しに

ミシュラン星付き店のショコラティエがプロデュースしたもの、ヴィーガン向け、ニューヨークオリジナルなど、思わず恋に落ちてしまうほど美しいチョコレートと出会いたい。

輝く宝石のようなチョコレート
スティック・ウィズ・ミー
Stick With Me
ノリータ MAP付録P.21 E-3

ショップオーナーは、ミシュラン3ツ星を獲得したフランス料理店の専属ショコラティエだったスザンナ・ヨーコ氏。ブティックのように陳列されたチョコレートに感動。

☎646-918-6336 交M4・6線Spring St駅から徒歩2分 所202A Mott St. 営12:00〜19:00 休無休

↑ニューヨークの各メディアも賞賛

アート作品のような美しさのチョコレートボンボン。デザインにより異なるが$5程度

←ハドソン・ヤーズのレストラン&ショップの1階にある
→ハドソン・ヤーズ限定の板チョコも販売

ハドソン・ヤーズ内の懐かしの味
ライラック・チョコレート
Li-Lac Chocolates
チェルシー MAP付録P.22 B-3

ニューヨーク最古のチョコレートショップがハドソン・ヤーズに支店をオープン。1923年創業の本店のように親しみやすく気取らない雰囲気が残る老舗の味わい。

☎347-493-0030 交M7線34 St-Hudson Yards駅から徒歩6分 所500 W 33rd St. 営11:00〜19:00 日曜12:00〜18:00 休無休

→エンパイア・ステート・ビルの形のチョコレートはおみやげに人気

チョコレート工場がブルックリンにあるので毎日できたてのアイテムが並ぶのがうれしい

ニューヨークで誕生した味わい
マリベル・ニューヨーク
Mariebelle New York
ソーホー MAP 付録P.20 C-3

ヨーロッパの邸宅を思わせるエレガントな店内には、ハイセンスなデザインチョコレートが並ぶマンハッタン生まれのチョコレートショップ。おしゃれなイラストが描かれ、プレゼントにもぴったり。

☎ 212-925-6999 ⊕ M・A・C・E線Canal St駅から徒歩6分 ⌂ 484 Broome St. ⏰ 11:00～19:00 休 無休

→ショップ内にある豪華なシャンデリアが目を引く

1粒ずつていねいに手作業で描かれている質の高さに驚き！

フレンチの職人技が光る芸術。特別な人へのおみやげに

受賞歴のある有名シェフが創作
クルーサー・ハンドクラフト・チョコレート
Kreuther Handcrafted Chocolate
ミッドタウン・ウエスト MAP 付録P.15 D-4

名シェフであるガブリエル・クルーサー氏とマーク・オーモン氏のショコラトリー。インターナショナル・チョコレートアワーズでも入賞するほどのクオリティを体感できる。

☎ 212-201-1985 ⊕ M7線 5 Av駅から徒歩1分 ⌂ 41 W. 42nd St. ⏰ 10:00～18:00 休 土・日曜

→ガブリエル・クルーサー氏のレストランに隣接

→クラシック(左)、ゆず抹茶(右)などアーティスティックなボンボンは$3〜販売

世界に誇る有名ブランド店
ジャック・トレス
Jacques Torres
ダンボ MAP 付録P.26 B-2

ブルックリン発のチョコレートショップ。フランスの優秀な職人を表彰するMOF(フランス国家最優秀職人)を最年少で受賞したジャック・トレス氏が生み出す、上品で遊び心のあるチョコレートはおみやげにもおすすめ。

☎ 718-875-1269 ⊕ M・F線York St駅から徒歩10分 ⌂ 66 Water St. ⏰ 10:00～19:00 休 無休

←12粒入りのミルクチョコレート・アート$27

カカオ豆など原材料に添加物を一切使用しない自然派にこだわるハンドクラフト・チョコレートがポイント

↑イエロー・キャブがデザインされたNYコレクション・チョコレート$14

143

SHOPPING

街のランドマークやモチーフアイテムを旅の思い出に

日々の暮らしを彩る雑貨&ステーショナリー

自由の女神やブルックリン・ブリッジが描かれたおしゃれな雑貨、ポップカラーが映える文具。自分に、プレゼントに、持ち帰りたくなるアイテムを見つけたい。

Ⓐ オーナメント $195
↪ニューヨークの観光名所が詰まったオーナメントはデスクに飾るのにぴったり

Ⓒ 自由の女神ミント $3.75
↪さわやかなミントタブレット。デザイン缶がおしゃれなので小物入れなどに利用できる

Ⓑ 折りたたみミラー $14.99
↪自由の女神やエンパイアステートビルなどニューヨークを象徴するイラストが描かれている

Ⓑ マグカップ $12.99
↪使うたびに楽しいニューヨーク旅行を思い出せるはず。カラーは黒やオレンジなど種類豊富

Ⓒ クッション $24
↪イエローキャブのマグネット。ばらまき用のおみやげにもおすすめ

Ⓒ コースター $10
↪ブルックリン・ブリッジが描かれたレトロなコースター

Ⓑ マグネット $6.99
↪イエローキャブのマグネット。ばらまき用のおみやげにもおすすめ

Ⓒ 大皿 $20
↪ニューヨークの地下鉄路線が描かれた大皿は、インテリアとして飾るのもおすすめ

Ⓐ ランチボックス $12
↪ニューヨークのレトロなフードトラックのデザイン

Ⓒ イエローキャブ $5
↪ダロン社製、ニューヨーク市公認のミニカー

Ⓒ レトロ絵はがき 各$1.50
↪旅先から送りたい、ニューヨーク市内の風景が描かれた絵はがき

Ⓐ 思わず笑顔になる雑貨ばかり
ピック
Piq
チェルシー MAP 付録P22 B-3

ハドソン・ヤーズ内に新しくできたトイショップ。子どもから大人まで楽しめるおもちゃや雑貨が集まる。

☎646-484-6009 Ⓜ7線34 St-Hudson Yards駅から徒歩6分 ⓐ20 Hudson Yards ⓔ10:00〜20:00 日曜11:00〜19:00 無休

Ⓑ NYみやげ探しにぴったりの店
アイ・ラブ・ニューヨーク・ストア
I LOVE NY Store
ロウアー・マンハッタン MAP 付録P23 C-3

グラフィックデザイナーのミルトン・グレイザーがデザインした有名な「I♥NY」のロゴがついたアイテムのおみやげ専門店。

☎212-732-0750 Ⓜ線WTC Cortlandt駅から徒歩1分 ⓐ185 Greenwich St ⓔ9:00〜19:00 土・日曜10:00〜20:00 無休

Ⓒ 市直営のギフトショップ
シティ・ストア
City Store
ロウアー・マンハッタン MAP 付録P12 C-2

ニューヨークモチーフの小物、実際に使用されていた標識や看板などコレクターも喜ぶ商品も取り扱う。

☎212-386-0007 Ⓜ6線Brooklyn Bridge-City Hall駅からすぐ ⓐ1 Centre St. North Plaza ⓔ9:00〜16:00 土・日曜休

※商品はイメージです

E カード $6〜
→ヴィヴィッドカラーのバースデーカードやニューヨーク限定の柄もある

D 皿 $7.95
→丸い平皿でサイズもさまざまにあるので好みの大きさをチョイス

F カッティングボード $30
→マンハッタン(左)、ブルックリン(右)の形をしており街の区画も詳しく記載

D ボウル $8.95
→浅めのボウルはスープなどを入れると◎

F ポーチ $16
→ニューヨークの観光の見どころとなるランドマークが描かれたポーチ

F トートバッグ $20
→ポーチとセットで使いたいコットン素材のトートバッグ

D デミタスカップ $12.95
→シンプルなデザインが魅力。エスプレッソ1ショットのサイズ

F グラス $15
→質感のあるイラストがポップでおしゃれ

E ピンバッジ $4〜
→ニューヨーク州の形をしたピンバッジやロゴなどお気に入りを探してみたい

D マグカップ $12.95
→深いブルーが街の夜景をイメージさせる大きめのマグカップ

E キーチャーム $5
→ソーホーやブルックリン・ハイツなどの街の名前がデザインされており色もさまざま

E ミニ望遠鏡 $10
→いつでもどこでも街の景色を眺めることができるミニサイズの望遠鏡

E ノート $7〜
→マンハッタンが描かれたノートは分厚く表紙もしっかりしている

エンパイア・ステート・ビルが目の前に!

D 季節の新商品に注目
フィッシュ・エディ
Fishs Edy
チェルシー **MAP** 付録P.18 C-1

マンハッタンやブルックリンのビル群をデザインに取り入れたかわいいオリジナル食器で人気の店。
☎212-420-9020 Ⓜ️M・Q・R・W線23 St駅から徒歩3分 🏠889 Broadway
10:00〜19:00(木〜土曜は〜20:00 日曜11:00〜18:00) 休無休

E 印刷屋のショップでお買い物
グリニッチ・レター・プレス
Greenwich Letterpress
グリニッチ・ヴィレッジ **MAP** 付録P.18 B-4

ポップでユーモアがあって、ニューヨークらしく少し刺激的な、個性あるグリーティングカードや文具を販売。
☎212-989-7464 Ⓜ️1線 Christopher St-Sheridan Sq駅から徒歩2分 🏠15 Christopher St. 11:00〜19:00 日・月曜12:00〜18:00 休無休

F マーケット内の看板ストア
チェルシー・マーケット・バスケット
Chelsea Market Basket
チェルシー **MAP** 付録P10 B-3

ギフトラッピングの資材やステーショナリー、コスメなどの雑貨が並ぶ。お菓子などみやげも選べる。
☎212-727-1111 Ⓜ️A・C・E・L線14 St駅から徒歩5分 🏠75 9th Ave. 11:00〜19:30 休無休

SHOPPING

ローカルが愛用する高品質なフードをお持ち帰り
スーパーマーケットは食みやげの宝庫!

上質なオーガニック食材やお菓子、雑貨などがお手ごろ価格で購入できる地元のスーパーマーケット。デリや休憩スペースなども併設し、楽しみ方もさまざま。

フレッシュな食材がいっぱい！

エココンシャス御用達のスポット
ホールフーズ・マーケット
Whole Foods Market
ウィリアムズバーグ MAP 付録P.28 B-2

全米をはじめカナダとイギリスを含めて270店舗以上を展開する大型グルメ系スーパーマーケット。オーガニック食品、ベジタリアンフード、自然派ケアアイテムなどが勢揃い。

☎718-734-2321 交M L線Bedford Av駅から徒歩5分 所238 Bedford Ave. 営8:00～22:00 休無休

おすすめエコバッグ

$2.19~

$2.19~

$4.49

↑砂糖を使わず天然甘味料のステヴィアを使用した、グルテンフリーのチョコレート

$6.99

↑ヴィーガンアイテムのココナッツカカオクッキー

$8.63

↑砂糖不使用のビーフジャーキーはビールと合わせて

$3.29

$3.29

← 洗練されたパッケージのガム。味はペパーミント（左）、ジンジャー（右）

人気のコーナーを上手に活用しよう

豆やグラノラを選んで好きなだけ袋に詰める「バルク・コーナー」、種類豊富な「デリ・コーナー」、休憩利用や購入したフードを食べることができる「イートイン・スペース」など、スーパーマーケット内には利用したくなるスポットが充実。

イートイン・スペース

バルク・コーナー

デリ・コーナー

146

質の高い自社ブランド品が充実
トレーダー・ジョーズ
Trader Joe's
マレーヒル MAP付録P.11 D-1

生鮮食品から加工食品、スキンケア商品まで、リーズナブルに買えるスーパーマーケット。特に注目なのはエコバッグ。店のロゴが入ったしっかりとした生地で、日常使いにも最適。

☎212-889-3279
🚇M6線33 St駅から徒歩4分 📍200 E. 32nd St. ⏰8:00～21:00 休無休

おすすめエコバッグ

↑バニラフレーバーのヨーグルトでコーティングされているプレッツェル $3.49

↑口直しや口寂しいときのためのタブレット。緑茶がほのかに香るミント味 $1.99

←赤い店のロゴが目印(左)。店内は広いが週末はカートを押す客で混み合う(上)

↑食べごたえのあるブロッコリーのチップス $2.99

$3.98

ニューヨーク発祥の有名チェーン
フェアウェイ
Fairway
チェルシー MAP付録P.10 C-1

1933年にニューヨークで生まれたリーズナブルなスーパーマーケット。自社開発ブランドは、スナック類からサプリメントまでさまざまなものが揃い、デリも併設。

☎718-569-4533
🚇N・R・W線28 St駅から徒歩4分 📍766 6th Ave. ⏰7:00～21:00 休無休

おすすめエコバッグ

↑ブルーベリーのフリーズドライスナック。ほかにバナナや豆もある $3.59

↑100%ベジタリアンが魅力のハーバル・サプリメント $16.49

↑自社ブランドの調味料。魚料理におすすめのハーブ $3.99

$1.25～

↑加工食品など小分けになった食材はホテルに持ち帰るのも◎(上)。手軽に食べられる惣菜やランチなども充実(右)

市内の老舗スーパーマーケット
ゼイバーズ
Zabar's
アッパー・ウエスト・サイド MAP付録P.6 B-3

1934年創業で量り売りの惣菜やコーヒー豆、チーズ類などの加工品がバラエティ豊かに並ぶ。隣はコーヒーや軽食が食べられるデリで、地元の人が集い、2階はキッチンウェアが充実。

☎212-787-2000
🚇M1線79 St駅から徒歩1分 📍2245 Broadway ⏰8:00～19:30 日曜9:00～18:00 休無休

おすすめエコバッグ

↑濃厚な味わいのピーナッツバターカップ $2.99

←アッパー・ウエスト・サイドに昔から住む古い常連客が集まる(左)。惣菜の量り売りは気軽に注文したい(上)

↑スモアのポップコーンは食べるとやみつきに $7.98

↑焙煎されたばかりの自社ブランドのコーヒー豆 $13.98

$3.98～

SHOPPING

> ニューヨーカーが普段使いするアイテムが並ぶ

何でも揃う！ドラッグストアに立ち寄り

日本と同じように多様なアイテムを販売する、2大ドラッグストアを活用したい。
おみやげの食料品や雑貨はもちろん、水や歯ブラシなど旅の途中で必要なものも調達できる。

※商品はイメージです

市内の大手ドラッグストア
デュアン・リード
Duane Reade
ミッドタウン・ウエスト MAP 付録P.16 C-1

ニューヨークのデュアンSt.とリードSt.の一角からスタートした地元薬局。店舗の大多数が24時間営業で、薬品だけでなく飲料、食品、小物も並ぶ。コンビニ感覚で利用したい。

☎ 718-312-6986 ⓂM・1・2・3・7・N・Q・R・W・S線42 St Times Sq駅から徒歩4分 158 W45th St. 🕐24時間 休無休

➡アメリカらしい大ぶりのチョコレートチップクッキーは$6.99

➡オールフリー日焼け止め$12.99は敏感肌用にもおすすめ

➡プライベートブランドのミックスナッツは￠99均一

⬇ニューヨーク限定デザインのニベアクリーム$1.49

➡携帯用ハンド・サンタイザー（液体石鹸）$1.29は種類が豊富

健康管理サービスを提供する薬局
CVSファーマシー
CVS Pharmacy
イースト・ビレッジ MAP 付録P.19 E-4

医薬品はもちろん、食料品や有名コスメブランドなどの取り扱いも豊富なアメリカの薬局チェーン。質の高いプチプラコスメがずらりと並び、幅広い年齢層の女性客も多い。

☎ 212-777-1638 Ⓜ6線Astor Pl駅から徒歩1分 51 Astor Pl. 🕐24時間 休無休

⬅お菓子のコーナーは大袋の商品も多い

➡オーガニックの日焼け止め$8.99

➡ハチミツを含んだマルチビタミン剤$11

➡NY発の優秀プチプラコスメとして有名なエルフのアイカラー$10

➡女優サルマ・ハエックがプロデュースした自然派コスメのシリーズも。アイカラー$6.99～

NEW YORK, AREA WALKING

歩いて楽しむ

日々進化する街に大興奮!

Contents

- 映画＆ドラマの ロケ地巡り ▶P150
- ミッドタウン・ウエスト ▶P152
- ミッドタウン・イースト ▶P154
- チェルシー／グラマシー ▶P156
- MPD（ミート・パッキング・ディストリクト）／グリニッチ・ビレッジ ▶P158
- チャイナタウン／ロウアー・イースト・サイド ▶P160
- ロウアー・マンハッタン ▶P162
- ハーレム ▶P164

『ゴシップ・ガール』の初回はグランド・セントラル・マーケットで撮影

作品ゆかりの地を訪れる聖地巡礼が人気
映画&ドラマのロケ地巡り
Film & Drama Location

有名映画や大ヒットドラマに描かれるニューヨークの街。数々の名所がこの街で撮影され、重要なシーンや登場人物に彩りを添えている。多くの女性が憧れる3つの名作のロケ地を訪れて、ヒロイン気分で写真撮影や食事を楽しみたい。

ニューヨークの街が登場する映画&ドラマ

セックス・アンド・ザ・シティ
Sex and the City
ニューヨークに住む30代独身女性4人、キャリー、シャーロット、ミランダ、サマンサの生活を描く。放送開始から爆発的に大ヒット。エミー賞やゴールデングローブ賞を何度も受賞。 A B C

NBCユニバーサル・エンターテイメントジャパン

ゴシップ・ガール
Gossip Girl
高級住宅街、アッパー・イースト・サイドに暮らし、名門私立学校に通うセレブな高校生を中心に描いた恋愛ドラマ。2007年9月にアメリカでテレビ放送を開始してから大ヒット。 D E

ワーナー・ブラザース・ホームエンターテイメント

ティファニーで朝食を
Breakfast at Tiffany's
1961年公開の映画。自由奔放に生きるオードリー演じるホリーと、彼女に惹かれる男性たちのラブロマンス。ティファニーで朝食を食べるハイエンドな生活を夢見るホリーの暮らしから多くの女性の憧れの存在に。 F

NBCユニバーサル・エンターテイメントジャパン

何気ない街角にたたずむピザ店
B トゥー・ブーツ
Two Boots
イースト・ヴィレッジ MAP付録P.11 E-4
キャリーとミランダが仲良く話しながらピザを食べる店。原色のポップカラーが際立つ店内で、将来について語り合う2人が印象的。
☎212-254-1919 ⓂF 2 Av駅から徒歩5分 ㊲42 Ave. A ⌚12:00～22:00(木曜日は～23:00、日曜は～21:00) 休無休

→大きなピザを分け合って食べるシーンが印象的

4人で飲むコスモポリタンが名物
A オニールズ
Onieal's Bar and Restaurant
ノリータ MAP付録P.21 E-3
ドラマ内で4人のヒロインたちがグラスを交わしながらコスモポリタンを飲むシーンで一躍有名になったカジュアルバー。地元ニューヨーカーの女子会も頻繁に開かれるという。
☎212-941-9119 ⓂJ・Z線Canal St駅から徒歩4分 ㊲174 Grand St. ⌚12:00～翌2:00(木曜日は～翌3:00、金・土曜は～翌4:00) 休日曜

↑ドラマの代名詞ともいえるカクテル「コスモポリタン」を4人で飲むシーンは誰もが憧れる場面

←マグノリア・ベーカリーでカップケーキを購入できる

←キャリーのアパートとして使われた築20年以上の建物

4人御用達のフレンチダイニング
C パスティス
Pastis
グリニッチ・ヴィレッジ MAP付録P.10 B-3
4人がブランチでおしゃべりしながら過ごすフレンチダイニング。キャリーはゲイ友達のオリバーとも訪れる。
☎212-929-4844 ⓂA・C・E・L線14 St駅から徒歩6分 ㊲52 Gansevoort St. ⌚8:00～23:00(金曜は～24:00) 土曜10:00～24:00 日曜10:00～23:00 休無休

↑ドラマ内では何度も登場する

↑ドラマでは常にパーティを楽しんでいるチャックの優雅な暮らしぶり。まるで夢のよう！

チャックの豪邸として登場

D エンパイア・ホテル
The Empire Hotel

アッパー・ウエスト・サイド
MAP付録P.8 B-1

ニューヨーク市の不動産王御曹司であるチャックが暮らす家として撮影されたホテル。きらびやかなアップタウンの住人らしい豪華な生活が垣間見える。

☎212-265-7400 ⓂM1・A・B・C・D線59 St - Columbus Circle駅から徒歩3分 ⌂44 W. 63rd St.

↑ホテルに入ると、ゴージャスな装いのロビーが現れる

シーズン3から頻繁に登場する

E ニューヨーク大学
New York University

グリニッチ・ビレッジ　MAP付録P.19 D-4

マンハッタンの中心にあるブレア、ダン、ヴァネッサが通う大学。常に女王であるブレアは大学になじめず、コロンビア大学に編入することに。

☎212-998-1212 ⓂR・W線8 St-NYU駅から徒歩3分 ⌂70 Washington Sq. S.

↑学生で賑わうキャンパス内は見学も可能

↑ゴシップ・ガールの舞台にもなったメトロポリタン美術館

↑ホリーとポールがデートで訪れたニューヨーク公共図書館

『ティファニーで朝食を』を体験

F ブルー・ボックス・カフェ
The Blue Box Cafe

ミッドタウン・イースト　MAP付録P.15 D-1

朝のニューヨークで、オードリー演じるホリーがティファニーの前でショーウインドーを眺めながらパンを食べる。そんな名シーンの世界観を体感できるコンセプトカフェがオープン。朝食メニューは3皿の構成で、クロワッサンが提供されるのがホリーの気分をより味わえるとファンの間で話題に。

☎212-605-4090 ⓂN・R・W線 5 Av/59 St駅から徒歩4分 ⌂727 5th Ave. 6F 営10:00〜12:00 日曜11:00〜19:00 休無休 ※予約必須

→ティファニー・ブルーで統一された店内

AREA WALKING

色とりどりの看板が並ぶタイムズ・スクエア

ネオンきらめくニューヨーク最大の繁華街
ミッドタウン・ウエスト
Midtown West

世界各国から大勢の観光客が訪れ、深夜まで賑わうマンハッタンの中心。絶景を見下ろす超高層ビルのほか、西岸一帯の再開発にも注目が集まる。

MAP 付録P.8-9／P.14-17

有名なタイムズ・スクエアをはじめニューヨークを代表する観光名所が集中

　ミッドタウンの5番街から西側は、名だたる観光スポットが集まるアメリカ随一の繁華街。中心部には年末のカウントダウンでも知られるタイムズ・スクエアがあり、世界中から大勢の人々が訪れる。近くには多数の劇場がひしめくブロードウェイがあり、ミュージカルを中心にさまざまな作品を上演。街には派手な広告とネオン看板があふれ、夜遅くまで人通りが絶えない。
　ロックフェラー・センターやエンパイア・ステート・ビルもこのエリアにあり、高層階の展望台は最高のビューポイント。音楽の殿堂であるカーネギー・ホール、ニューヨーク近代美術館、ニューヨーク公共図書館など、文化・芸術施設も充実している。ハドソン・リバー沿い一帯では、総工費250億ドルをかけた巨大プロジェクト、ハドソン・ヤーズの開発が進行中。2022年10月には、2番目に高い高層ビル「50ハドソン・ヤーズ」が開業した。

セントラル・パーク
マンハッタン
★ハドソン・ヤーズ
ワールド・トレード・センター
ブルックリン・ブリッジ
ブルックリン

アクセス

タイムズ・スクエア周辺へはⓂ1・2・3・7・N・Q・R・W・S線Times Sq-42 St駅、ロックフェラー・センターへはⓂB・D・F・M線47-50 Sts-Rockefeller Center駅、MoMAへはⓂE・M線5 Av/53 St駅を利用。

ニューヨーク初の地下商店街
ターンスタイル・アンダーグラウンドマーケット
Turnstyle Underground Market

MAP 付録P.8 C-2

2016年にオープンしたショッピングとグルメが楽しめるスポット。小物、日本の理髪店、ワインなどの小売店や、ドリンク、ポキ丼、地中海料理、中国料理、スイーツなどの店が並ぶ。

☎なし Ⓜ1・A・B・C・D線59 St-Columbus Circle駅直結 ㊙8th Ave. 57St.と58 St.の間 ⏰8:00～21:00(店舗により異なる) 🈚無休

⇦⇨地下鉄駅構内のいたるところにサインあり(右)。ドーナツがミニサイズでうれしいDoughnuttery(下)

W. 50th St.
W. 49th St.

古き良き時代からのホール
ラジオ・シティ・ミュージック・ホール
Radio City Music Hall

MAP 付録P.14 C-2

1932年に開業。1933年から続いている「ラジオシティ・クリスマス・スペクタキュラー」は、今ではニューヨーク伝統のクリスマスイベントとなった。

☎212-465-6000 ⓂB・D・F・M線47-50 Sts-Rockefeller Center駅から徒歩2分 ㊙1260 6th Ave.

➡1930年代のニューヨークを彷彿させるアール・デコの外観

AREA WALKING

5番街にはサン・ローランなどの高級ブランドが並ぶ

高級感と気品あふれるショッピング街
ミッドタウン・イースト
Midtown East

有名企業の本社や国連本部が集まり、
高層ビルがそびえ立つビジネス街。
一流ブランド店がひしめく5番街には、
優雅な気分になれる話題のカフェも。

MAP 付録P.8-9／P.14-17

憧れの高級店が並ぶショッピング天国
映画でもおなじみの5番街を歩く

　5番街から東側に広がるミッドタウン・イーストは、有名企業の本社ビルや国連本部が集まる世界屈指のビジネス街。各国のビジネスマンや国連職員などが行き交い、国際色豊かな雰囲気を漂わせている。アール・デコ建築の傑作と評されるクライスラー・ビルや、ボザール様式の壮麗なグランド・セントラル駅など、さまざまな建築様式の歴史的建造物も点在。近代的なオフィスビルと見事に調和し、美しい街並みを形成している。
　一方、石造りの重厚な建物が連なる5番街は、洗練されたショッピングエリア。高級ブティックや老舗デパートなどが並び、ウインドーを眺めながら歩くだけでも楽しい。最近はハイブランドだけでなく、ファストファッションの店も続々と登場。ジュエリーの名門ティファニー本店には、直営のブルー・ボックス・カフェがオープンし、「予約が取れないカフェ」として話題に。

セントラル・パーク
マンハッタン
ハドソン・ヤーズ
ワールド・トレード・センター
ブルックリン・ブリッジ
ブルックリン

アクセス

グランド・セントラル駅へはⓂ4・5・6・7・S線 Grand Central-42 St駅、5番街周辺のティファニーやコーチへはⓂE・M線5 Av/53 St駅を利用。

154

AREA WALKING

レンガ造りの壁が趣深いチェルシー・マーケット

新旧の高層ビルや観光名所が共存する
チェルシー／グラマシー
Chelsea／Gramercy

歴史的建造物が点在する美しい街に最先端のアートギャラリーが集積。ビルが立ち並ぶ風景を眺めながらハイラインの空中散歩も楽しい。
MAP 付録P.10-11／P.18-19

**鉄道跡や廃工場をリノベーション
緑豊かな空中公園や屋内マーケットに**

19世紀の古い街並みが残るチェルシーは、新旧の魅力が混在するエリア。約200のギャラリーが集まり、最新アートの発信地として注目されている。交差点でひときわ目を引くのは、細い三角形のデザインが特徴的なフラットアイアン・ビル。ほかにも、かつて芸術家たちが定宿としたホテル・チェルシー、マンハッタン最古の建物のひとつといわれるゴシック様式の総合神学校など、歴史的建造物が多い。高架鉄道跡を整備したハイラインは、ビルの間を散歩できる空中公園。周辺には、工場跡を利用したチェルシー・マーケットがあり、レストラン、カフェ、デリ、ベーカリーなどがずらりと並び、多彩なグルメを満喫できる。

チェルシーの東側に隣接するグラマシーは、由緒ある閑静な住宅地。マディソン・スクエア・パークなどの緑豊かな公園があり、自然と建物が調和した景観が美しい。

ハドソン・ヤーズ横のハイライン出入口

```
W. 34th St.
34 St-Hudson Yards駅
W. 33rd St.
P.34
ハドソン・ヤーズ
Hudson Yards
W. 30th St.
W. 29th St.
W. 28th St.
チェルシー
W. 27th St.
P.48 ハイライン
High Line
W. 26th St.
W. 24th St.
12th Ave.
11th Ave.
W. 23rd St.
W. 22nd St.
10th Ave.
```

アクセス
チェルシー・マーケットへはⓂA・C・E・L線14 St駅、マディソン・スクエア・パークへはⓂR・W線23 St駅を利用。

三角地帯に建つランドマーク
フラットアイアン・ビル
Flatiron Building
MAP 付録P.18 C-1

ブロードウェイと5番街が交わる三角地帯に立ち、鋭い三角形のデザインが独創的な高層ビル。1902年の竣工で、高さは87m。特異な外観から「平たいアイロン」の呼び名がついた。
🚇ⓂR・W線23 St駅から徒歩1分 ⌂175 5th Ave.(corner of 23rd St.)

↑建築家のダニエル・バーナムがデザイン、スチールの骨組みを使用した

AREA WALKING

大理石のアーチはグリニッチ・ビレッジのランドマーク

文化人に愛された老舗や隠れ家が並ぶ

MPD（ミート・パッキング・ディストリクト）／グリニッチ・ビレッジ

MPD(Meat Packing District)／Greenwich Village

かつて精肉工場の倉庫街だった地区がマンハッタン屈指のホットなエリアに。歴史あるグリニッチ・ビレッジでは、石畳の小道をのんびり散策したい。

MAP 付録P.10-11

スタイリッシュに変貌した倉庫跡地と芸術家たちが集った若者文化の発信地

　MPD（ミート・パッキング・ディストリクト）は、その名のとおり、かつて精肉工場が並んでいた地区。一時はさびれた雰囲気で治安の悪い地域だったが、近年は倉庫跡地を利用したブティックやレストランなどがオープンし、最先端のトレンドを生み出すおしゃれな街へと様変わりした。
　一方、ワシントン・スクエア・パークの西側一帯に広がるグリニッチ・ビレッジは、石畳の通りとレンガ造りの建物が美しいエリア。20世紀初頭から自由な気風を求める作家や音楽家たちが移り住み、独自のカルチャーを発信してきた。現在もその名残をとどめ、老舗ジャズクラブやライブハウスなどが点在。ニューヨーク大学がある学生の街でもあり、若者文化の中心地となっている。

セントラル・パーク
マンハッタン
ハドソン・ヤーズ
ワールド・トレード・センター
ブルックリン・ブリッジ
ブルックリン

アクセス

ワシントン・スクエア・パークへはⓂ A・B・C・D・E・F・M線West 4 St-Washington Sq駅を利用。

チェルシー・マーケット・バスケット P.145
Chelsea Market Basket

スターバックス・リザーブ・ロースタリー P.13
Starbucks Reserve Roastery

チェルシー・マーケット P.53
Chelsea Market

オールド・ホームステッド・ステーキハウス P.107
Old Homestead Steakhouse

P.48 ハイライン
High Line

P.140 ソーポロジー
Soapology

Gansevoort St.　Horatio St.　Jane St.

★ホイットニー美術館

ミート・パッキング・ディストリクト
MPD(Meat Packing District)
精肉工場の倉庫街を改装。おしゃれなショップのほかナイトクラブやホテルもある。

P.115 ホワイト・ホース・タヴァーン
White Horse Tavern

West St.　Bank St.　W. 11th St.　Perry St.　Greenwich St.

近・現代のアメリカ美術を展示

ホイットニー美術館
Whitney Museum of American Art

MAP 付録P.10 B-3

1931年の設立で、2015年に移転リニューアル。20世紀から現代までのアメリカンアートを展示する。3500人以上のアーティストにより制作された2万3000点を超える作品を収蔵。
☎212-570-3600 Ⓜ A・C・E・L線14 St駅から徒歩10分 🏠99 Gansevoort St. 🕙10:30～18:00（金曜は～22:00）火曜 $30
⬇すっきりとしたモダンな外観が印象的。設計はイタリア人建築家のレンゾ・ピアノ氏

マンハッタンの中心に位置する地
ユニオン・スクエア
Union Square
MAP 付録P.19 D-2

1976年から続くグリーン・マーケット（→P.54）が有名な公園。憩いの場としてはもちろん、パフォーマーやアート販売など、さまざまなニューヨーカーが集まる場所。
Ⓜ4・5・6・L・N・Q・R・W線14 St- Union Sq駅からすぐ 🚇 Union Sq.

🚩初代アメリカ大統領、ジョージ・ワシントンの銅像が立つ

地下鉄A.C.E線

W. 16th St.
W. 15th St.
5th Ave.
ユニオン・スクエア ★
14 St - Union Sq駅
地下鉄L線　E. 14th St.
3 Av駅
3rd Ave.
4th Ave.
E. 10th St.
8 St- NYU駅
Astor Pl駅
Astor Pl.
Broadway
地下鉄4,5,6線
Washington Sq N.
ワシントン・スクエア・アーチ
★ ワシントン・スクエア・パーク
P.151
ニューヨーク大学
New York University
Washington Sq S.
West 4 St- Washington Sq駅
ブルー・ノート P.92
Blue Note
W. 3rd St.
Laguardia Pl.
学園ドラマや映画にも登場するニューヨーク大学周辺
Bleecker St.
Sullivan St.
Thompson St.
スポーツセンター
Bleecker St駅
W. Houston St.
地下鉄B,D,F,M線
Broadway- Lafayette St駅
Prince St駅
Prince St.
エディ・デブラン作 男の壁画
Spring St駅
Mercer St.
Broadway
Crosby St.
Lafayette St.
Kenmare St.
Broome St.

0 100m
3rd Ave.

Christopher St- Sheridan Sq駅
7th Ave.
地下鉄1,2,3線
Bleecker St.

大理石のアーチと噴水が美しい
ワシントン・スクエア・パーク
Washington Square Park
MAP 付録P.18 C-4

ニューヨーク大学に隣接し、パリの凱旋門を模した大理石のアーチが印象的。夏は噴水の周りで子どもたちが水遊びをする姿も。大道芸人やミュージシャンのパフォーマンスも見もの。
Ⓜ A・B・C・D・E・F・M線West 4 St- Washington Sq駅から徒歩3分 🚇 5th Ave. Waverly Pl. W. 4th and MacDougal Sts.

⬆噴水の周りにはストリート・パフォーマーが集まり、歌やダンスを披露する

アート
エンターテインメント
グルメ
スイーツ&カフェ
ショッピング
歩いて楽しむ
ホテル

159

AREA WALKING

アパートだった建物を利用したテネメント美術館

移民の歴史を伝える博物館
テネメント博物館
Tenement Museum
MAP 付録P.13,D-1

かつて移民が住んでいた共同住宅を修復し、当時の暮らしを再現した博物館。ガイドツアーでのみ見学可。ミュージアムショップはツウでおしゃれなグッズがいっぱいで大人気。

☎877-975-3786 ⓢ J・M・Z線Essex St駅から徒歩1分 ⓗ 103 Orchard St. ⓘ 見学ツアー10:00〜18:00(金、土曜は〜17:30) ⓒ 無休 $7

⬆ ユダヤ移民のミシンとテーブル

世界各国の移民たちが躍動するタウンを歩く

チャイナタウン／
ロウアー・イースト・サイド
Chinatown／Lower East Side

さまざまな地域から移り住んだ人々が多様なコミュニティを築いた場所。異国情緒に彩られた街のあちこちに若者に人気の新スポットも増加中。
MAP 付録P.13

時代とともに進化を続ける移民街と
活気に満ちたチャイナタウンを探訪

マンハッタン南部にあるチャイナタウンは、サンフランシスコと並ぶアメリカ最大級の中華街。漢字の看板が目立つ通りには、中国料理レストランをはじめ、食品店、みやげ物店、漢方薬局などが軒を連ね、庶民的な活気にあふれている。

チャイナタウンの北東に位置するロウアー・イースト・サイドは、かつて東欧系ユダヤ人やプエルトリコ人など、多様なルーツを持つ人々が移り住んだ場所。古い移民街の風情はそのままに、最近は若手デザイナーのブティックや洗練されたギャラリー、バーやレストランなどが増え、新たなトレンド発信地となりつつある。さまざまな国の文化を取り入れ、古き良き街並みを大切にしながら、ますます進化を続けていく雰囲気を感じることができる。

アクセス

チャイナタウンへはⓂ B・D線Grand St駅、J・N・Q・R・W・Z・6線Canal St駅を利用。

AREA WALKING

ひときわ天高く
そびえるワン・
ワールド・トレー
ド・センター

観光地とビジネス街が共存する経済の中心

ロウアー・マンハッタン
Lower Manhattan

世界に名だたるウォール街があり、
新たな超高層ビルがランドマークに。
観光名所やショッピング施設も多く、
あらゆる魅力が満載の人気エリア。

MAP 付録P.12-13

世界経済の中核を担う巨大ビジネス街
再開発により新しい観光スポットも誕生

　マンハッタンで最も古い歴史を持つ最南端エリア。金融機関や証券取引所が集まるウォール街のほか、市庁舎や裁判所などがあり、経済・行政・司法の中枢として機能している。同時多発テロの標的となったワールド・トレード・センターは再建が進み、犠牲者を追悼するメモリアル施設の周辺に、超高層ビルが次々と完成。104階建てのワン・ワールド・トレード・センターは、新たな街のランドマークとなっている。付近には、ニューヨーク最大のショッピングモールがあり、人気ブランドショップやレストランなど100店舗以上が集結。

　このほか、再開発で生まれ変わったイースト・リバー沿いのシーポート・ディストリクトも注目される。バッテリー・パークは市民憩いの公園で、海沿いの遊歩道は散策にぴったり。自由の女神があるリバティ島では、2019年5月にオープンした自由の女神ミュージアムも見学したい。

アクセス

ウォール街へは M2・3・4・5線Wall St駅、バッテリー・パークへは M1線 South Ferry駅、シーポート・ディストリクトへは M2・3線 Fulton St駅を利用。

ファイナンシャル・センターが進化。おしゃれなフードコートが入る

P.51 ハドソン・イーツ Hudson Eats
P.51 ル・ディストリクト Le District
ブルックフィールド・プレイス Brookfield Place

メモリアル施設に隣接する公園
リバティ・パーク
Liberty Park
MAP 付録P.23 B-4

2016年6月、ワールド・トレード・センターの「9/11メモリアル」の隣に完成した公園。9.11の事件後、瓦礫の中から救い出されたアート作品『ザ・スフィア』が展示されている。

交 M1線WTC Cortlandt駅から徒歩2分 所155 Cedar St.

バッテリー・パークにあったオブジェ『ザ・スフィア』が移されてきた

P.60 自由の女神
Statue of Liberty

古い港町が最新スポットに
ザ・シーポート
The Seaport
MAP 付録P.13 D-3

レンガ造りの古い建物が残る港町を再開発。かつての倉庫や波止場を利用したショップやレストランが人気を集める。2018年に再オープンしたピア17は絶好のビューポイント。

交 M 2・3・4・5・A・C・E・J・Z線Fulton St駅から徒歩10分
所 19 Fulton St.
営 店舗により異なる

人気のレストランも軒を連ね、バータイムの利用もおすすめだ

自由の女神が見える憩いの場
バッテリー・パーク
Battery Park
MAP 付録P.12 C-4

バッテリーは砲台の意味で、19世紀に砦が築かれたのが名の由来。マンハッタン南端にあり、海の向こうに自由の女神を望む。リバティ島行きのフェリーの発着場所でもある。

交 M 1線South Ferry駅からすぐ

観光客だけでなくニューヨーカーの憩いの場でもある

ウエストフィールド・ワールド・トレード・センターには飲食店やショップが集結

歴史ある重厚な建築物であるニューヨーク市庁舎では見学ツアーも開催

ウォール街 Wall Street
ニューヨーク証券取引所を中心に金融機関が集まる経済の拠点。各国のビジネスパーソンが行き交う。

高層ビルが次々と誕生。ワールド・トレード・センターを望む新たな公園も完成

自由の女神をマンハッタンから見られる。リバティ島へのフェリーも出発

アート | エンターテインメント | グルメ | スイーツ&カフェ | ショッピング | 歩いて楽しむ | ホテル

AREA WALKING

ハーレムのメインストリート、125th St.に店が集まる

ブラック・カルチャーが発展した陽気な街

ハーレム
Harlem

ジャズやゴスペルなどの音楽をはじめ、独特の黒人文化を生み出してきた街。最近は新しいカフェやショップが増え、観光客でも足を運びやすい雰囲気に。

MAP 付録P.4-5

魂を揺さぶるようなゴスペルに感動
本場の黒人音楽を聴いて奥深さを知る

　セントラル・パークの北に位置するハーレムは、ニューヨークにおける黒人コミュニティの中心地。昔は立ち入るのが危険とされていたが、近年は治安が改善している。主な見どころはメインストリートの125th St.周辺に集中しており、ブラック・ミュージックの殿堂アポロ・シアターや、映画にも登場した伝説のコットン・クラブなど、黒人音楽の歴史に欠かせないスポットが点在。街のあちこちにある教会では、毎週日曜の礼拝でゴスペルが歌われ、一部の教会では観光客もパワフルな歌声を聴くことができる。

　昔ながらのソウルフードの店に加え、最近はおしゃれなカフェやレストランもオープンした。街の表情は変化しつつある。とはいえ、マンハッタンのどの地区とも異なるディープな雰囲気は今も健在。新旧が交錯する街を歩きながら、変わりゆくハーレムの魅力を肌で感じたい。

- セントラル・パーク
- マンハッタン
- ハドソン・ヤーズ
- ワールド・トレード・センター
- ブルックリン・ブリッジ
- ブルックリン

アクセス

アポロ・シアターへは M A・B・C・D線 125 St駅を利用。

歴史ある大人の社交場
コットン・クラブ
Cotton Club
MAP 付録P.4 A-2

コットン・クラブは1920年代の禁酒法時代に生まれた名高い高級ナイトクラブ。時代も変わって現在は以前の華やかさはなく落ち着いており、毎日違ったショーが楽しめる。

☎212-663-7980 Ⓜ1線125 St駅から徒歩3分 所656 W. 125th St. 営月・木・金・土曜20:00～深夜 土・日曜12:00～14:30 休火・水曜 料カバーチャージ$25～（アーティストによって異なる）、ゴスペルブランチカバーチャージ$45.50 ※HPにて要確認

↑125th St.の西端にあり、20年代風のアール・デコなサインがエレガント

W. 130th St.

★コットン・クラブ

125 St駅

- グラント将軍の墓
- リバーサイド教会
- リバーサイド・パーク

Claremont Ave

ビッグ・エルの壁画●
Big L Memorial Mural

ダイナミックなタッチで描かれた壁画。写真撮影などもお忘れなく

ションバーグ
黒人文化研究センター●

135th St.
135th Street
125th St.に比べて人通りが少なくローカルな雰囲気。ションバーグ黒人文化研究センターがある。

アメリカ料理の新境地
レッド・ルースター
Red Rooster
MAP 付録P.5 D-2

2011年セレブシェフのマーカス・サミュエルソンがアートでソウルフルなお店をオープン。店内は多様性にあふれる客でいつも満員。個性あるアメリカ料理が堪能できる。

☎212-792-9001 交M 2・3線125 St駅から徒歩1分 所310 Malcolm X Blvd. 営12:00～21:00（金曜は～22:00）土曜11:00～22:00 日曜10:30～21:30 休無休

入口キャッシャーはとてもカラフル（上）。ワイルド・ワイルド・ウイングス$16（左）

125th St.
125th Street
観光の中心となるメインストリート。劇場やジャズクラブなど黒人文化を楽しめるスポットが多い。

★アポロ・シアター

レッド・ルースター●
Red Rooster

■ニューヨーク市観光局

黒人文化の象徴的シアター
アポロ・シアター
Apollo Theater
MAP 付録P.4 C-2

ポピュラー音楽において150年の歴史があるアメリカで最も著名なクラブのひとつ。アマチュアナイトはプロへの登竜門として多くのアーティストが出演する人気のイベント。

☎212-531-5300 交M A・B・C・D線125 St駅から徒歩4分 所253 W. 125th St. 営ボックスオフィス10:00～18:00 土曜12:00～17:00 休日曜 料アマチュアナイト$38.50～

アマチュアナイトのステージに沸く観客

0 100m

移民たちがアメリカ人として生きるために
植民地から独立国家へ

欧人がマンハッタン島を発見する
インディアンの時代

大航海時代、ヨーロッパ人が次々と世界に進出するなかで、1609年、イギリスの探検家ヘンリー・ハドソンがオランダ東インド会社の依頼による航海の最中に、ニューヨーク湾から川を遡ってマンハッタン島を発見した。ハドソンは、当時ヨーロッパで流行していたビーバーの毛皮などを求め、アルゴンキン族やイロクォイ族などのインディアン部族と友好関係を結んで交易の道を開いた。彼の名は現在川の名前(ハドソン・リバー)として残されている。

マンハッタンを$40で手に入れた
オランダ人の入植

オランダの毛皮商人の交易が盛んになると入植者も増え、1626年にオランダはインディアンたちから物々交換で島を買い取り、ニューアムステルダムと名付けて街をつくった。伝説では売買で渡したのが「布と短剣とビー玉」など60ギルダー($40相当)の品だったという。入植者たちは、居住区域の北端に木の防壁(ウォール)を築いて外敵を防いでいたが、各国からの移民が増加し、居住地域はウォールを越えて島の北部へと発展していった。

← インディアンとオランダ人の居住区を分けていた防壁が現在のウォール街の原型だ ▶P.167

急速に拡大するニューヨークの街
イギリス領の時代

1650年代後半、オランダの植民地にはイギリス、ノルウェー、デンマークなどさまざまな国の人が入植していた。なかでも虎視眈々とニューヨークを狙っていたのは、北米への航海航路を掌握し、海上の覇権争いで勝利したイギリスであった。

1664年、当時最新鋭の快速帆船4隻を引き連れたイギリスはオランダを無抵抗で降伏させ、ニューアムステルダムを奪ってニューヨークと改名した。この命名は、イギリスの国王チャールズ2世の弟ヨーク公(後のイギリス国王ジェームズ2世)にちなむ。

イギリスの統治下で、さらに移民者は増加し、街の北限だった防壁ラインも取り外すほどになった。徐々にオランダ勢力を一帯から排除しつつ、アメリカ独立宣言まで、約1世紀にわたるイギリス植民地支配を確立する。

アメリカ愛国急進派の台頭
イギリスからの独立

1775年に火蓋が切られたアメリカ独立戦争は、イギリス領植民地のアメリカと本国イギリスとの戦争で、戦闘の3分の1はニューヨークが舞台になったといわれる。原因は資金繰りに困ったイギリスが植民地に課した「砂糖法」や「印紙法」などの重税徴収だった。また、奴隷貿易の禁止など政策への不満もあった。1776年7月4日には13州が独立を宣言。

植民地側の司令官はジョージ・ワシントン。ニューヨークにはイギリス支持派が他の地域よりも多く存在したため独立は遅れるが、7年間イギリス軍に占領され続けたのち、1783年にイギリス軍がニューヨークから撤退。1785年、ニューヨーク市は州都であるとともにアメリカ最初の首都に。1789年には初代大統領であるジョージ・ワシントンの就任式がマンハッタンのフェデラル・ホールで行われた。

← フェデラル・ホールの正面にはジョージ・ワシントンの銅像が立つ

1600			1700					1800										1900	
	オランダ領		イギリス領					アメリカ合衆国											
1524 イタリア人、ジョヴァンニ・ダ・ヴェラツァーノが訪れる	1609 オランダ、西インド会社を設立 ヘンリー・ハドソンが最初発見	1613 オランダ人がマンハッタン島に入植 1621 マンハッタン島	1626 オランダ人、マンハッタン島を購入 1626 ニューアムステルダム誕生	1664 南北を分ける防壁を設ける	1665 名称をニューヨークに改名	1673 再びオランダの領地に	1674 再びイギリスの植民地になる ニューオレンジに改名	1776 アメリカ独立宣言		1783 イギリスから独立	1785 ニューヨークがアメリカ合衆国の首都に	1789 ジョージ・ワシントン大統領の就任式が行われる	1790 首都がフィラデルフィアに	1792 ニューヨーク証券取引所開設	1799 チェイス銀行創業	1812 ニューヨークがアメリカ最大の都市に	1825 シティバンク創業	1827 ニューヨーク州、奴隷制度を廃止	1857 セントラル・パーク着工	1861 南北戦争始まる	1863 リンカーンが奴隷解放宣言	1883 ブルックリン・ブリッジ建設	1886 自由の女神が完成	1892 エリス島に移民局が開設
同時期の日本	江戸幕府			生類憐みの令				享保の改革			寛政の改革						天保の改革 日米和親条約		明治維新			日清戦争

ヨーロッパ諸国が海外に領土を求めた大航海時代、彼らはアメリカ大陸にもやってきた。先住民族から土地を奪い、定住して新しい街をつくった。やがて2世たちはアメリカ人として独立国家を築く。そんな各国からの移民たちの共存の歴史をたどる。

ニューヨークの歴史

人種のるつぼからサラダボウルへ
移民都市ニューヨーク

「新移民」と呼ばれる移民が1880年代からニューヨークに続々と到着した。イタリア、ユダヤ、スラブ系の人々だ。それまでのアイルランドやドイツからの移民は家族で移住し開拓農民になることが多かったが、新移民は単身渡米し、いわゆる出稼ぎ型の非熟練労働者となる違いがあった。新天地での暮らしは厳しく、失業、貧困から犯罪に手を染める者も現れるようになる。そんな移民たちに仕事の世話をした民主党政治団体のタマニー・ホールは、ギャンブルや土地の利権売買で力をつけたアイルランド系ギャングを擁して、選挙での買収や資金調達などに利用している。

その後20世紀に入ると、新移民のユダヤ系ギャングやイタリア系マフィアの勢力が拡大。1920年代の禁酒法時代に酒の密売組織のトップとなり、暗躍したマフィアのボス、アル・カポネは、イタリア系移民の子としてブルックリンで生まれている。

第二次世界大戦以降は、アジアやラテンアメリカの移民が増加。今やそれぞれの人種が「るつぼ」の中で溶かされることなく、サラダボウルのようにニューヨークという器の中で、唯一無二の味を出し合っている。

奴隷解放論が大きな火種に
南北戦争が勃発

1800年アメリカの首都が初代大統領の名前にちなんだワシントンD.C.に遷都。政治の中心地は国会議事堂、大統領官邸「ホワイトハウス」、最高裁判所があるワシントンに移り、ニューヨークは金融と商業の中心地となる。

1861年エイブラハム・リンカーンがアメリカ合衆国初の共和党の大統領に就任。「人民の人民による人民のための政治」を謳った民主主義を掲げ、合衆国南部に広がる奴隷制を否定。奴隷解放を訴えると、アフリカからの黒人奴隷による労働力を頼りに綿花栽培を主とする農業で栄えていた南部の州は合衆国から離脱し独立を宣言。北部23州からなるアメリカ合衆国と南部11州のアメリカ連合国との内戦「南北戦争」が始まる。

およそ4年にわたる南北戦争は、政治組織が整い工業を主力産業とし、武器の調達にもたけていた北部が勝利。政治力по軍備も持たない農業中心の南部は綿花の輸出の要となる海上を北部に封鎖され経済力を失ったことも要因となり敗北した。

解放された黒人たちの北部流入
自由の街ニューヨークへ

リンカーン大統領が南北戦争中に南部が支配してきた奴隷たちの解放を命じる宣言をし、合衆国憲法で承認されたことでアメリカ合衆国における奴隷制が廃止された。しかし、奴隷制が廃止され、完全に自由の身になってもなお南部には黒人に対する差別や偏見がはびこったままだった。そんな環境から逃れ、より良い仕事に就き豊かな生活を手に入れようと大勢の黒人たちは好景気の北部大都市に大移動。勤勉と努力で夢が叶う「アメリカン・ドリーム」を求めてヨーロッパから大勢の人が訪れたように、南部の黒人たちも新天地としてニューヨークの街を目指したのだった。

因縁深き地に建つ壮麗な博物館
国立アメリカ・インディアン博物館
National Museum of the American Indian

ロウアー・マンハッタン MAP 付録P.12 C-4
1625年にオランダ商人が先住民と交易に利用した砦跡に建てられた旧税関ビルの建物で、インディアンの芸術・工芸品のコレクションを展示。

☎800-242-6624 ④・⑤線 Bowling Green駅から徒歩1分 ⑰1 Bowling Green ⑰10:00~17:00 ㊡無休 ㊷無料

移民たちの入国審査を再現
エリス島移民博物館
Ellis Island Museum of Immigration

エリス島 MAP 付録P.2 B-4
エリス島にあった移民局を利用した博物館。1892年から1954年までの約60年間、アメリカに入国した移民の姿を記録や写真で紹介している。

☎212-561-4588 ⑲バッテリー・パークからスタチュー・クルーズで15分 ⑰Ellis Island National Museum of Immigration ⑰8:30~19:00※時季によって異なる ㊡無休 ㊷無料(スタチュークルーズ乗船チケット代必要)

↑移民局が置かれていた場所にある

ニューヨーク証券取引所の所在地
ウォール街
Wall Street

ロウアー・マンハッタン MAP 付録P.12 C-3
1653年にオランダ人入植者らが、先住民やイギリス人の侵攻を阻むため築いた木材の防壁に由来する。現在は世界金融の中心地。

⑳②・③線 Wall St駅から徒歩2分

↑ウォール街にはかつて本当に防壁があった

アメリカ合衆国						2000	
1902 フラットアイアン・ビル完成	1904 地下鉄開業	1925 ジュリアード音楽院設立	1929 株価大暴落 世界大恐慌	1931 エンパイア・ステート・ビル誕生	1939 ロックフェラー・センター誕生		2001 アメリカ同時多発テロ
日露戦争					関東大震災		

167

HISTORY OF NEW YORK

国際金融市場の頂点に君臨する
世界の都市、ニューヨーク

大規模なインフラ整備に着手
急速に経済が発展

　南北戦争（1861〜1865）後、富を求めて多くの人が訪れたニューヨークの街はインフラ整備に着手。メトロポリタン美術館、メトロポリタン歌劇場、アメリカ自然史博物館が創建され、ブルックリン・ブリッジが完成しマンハッタンと結ばれると1898年マンハッタン、ブルックリン、クイーンズ、ブロンクス、スタテンアイランドの5区で形成された現在のニューヨーク市が誕生する。

　1903年にウィリアムズバーグ橋が完成した翌年には5区を結ぶニューヨーク市地下鉄が開業した。1909年マンハッタン橋、翌年ペンシルベニア駅が完成し、1913年グランド・セントラル駅が開業すると、ニューヨークはアメリカを代表する大都市としての存在感を揺るぎないものとした。

高さとデザインを競い合う
摩天楼の誕生

　1853年開催のニューヨーク万博で、ワイヤーロープ方式のエレベーターが披露され高層ビルの建築が始まる。1909年建設のメトロポリタン・ライフ・タワー・ビル、1913年のウールワース・ビルなど。富豪や財閥は高層ビルを建設することで富や権威を競い合うようになり、1930年にはクライスラー・ビル、翌年にはエンパイア・ステート・ビル、1939年のロックフェラー・センターの完成で摩天楼は最盛期を迎える。ニューヨークのランドマークともいえるビルのほとんどは1930年代に建設され、現在のマンハッタンの景観の輪郭が形作られた。

⬆摩天楼が光り輝くニューヨークの夜景

繁栄の極みから奈落の底へ
「世界恐慌」の悪夢

　1920年代は第一次世界大戦特需の勢いにのり「狂騒の20年代」と呼ばれるほど大発展を遂げた時代。世界経済の中心はロンドンのシティからニューヨークのウォール街に移り、空前の好景気のもと人々の暮らしはレベルアップ。自家用車やラジオ、洗濯機、冷蔵庫などの家電製品が普及し、大量生産・大量消費の生活様式が定着。映画やジャズなどのアメリカ的な大衆文化も花開いた。

　ところが、そんな好景気のなか経済の先行きに不安を抱いた投資家たちが一斉に持ち株を売却したことから株価が大暴落。「暗黒の木曜日」と呼ばれる1929年10月24日に起きたこの株価暴落が世界恐慌を招くことになる。壊滅的な株価の下落は10月28日の月曜日（ブラック・マンデー）と10月29日の火曜日（ブラック・チューズデー）で、多くの銀行が倒産。大量の失業者を生み、経済力が著しくダウンしたこの悪夢のような日々はほぼ1カ月続くこととなる。そして、ここから徐々に第二次世界大戦に向かう不穏な社会状況に追い込まれていく。

戦後すぐに活気づく街
治安の悪化が加速

　1939年のニューヨーク万博で成功を収めた街は世界恐慌の痛手から完全に脱却するが、日米関係の悪化から第二次世界大戦に突入することになる。しかし、戦争の被害を受けなかったニューヨークの街は戦後すぐに活気を取り戻し、再開発のための建設ラッシュとなる。だが、市内の交通網が整ってきたことで、マンハッタンから郊外に住まいを移す人々が増えると、ニューヨークの経済は徐々に衰退し始める。やがて市の財政は破たん寸前の状況になり、1970年代には金融危機、治安の悪化が加速。人口流出を避けられない事態になってしまう。

　さらに1977年7月に25時間以上続く大停電が起き、ニューヨークのあちらこちらで略奪行為が発生。刑務所が満杯になるほどの逮捕者が出る騒ぎになり、マンハッタンを離れる裕福な白人たちが増加した。

　しかし1980年代に不動産価格が高騰、失業率も下がると、再びニューヨークは世界の金融の中心地としての勢いを取り戻す。街は映画『ウォール街』さながらの好景気に沸き、1994年にニューヨーク市長になったルドルフ・ジュリアーニの政策によって汚くて治安の悪いニューヨークは安全できれいな豊かな大都市に生まれ変わった。

⬆郊外に移住する人たちで人口が増加したロングアイランド

世界が注目する観光地に
「ビッグ・アップル」誕生

　金融、商業、芸術、エンターテインメントの中心地として活気に満ちたニューヨークの街は、1920年代にスポーツライターのジョン・フィッツジェラルドによって最高の褒美を意味する「ビッグ・アップル」に例えられて以来、それが愛称として浸透し始める。さらに、ニューヨーク市観光局が赤いリンゴをトレードマークに「ビッグ・アップル」を街の代名詞にして観光促進プロジェクトを立ち上げると、世界中から多くの旅行者が訪れる観光地に。赤いリンゴ＝ニューヨークというイメージは不動のものとなる。

　ニューヨークの野球チーム「メッツ」はホームグラウンドに電動のリンゴのオブジェ「ホームラン・アップル」を設置。メッツの選手がホームランを打つたびに赤い大きなリンゴのオブジェがせりあがる演出で選手の功績を街のファンとともに祝っている。

多くの移民と南部の黒人たちが押し寄せたニューヨークの街は驚異的な経済発展を遂げ、黄金期を迎える。突然見舞われた世界恐慌という暗黒の日々、21世紀のテロの衝撃から立ち直り、ニューヨークは今も世界をリードする街として輝き続けている。

消えない9.11の記憶
同時多発テロと復興

2001年9月11日、4機の米国民間航空機がイスラム過激派テロ組織にハイジャックされた。そのうち2機がワールド・トレード・センタービル2棟に、1機がアーリントンの国防総省本庁舎に激突、爆発炎上した。残りの1機はペンシルベニア州で墜落。ワールド・トレード・センタービルは北棟・南棟の2棟とも崩壊し、多数の死傷者を出した。死者総数は推定で約3000人。犯人はオサマ＝ビンラディン率いるテロ組織アルカイダとされた。

リアルタイムで流された事件のニュース映像は世界中に衝撃を与え、アメリカ国民も大きなダメージを受けたが、それ以上に国民の反中東、反イスラム感情が高まったことで、強硬な中東政策を推し進めるブッシュ政権への支持へつながり、のちのアフガニスタン攻撃、イラク戦争に突き進むことになった。

再生するグラウンド・ゼロ
街並みの復活

ツインタワーが建っていた場所はグラウンド・ゼロと呼ばれ、2002年から再建工事が始まった。2006年、最初に再建されたのが7ワールド・トレード・センター。次に2011年に9/11メモリアル、2013年に4ワールド・トレード・センターが完成。2014年に9/11メモリアル・ミュージアムがオープンし、ツインタワー跡地に配された2つのプールを囲む銅板に犠牲者の名前が刻まれ、追悼の場となっている。

また、アメリカ独立の年にちなみ、1776フィート（約541m）と全米一の高さを誇る1ワールド・トレード・センターも完成した。シャープなフォルムのビルの地上386.5mの展望台からはニューヨーク市街が一望のもと。世界中の人々が集い、ビルを見上げ、慰霊碑に頭をたれた場所は、未来に歴史を語り継ぐメモリアル・エリアとして復活している。

花開くブラック・カルチャー
20世紀の文化・芸術

ニューヨークは南部に比べて、黒人差別がゆるやかだったという。セントラル・パークの北部一帯を占めるハーレム地区は、17世紀にはオランダ人の別荘が建つ高級住宅地だったが、20世紀に入ると開通する予定であった地下鉄開業が遅れたことにより地価が急落。第一次世界大戦の労働力として南部から流入してきた黒人が大勢移り住むようになった。

1920年代には、この地を中心に文学・音楽活動が盛んとなり「ハーレム・ルネサンス」と象徴される黒人文化が花開いた。ビリー・ホリデイやデューク・エリントン、ルイ・アームストロングらが歌い、演奏した高級クラブ「コットン・クラブ」やマイケル・ジャクソンがデビューした「アポロ・シアター」などでは、白人たちが毎夜ジャズやブルースに聞き惚れた。

ロックの聖地が点在
世界を牽引するNY音楽

ニューヨークにはロック伝説の場所が点在する。セントラル・パークの西側に立つダコタ・ハウスはジョン・レノンとオノ・ヨーコの住んでいたアパート。グリニッチ・ビレッジは、エドガー・アラン・ポーなど作家や詩人を多く輩出した地だが、ボブ・ディランがデビュー当時に暮らしたワシントン・スクエア・パーク界隈には、ジミ・ヘンドリックスやレッド・ツェッペリン、ローリング・ストーンズ、エリック・クラプトンなど多くのアーティストが名盤をレコーディングしたエレクトリック・レディ・スタジオもある。

マドンナは1960年代後半から芸術家や音楽家、そしてヒッピーたちが住んだイースト・ビレッジのライブハウスからスタートし、セックス・ピストルズのシド・ヴィシャスは、作家のO.ヘンリーが暮らしていたホテル・チェルシーの住人だったことも有名。

ボブ・ディランが歌いシドとナンシーが眠る
ホテル・チェルシー
The Hotel Chelsea
チェルシー MAP付録P.18 A-1

1883年にホテルとしてオープンし、アーサー・C・クラーク、シド・ヴィシャス、アンディ・ウォーホルなど数々の著名人、ミュージシャン、アーティストが滞在して作品を作った伝説的なホテル。

C・E線23 St駅から徒歩1分　222 W. 23rd St.

↑小説『2001年宇宙の旅』はここで生まれた

ジョン・レノンゆかりのセレブも憧れの住居
ダコタ・ハウス
The Dakota
アッパー・ウエスト・サイド MAP付録P.6 C-4

1884年にセントラル・パーク横に建てられた高級アパートメント。ジョン・レノンが南玄関前でファンに射殺された事件で知られる。女優のローレン・バコールや歌手のロバータ・フラック、指揮者のレナード・バーンスタインなども住んだ。

なし　B・C線72 St駅から徒歩1分　1 W. 72nd St.

↑設計はプラザホテルと同じ、ハーデンバーフ

ニューヨークの歴史

HISTORY OF NEW YORK

スクリーンの名場面が蘇るニューヨークの街角
映画の舞台を訪ねて、歴史を垣間見る

映画の舞台になった名所を訪ねれば、映画のストーリーをリアルに追体験できるうえ、そこに刻まれた歴史を知ることで、さらなるニューヨークの魅力に触れられる。

金融の街にふさわしい
世界経済に影響を与える要所
N.Y.証券取引所
New York Stock Exchange(NYSE)
ウォール街 MAP付録P.12 C-3

マイケル・ダグラスが貪欲な投資家を演じた映画『ウォール街』(1987年)、レオナルド・ディカプリオ主演の『ウルフ・オブ・ウォールストリート』(2013年)に登場するこの証券取引所は2024年9月時点、株式時価総額トップの世界最大の証券取引所だ。

1987年の株価暴落「ブラック・マンデー」を機に誕生したブロンズ像の雄牛「チャージング・ブル」(ブロードウェイ沿い、ボウリング・グリーンにある)は、株価上昇を願うウォール街のシンボルで、その雄牛の鼻や角、睾丸をなでると幸運が訪れるというパワースポットになっている。

尽きることない富や権力への
欲望を象徴した摩天楼の代表格
エンパイア・ステート・ビル
Empire State Building ▶P66
ミッドタウン・ウエスト MAP付録P.17 D-3

『インデペンデンス・デイ』(1996年)、『キング・コング』(2005年)に登場したこのビルは、1972年にワールド・トレード・センター・ビルが誕生するまで世界一の高さを誇っていた街のランドマーク。1976年アメリカ合衆国建国200周年を記念に、カラーの夜間照明によるビルのライトアップをスタート。記念日やクリスマスなどのイベントに合わせたカラフルなライトアップが注目を集めるようになった。2012年に最先端のLED照明が導入されると、1600万色以上の光を操ることが可能になり、単純なライトアップにとどまらず、ビルをキャンバスに絵を描いて観客を楽しませてくれるように。

→バブル期は日本人がビル所有者に

多くの通勤列車が乗り入れる
大都市のターミナル駅
グランド・セントラル駅
Grand Central Terminal ▶P155
ミッドタウン・イースト MAP付録P.15 E-4

鉄道王のヴァンダービルトが1871年に造った駅を前身とするグランド・セントラル駅はニューヨークの玄関口。現在の駅は当時ライバルだったペンシルベニア駅よりも豪華な造りを目指して1913年に完成したもの。プラネタリウムのように星座が描かれた丸天井、パリのオペラ座をイメージした大理石の階段がある高さ38mの広いコンコースは、初めて訪れた者を圧倒させる。そのコンコースを見下ろすバルコニーに上がり、行き交う大勢の人の波を目にして、ロバート・デ・ニーロとメリル・ストリープが大人の恋愛を描いた映画『恋におちて』(1984年)を思い出す人もいることだろう。

→プラットホームはコンコースを降りた地下にある

移民たちに希望の光を与えた
N.Y.の有名な観光スポット
自由の女神
Statue of Liberty ▶P60
リバティ島 MAP付録P.2 B4

『ゴーストバスターズ2』(1989年)、『ホーム・アローン2』(1992年)、『デイ・アフター・トゥモロー』(2004年)など数多くの映画に登場する自由の女神像は、1886年アメリカ合衆国独立100周年の記念にフランスが友好の証として贈ったもの。当初はアメリカ初の白熱灯を使用した灯台として役目を果たしていたが、夜間に船を誘導するにはその明かりが暗すぎたうえ、発電機を使用して明かりを灯すとコストがかさみ、1902年に灯台としての歴史に幕を閉じる。以降、船でこの地を訪れる移民たちを迎える女神となった。

心も体もリフレッシュできる
マンハッタンのオアシス
セントラル・パーク
Central Park ▶P44
セントラル・パーク MAP付録P.6 C-4

『オータム・イン・ニューヨーク』(2000年)などの映画のワンシーンでおなじみのセントラル・パーク。今ではニューヨーク市民に欠かせない憩いのスポットになっているが、グリニッチ・ヴィレッジ以北のマンハッタンが未開発だった1811年、東西のアヴェニューと南北のストリートからなる道路網を定める都市計画にこの公園は予定されていなかった。しかし19世紀半ば、市民には広場ではなく大きな公園が必要と考えられ、岩だらけの湿った土地を造成し、大規模な公園の設計と建設が行われた。

『ホーム・アローン2』(1992年)に登場する石橋「ギャプストウ・ブリッジ」は、開園当初にイギリスの建築家、ジェイコブ・レイ・モールドが手がけた木製の橋が古くなり、1896年に地元の石を使って架け替えられたもの。その近くにある冬季オープンのスケートリンクが有名なウォルマンリンクは、バックに高層ビルが並ぶいかにもニューヨークらしいスポットだ。

ニューヨーカーたちがくつろぐ広々とした芝生「シープ・メドウ」の近くにあるレストラン「タヴァーン・オン・ザ・グリーン」は1880年代、羊小屋だった建物を1934年にセントラル・パークの設計に携わったロバート・モーゼスによりレストランに改築されたもの。おしゃれな高級レストランとして観光客にも親しまれているこの店は、『ゴーストバスターズ』(1984年)、『ウォール街』(1987年)、ベット・ミドラー主演の映画『ステラ』(1990年)など、数多くの映画の舞台にもなっている。

→ボウ・ブリッジからの眺めは必見

STAY AT THE RELAXING HOTEL

ホテル

世界トップクラスの宿にステイ

Contents

世界が注目! ニューオープンのホテル ▶P.172
ブティックホテル の上質なひととき ▶P.176
有名 ブランドホテル をセレクト ▶P.178

HOTEL

デザイン性の高さと極上の空間を兼ね備える
世界が注目！ニューオープンのホテル

各国をリードする最新鋭のホテルが続々誕生しているニューヨーク。
有名デザイナーが手がけるラグジュアリーな客室やコンセプトは話題沸騰。

リバーサイドの隠れ家ホテル 気品ある雰囲気を漂わせる

クラシックとモダンが見事に調和
33ホテル
33 Hotel

ロウアー・マンハッタン **MAP** 付録P.13 D-3

サウス・ストリート・シーポート地区の歴史ある街並みに溶け込むレンガ造りのホテル。客室はクラシカルながら現代的なセンスでまとめられ、ブルックリン・ブリッジの眺めが素晴らしい。スイートルームは全室テラス付き。

☎212-766-6600 交 M 2・3線Fulton St駅から徒歩7分 所 33 Peck Sl.
料 Ⓢ $548〜 Ⓓ $346〜 客 66室
HP 33hotel.com/nycseaport/

1.シグネチャー・スイートは6階にあり開放感あふれるテラスが魅力 2.ブルックリン・ブリッジや対岸の街並みも見渡せる 3.イタリアにインスパイアされたレストラン、ベリーニ 4.ベリーニにはバーも併設されている 5.ミスターCロフトはキングベッドまたはダブルベッド2台が選べる

172

水辺の風景と緑に囲まれた環境にやさしい癒やしを演出

屋上からの開放的な眺望が抜群
1ホテル・ブルックリン・ブリッジ
1 Hotel Brooklyn Bridge

ダンボ MAP 付録P.26 A-3

ブルックリン・ブリッジとマンハッタンを見渡す絶好のロケーション。地球環境に配慮した設計で、植物や再生材を利用した空間が心地よい。絶景のルーフトップ・バーやプールも魅力。

☎347-696-2500(予約は833-625-6111)
🚇A・C線High St駅から徒歩10分 🅿60 Furman St. 🈺 $733～ 客室 195室 HP
www.1hotels.com/brooklyn-bridge

1. モダンなスカイライン・ダブル　2. ホテルスパのウェル・アット1では$180～エステを体験　3. ルーフトップ・バーのハリエッツ・ルーフトップ&ラウンジ(→P.64)　4. スイートのリビングスペース　5. マンハッタンの絶景を望むプール

173

HOTEL

多彩な歴史が刻まれた アートが施された美空間

美大の学生寮をおしゃれに改装
フリーハンド・ニューヨーク
Freehand New York
グラマシー **MAP**付録P.11 D-2

もとは多くの芸術家が出入りしたジョージ・ワシントン・ホテル。その後、美大の学生寮の時代を経て、新たなホテルに生まれ変わった。レトロな雰囲気と木目調の家具がセンス良く調和し、随所に配されたアートも魅力。

☎212-475-1920 ⓂM6線23 St駅から徒歩2分
🏠23 Lexington Ave. 💰$160～ 🛏395室
🔗freehandhotels.com/new-york/

1. 落ち着いた色彩に包まれたキングルーム 2. カジュアルな食事が味わえるブロークン・シェイカーのテラス席 3. 週末はブランチを楽しむ地元客も多い 4. ホテル内の階段もレトロな雰囲気でおしゃれ 5. クラシカルなジョージ・ワシントン・バーでしっとりと一杯楽しみたい

Photo：Adrian Gaut

高層階の部屋でゆったり 充実の設備で快適ステイ

1

便利な立地で観光や買い物に最適

エンバシー・スイーツ・ニューヨーク・マンハッタン・タイムズ・スクエア

Embassy Suites by Hilton New York Manhattan Times Square

ミッドタウン・ウエスト MAP 付録P.17 D-3

タイムズ・スクエアや5番街にも歩いて行ける39階建てのホテル。多くの客室にはソファを備えたリビングがあり、電子レンジなどの設備も揃う。無料のオーダー形式の朝食もうれしい。

☎212-912-0111 交M B・D・F・M・N・Q・R・W線34 St-Herald Sq駅から徒歩3分
所60 W. 37th St. 料D $269〜 室数310室
HP www.hilton.com/en/hotels/nycmies-embassy-suites-newyork-manhattan-times-square/

2

3

4

1. マンハッタンのビル街の夜景が目の前に広がる
2. スカイローン・カフェはホテル内のラウンジ・パブ
3. ゆったりくつろげるキングスイートはラグジュアリーで上質な客室
4. レストランのヒーストはロビーにあるモダンダイニング

アート　エンターテインメント　グルメ　スイーツ&カフェ　ショッピング　歩いて楽しむ　ホテル

175

HOTEL

老舗が演出するハイエンドなくつろぎ空間
ブティックホテルの上質なひととき

クリスタルガラスの老舗高級店がプロデュースするホテルや、創業100年を超える歴史を持つホテルなど、高級かつ個性的な魅力を体感するステイを。

洗練された輝きを放つクリスタルの豪華な宮殿

1

1. 豪華絢爛で気品あふれるバカラ・スイート　2. ホテルの2階にあるバー。バカラ製のグラスで味わうお酒は格別　3. スキンケアクリームの最高峰といわれるドゥ・ラ・メールのスパ　4. 至福の時を約束するプールが自慢　5. キングサイズのベッドを備えたプレステージ・スイート

バカラによる世界初の旗艦ホテル
バカラ・ホテル
Baccarat Hotel & Residences

ミッドタウン・ウエスト MAP 付録P.15 D-2

高級クリスタルメーカーとして世界に名を知られるバカラ社がプロデュース。客室やサロンなど館内の随所にバカラ製品がちりばめられ、ラグジュアリーな雰囲気に満ちている。コスメブランド直営の贅沢なスパも話題に。

☎ 844-203-3008
交 M E・M線5 Av/53 St駅から徒歩2分　所 28 W. 53rd St.　料 $850〜　室数 114室
www.baccarathotels.com

176

重厚な雰囲気と流行が共存する
アルゴンキン・ホテル
The Algonquin Hotel

ミッドタウン・ウエスト **MAP** 付録P.14 C-4

1902年の開業以来、作家や俳優などに愛されてきた歴史を持つ。客室はヨーロッパ調のデザインで統一され、エレガントな雰囲気が漂う。タイムズ・スクエアに近く、観光にも便利。看板猫が迎えてくれることでも有名だ。

☎212-840-6800 交M B・D・F・M線42 St-Bryant Park駅から徒歩3分 所59 W.44th St. 料$422〜 客室数184室 URL www.marriott.com/en-us/hotels/nycak-the-algonquin-hotel-times-square-autograph-collection/

老舗の風格を感じさせる落ち着きのあるたたずまい

1.エドワード調のクラシカルな客室 2.建物は1987年にニューヨーク市のランドマーク建築に指定 3.創業当時の趣を残すロビー 4.ブルーの照明がムーディな大人の夜を演出するブルーバー 5.ラウンジは落ち着いた雰囲気のレストラン。天井が高くゆったりと食事を楽しめる

1988年創業がリノベーション
ロイヤルトン
Royalton

ミッドタウン・ウエスト **MAP** 付録P.14 C-4

人気デザイナーデュオのローマン&ウィリアムスが手がけた最先端のデザインが印象的。客室はアースカラーを基調とした内装で、豪華なスイートやペントハウスタイプの部屋も備わる。シックなバー44も利用したい。

☎212-869-4400 交M B・D・F・M線42 St-Bryant Park駅から徒歩3分 所44 W.44th St. 料T$160〜・D$192〜 客室数168室

1.ペントハウスの北側からの景色 2.木目調の重厚感あふれるロビー 3.おしゃれな暖炉が印象的なファイアー・プレイス・キング・ルーム 4.カウンターで静かにお酒を楽しめるバー44

デザイン性と快適さを追求した時代の最先端をいく客室が魅力

HOTEL

トップクラスを誇る洗練されたおもてなしを体感

有名ブランドホテルをセレクト

特別な旅を彩る快適な客室やダイニング、スパなど、設備やロケーションに優れた一流ホテル。旅の疲れを癒やしてくれる、お気に入りの宿を選びたい。

○ 日本人の利用者も多い、立地抜群の大型ホテル
シェラトン・ニューヨーク・タイムズ・スクエア
Sheraton New York Times Square
ミッドタウン・ウエスト MAP 付録P.14 C-2
☎212-581-1000 交 Ⓜ B・D・E線7 Av 駅からすぐ 所 811 7th Ave.
⑧ Ⓓ $259〜 室数 1800室
HP www.marriott.com/en-us/hotels/nycst-sheraton-new-york-times-square-hotel/

○ スタイリッシュに改装された広い客室が人気
マリオット・ニューヨーク・ブルックリン・ブリッジ
New York Marriott at the Brooklyn Bridge
ダンボ MAP 付録P.26 C-4
☎718-246-7000 交 Ⓜ A・C・F・R線Jay St - MetroTech駅から徒歩2分 所 333 Adams St. 料Ⓣ Ⓓ $249〜 室数 666室
HP www.marriott.com/en-us/hotels/travel/nycbk-new-york-marriott-at-the-brooklyn-bridge/

○ マンハッタン中心にあるクラシカルな老舗ホテル
インターコンチネンタル・ニューヨーク・バークレー
InterContinental New York Barclay
ミッドタウン・イースト MAP 付録P.15 F-3
☎212-755-5900 交 Ⓜ 6線51 St駅から徒歩3分
所 111 E. 48th St. 料Ⓣ $533〜 Ⓓ $499〜 室数 700室
HP www.icbarclay.com

○ ハドソン川沿いを望めるロマンティックなホテル
コンラッド・ニューヨーク
Conrad New York
ロウアー・マンハッタン MAP 付録P.12 B-3
☎212-945-1000
交 Ⓜ E線World Trade Center駅から徒歩7分
所 102 North End Ave. 料Ⓣ $399〜 Ⓓ不明 室数 463室
HP www.conradnewyork.com

○ 著名人も泊まるモダンラグジュアリーなホテル
トンプソン・セントラルパーク・ニューヨーク
Thompson Central Park New York
ミッドタウン・ウエスト MAP 付録P.14 C-1
☎212-245-5000 交 Ⓜ F線57 St駅／N・Q・R・W線57 St - 7 Av駅から徒歩3分 所 119 W. 56th St. 料Ⓣ $491〜 Ⓓ不明 室数 587室
HP www.hyatt.com/thompson-hotels/lgatp-thompsoncentral-park-new-york

○ 洗練されたデザインの最先端ブティックホテル
パブリック・ホテル
Public Hotel
ロウアー・イースト・サイド MAP 付録P.21 E-2
☎212- 735-6000 交 Ⓜ F線2 Av駅から徒歩4分
所 215 Chrystie St. 料Ⓣ Ⓓ $242〜 室数 187室
HP www.publichotels.com/

○ 部屋ごとに個性の異なるおしゃれな内装に注目
エース・ホテル
Ace Hotel
チェルシー MAP 付録P.10 C-1
☎212-679-2222 交 Ⓜ R・W線28 St駅から徒歩2分
所 20 W. 29th St. 料Ⓣ Ⓓ $168〜 室数 283室
HP www.acehotel.com/new-york/

○ ウィリアムズバーグに建つ眺望抜群の高層ホテル
ウィリアム・ヴェイル
The William Vale
ウィリアムズバーグ MAP 付録P.28 B-1
☎718-631-8400 交 Ⓜ L線Bedford Av駅から徒歩8分
所 111 N. 12th St. 料Ⓣ $450〜 Ⓓ $295〜 室数 183室
HP www.thewilliamvale.com/

○ アール・デコ調の建物が特徴的な最先端のホテル
JWマリオット・エセックス・ハウス
JW Marriott Essex House
ミッドタウン・ウエスト MAP 付録P.8 C-2
☎212-247-0300 交 Ⓜ N・Q・R・W線57 St-7 Av駅から徒歩1分／F線57 St駅から徒歩3分 所 160 Central Park S. 料Ⓣ $560〜 Ⓓ不明
室数 426室 HP www.marriott.com

○ JFK空港のTWAターミナルがホテルとして復活
TWAホテル
TWA Hotel
JFKターミナル5内 MAP 付録P.3 F-4
☎212-806-9000 交 所 ジョン・F・ケネディ国際空港直結
料Ⓣ Ⓓ $249〜 室数 512室 HP www.twahotel.com/

TRAVEL INFORMATION
旅の基本情報

旅の準備

パスポート（旅券）

旅行の日程が決まったら、まずはパスポートを取得。各都道府県、または市町村のパスポート申請窓口で取得の申請をする。すでに取得している場合も、有効期限をチェック。ニューヨーク州があるアメリカへの入国時には、パスポートの有効残存期間が90日以上は残っているのが望ましい。

ESTA（電子渡航認証システム）

アメリカへの入国はESTA（電子渡航認証システム）と呼ばれるシステムによる事前申請が必要。公式HPから渡航の72時間前までに手続きを済ませ、認証してもらおう。手続きの詳細は➡P.180へ。

ビザ（査証）

ESTAによる渡航認証、出国用航空券、IC旅券があれば90日以下の観光、商用目的での滞在はビザ不要。

海外旅行保険

海外で病気や事故に遭うと、思わぬ費用がかかってしまうもの。携行品の破損なども補償されるため、必ず加入しておきたい。保険会社や旅行会社の窓口やインターネットで加入できるほか、簡易なものであれば出国直前でも空港にある自動販売機でも加入できる。クレジットカードに付帯しているものもあるので、補償範囲を確認しておきたい。

- -

☎ 日本からニューヨークへの電話のかけ方

| 010 | → | 1 | → | 市外局番 | → | 相手の電話番号 |

国際電話の識別番号　アメリカの国番号

荷物チェックリスト

◎	パスポート	
◎	パスポートのコピー（パスポートと別の場所に保管）	
◎	ESTAの申請番号控え（46日以上の滞在の場合）	
◎	現金	
◎	クレジットカード（2枚以上を推奨）	
◎	航空券またはeチケット	
◎	ホテルの予約確認書	
◎	海外旅行保険証	
◎	ガイドブック	
	洗面用具（歯磨き・歯ブラシ）	
	常備薬・虫よけ・生理用品	
	化粧品・日焼け止め	
	着替え用の衣類・下着	
	冷房対策用の上着	
	水着	
	ビーチサンダル	
	雨具・折りたたみ傘	
	帽子・日傘	
	サングラス	
	防水ポーチ・防水スマホケース	
	部屋着	
	エコバッグ	
	携帯電話・充電器・モバイルバッテリー	
	デジタルカメラ・充電器・メモリーカード	
	Wi-Fiルーター	
	ウェットティッシュ・ティッシュ・ハンカチ	
△	スリッパ（ホテルでも使用）	
△	アイマスク・耳栓	
△	エア枕	
△	筆記具	

◎必要なもの　△機内で便利なもの

179

TRAVEL INFORMATION

入国・出国はあわてずスマートに手続きしたい！

落ち着いて行動するために、事前に流れをシミュレーション。荷物や申請に不備がないか確認しておけば安心。

アメリカ入国

① 入国審査
到着後、スタッフの指示に従い入国審査所へ向かう。審査官に**パスポートと税関申告書**（求められれば復路の航空券も）を提出し、滞在の期間や目的を伝える。**指紋採取、顔画像撮影**を行い、パスポートに入国スタンプを押してもらったらOK。2008年以降にアメリカへの入国歴がある人は**自動入国審査端末（APC）** を利用でき、質問の回答入力やパスポートのスキャンなど入国審査をキオスク端末で行える。APCを利用した場合は税関申告書の記入は不要。

② 預けた荷物の受け取り
モニターで自分の搭乗便を確認。該当のターンテーブルで預けた荷物を受け取る。荷物が出てこない場合はバゲージクレーム・タグを係員に見せ手続きする。

③ 税関手続き
税関申告書は機内で配られるので事前に記入しておく。**申請するものがなければ緑の通路**へ進む。申告するものがあれば、赤の通路の係員に申請する。税関を通過したら、個人旅行者用出口から到着ロビーへ。

アメリカ入国時の免税範囲

アルコール類	酒類1ℓまで（21歳以上）
たばこ	紙巻たばこ200本、または葉巻100本（21歳以上）
物品	$100相当まで
現金	課税されないが、合計$1万相当以上の場合は申告が必要

 出発前に確認しておきたい！

ESTA（電子渡航認証システム）

アメリカ入国までに渡航認証されている必要があるので、公式HPから申請する。**申請料は$14**。認証されていないとチェックインができない可能性が高いので注意。渡航72時間前までに申請することが推奨されている。
🌐 esta.cbp.dhs.gov/esta/

① 公式HPにアクセス
専用HPの「新規の申請」から「個人による申請」を選択し、免責事項を確認。

② 必要事項を入力
氏名やパスポート番号などの申請者の情報と、渡航情報を入力し、質問に回答。項目内容を確認してから送信する。

③ 支払いと認証の確認
クレジットカードで申請料を支払う。トップページの「既存の申請内容を確認」から控えておいた申請番号でアクセスし、認証が承認されていれば完了。

※ ESTA申請で検索すると公式ではない申請サイトもヒットするので注意

Webチェックイン

搭乗手続きや座席指定を事前にWebで申請しておくことで、空港で荷物を預けるだけで済み大幅に時間を短縮できる。一般的に出発時刻の24時間前からチェックイン可能。パッケージツアーでも利用できるが一部は対象外で、その際は空港カウンターでの手続きとなる。

機内への持ち込み制限

● **液体物** 100mℓ（3.4oz）を超える容器に入った液体物はすべて持ち込めない。100mℓ以下の容器に小分けにしたうえで、ジッパー付きの透明なプラスチック製袋（縦横40cm以内）に入れる。免税店で購入したものは100mℓを超えても持ち込み可能だが、乗り継ぎの際に没収されることがある。
● **刃物** ナイフやカッター、ハサミなどの刃物。
● **電池・バッテリー** 100Whを超え160Wh以下のリチウムを含む電池は2個まで。100Wh以下や本体内蔵のものは制限はない。160Whを超えるものは持ち込み不可。
● **ライター** 小型かつ携帯型のものを1個まで。
● **粉末状物質** 350mℓ（12oz）を超えるコーヒーなどの粉末。アメリカ行き国際線のみの規制。粉ミルクは例外となる。

注意が必要な持ち込み品

アメリカへ植物、果物、肉類、土などを持ち込むことはできない。肉、卵などの畜産物はエキスの入った加工品（インスタント製品や缶詰）もNGだ。

アメリカ出国

① 空港へ向かう
搭乗する航空会社によってターミナルが違うため、事前によく確認しておきたい。チェックインがまだであれば2時間前、Webチェックインを済ませていても1時間前には着いていたい。

② チェックイン
チェックインがまだであれば、カウンターでパスポートと搭乗券(eチケット)を提示。預ける荷物をセキュリティチェックに通し、バゲージクレーム・タグを受け取る。預け入れ荷物は施錠できないので、スーツケースベルトなどを活用したい。ただし、TSAロックのスーツケースなら施錠可。

③ セキュリティチェック
セキュリティチェックはテロ対策で時間がかかることもあるので、余裕をもって受けたい。機内持ち込み荷物のX線検査とボディチェックを受ける。ボディチェックはベルト、携帯、時計、アクセサリーなどの金属類を外して行う。

④ 搭乗
セキュリティチェック後は出発フロアで免税店でのショッピングやグルメを楽しめる。30分前には搭乗ゲート前に到着しておきたい。機内で配られる「携帯品・別送品申告書」も記入しておこう。

日本帰国時の免税範囲

アルコール類	1本760㎖程度のものを3本
たばこ	紙巻たばこ200本、葉巻50本、その他250g、加熱式たばこ個装等10個のいずれか。
香水	2oz(オーデコロン、オードトワレは含まない)
その他物品	海外市価1万円以下のもの。1万円を超えるものは合計20万円まで

※アルコール類、たばこは20歳以上のみ

日本への主な持ち込み制限品

持ち込み禁止品		麻薬類、覚醒剤、向精神薬など
		拳銃などの鉄砲、弾薬など
		ポルノ書籍やDVDなどわいせつ物
		偽ブランド商品や違法コピー商品
		DVDなど知的財産権を侵害するもの
		家畜伝染病予防法、植物防疫法で定められた動植物とそれを原料とする製品
持ち込み制限品		ハム、ソーセージ、10kgを超える乳製品など検疫が必要なもの
		ワシントン国際条約の対象となる動植物とそれを原料とする製品
		猟銃、空気銃、刀剣など
		医薬品、化粧品など

📍 こちらもチェックしておきたい！

預け入れ荷物の施錠
アメリカからの出発・乗り継ぎ便はテロ対策として、預け入れ荷物のスーツケースなどに鍵をかけないよう通知されている。鍵をかけていた場合、最悪鍵が壊されることもあり、さらに保険の対象外だ。貴重品は預け入れではなく、手荷物として機内に持ち込みたい。

空港での別送品の申告
海外から物品を別送する場合は、日本入国時に「携帯品・別送品申告書」を2通税関に提出する。うち1通は税関に確認印を押してもらい、保管する。通関手続きが終了すると、税関外郵出張所からお知らせのはがきが届くので確認印が押された申告書を提出する。

出入国の自動化ゲート、顔認証ゲート
日本の一部空港では、パスポートと指紋の登録でスムーズに出入国を行える「自動化ゲート」や、登録なしで顔認証により自動的に出入国手続きが済む「顔認証ゲート」が運用されている。どちらもパスポートへの入国スタンプは押されないので、必要な場合は各審査場事務室の職員に申し出よう。

荷物の重量制限
帰国時に重くなりがちな預け入れ荷物。JALやANAなどLCCではない航空会社であれば、1個23kgまでの荷物が2個まで預け入れ無料というのがスタンダード。重量オーバーすると別途料金が必要になるので、重い荷物をバランスよく2つに分けることが重要だ。

TRAVEL INFORMATION

3つの空港からマンハッタンへアクセス！

ニューヨークの玄関口は周辺にある3つの空港を利用する。なかでもジョン・F・ケネディ国際空港は世界中から旅客が集まる大規模ハブ空港で、日本からの直行便も数多く就航。旅のスケジュールや予算に合わせて空港を選択したい。

ジョン・F・ケネディ国際空港

John F. Kennedy International Airport

MAP 付録P.3 F-4

ニューヨークの旅で最も利用客の多いハブ空港。日本からニューヨークへの直行便は、羽田空港から毎日発着。関西国際空港からは、国内・外の空港を経由する便が不定期発着。直行便はいずれも所要約12〜13時間。日本航空とアメリカン航空はターミナル8、全日空はターミナル7に到着。

空港からマンハッタンへ

空港からマンハッタンまでは車で約1時間程度。リーズナブルに済ませたいならエアトレインと地下鉄を活用するのがおすすめ。運行時間に注意しながら計画を。

タクシー

最も便利な交通手段。各ターミナルの到着ロビーを出たところに乗り場がある。イエロー・キャブの認証を受けている車種に乗車するのがマスト。道路状況により所要時間は大幅に変わるのでゆとりをもって行動を。マンハッタンまでは一律の金額が設定されているのでわかりやすい。

所要	約1時間
料金	$70

※タクシー代に渋滞緩和税が必要

グランドセントラル・エクスプレス・バス

マンハッタンのターミナルであるグランド・セントラル駅へ向かうバス。公式HPから予約が可能なので、事前に確認しておきたい。運行時刻は6〜23時頃（運行間隔は60分程度）。

所要	約1〜2時間
料金	$29

エアトレイン

各ターミナルを経由し、地下鉄E・J・Z線、地下鉄A線の2方向に運行。各駅で地下鉄に乗り換えてマンハッタンへ行ける。

所要	約1時間20分〜
料金	$8.50+$2.90

※エアトレイン料金＋メトロ料金

エアリンクシャトル

マンハッタン内ならどこでも停車する乗合バス。小型のバンだが、個人の目的地の近くまで移動してくれるのが魅力。

所要	約1時間30分〜
料金	$34〜

182

ニューアーク・リバティ国際空港

Newark Liberty International Airport MAP 付録P.2 A-4

マンハッタンから南西に約26km、ニュージャージー州にあるニューヨーク第2の空港。A、B、Cの3つのターミナルからなる。日本からの直行便は、成田国際空港と羽田空港からユナイテッド航空(UA)がそれぞれ1日1便運航。ユナイテッド航空はターミナルBに到着。

空港からマンハッタンへ

州こそ異なるがマンハッタンまでの距離は比較的近い。マンハッタンの西側やロウアー・マンハッタンを拠点にするなら便利。

 レンタカー | 所要 約30分 | 料金 レンタカー会社により異なる

各ターミナルの到着ロビーを出たところに乗り場がある。マンハッタンまでの所要は、道路状況にもよるが、50〜60分が目安。

 ニューアーク・エアポート・エクスプレス・バス | 所要 約1時間 | 料金 $22.50

グランド・セントラル駅、ポート・オーソリティ・バス・ターミナル、ブライアント・パーク駅へ向かうバス。

エアトレイン | 所要 約1時間 | 料金 $17.10

マンハッタンへの移動ならエアトレインとNJトランジットを乗り継いで移動する。

エアリンクシャトル | 所要 約1時間 | 料金 $37.45〜

マンハッタン内ならどこでも停車する乗合バス。

ラガーディア空港

LaGuardia Airport MAP 付録P.3 E-2

マンハッタンの東まで約13km、クイーンズの北にあるアメリカ国内線専用の空港。セントラル・ターミナル・ビルをはじめとする4つのターミナルからなり、近距離の都市を結ぶシャトル便が充実している。

空港からマンハッタンへ

マンハッタンの中心部まで移動するなら、3つの空港のなかでラガーディア空港がいちばん近い。主にバスでの移動となる。

 レンタカー | 所要 約20〜30分 | 料金 レンタカー会社により異なる

各ターミナルの到着ロビーを出ると乗り場がある。白タクもいるが、必ず正規の乗り場から乗ること。乗り場には係員がいるので指示に従う。

エアリンクシャトル | 所要 約45分〜 | 料金 $34

マンハッタン内ならどこでも停車する乗合バス。

TRAVEL INFORMATION

ニューヨークのお金のことを知っておきたい！

事前に大まかな支出を算出して、現金払いか、カード払いか想定しておけば適切な両替額もわかりやすくなる。

通貨

通貨はドル($)とセント(¢)で、$1=100¢。

$$\$1 = 約155円$$

（2025年1月現在）

1万円 = 約$64

紙幣は$1、2、5、10、20、50、100まで7種類あるが、よく見かけるのは$20までで、$2紙幣はほぼ流通していない。硬貨は1～25¢の4種類が主流。50¢と$1の硬貨も存在しているが見かけることはほとんどない。旅行の際は、チップに便利な$1や$5を常に用意するのがよい。

紙幣 / 硬貨

 $1
 25¢ クォーター

 $5
 10¢ ダイム

 $10
 5¢ ニッケル

 $20

 $50
 1¢ ペニー

 $100

両替

どこで両替をすればいい？

場所や店舗により異なるが、一般的にホテルや空港はレートが悪く、手数料が高い。銀行はレートは良いが営業時間が短いので、街に点在する両替所がおすすめ。**必要最小限の現金を日本の空港やニューヨークの両替所で両替したら、基本はカード払い**するほうがポイントなどを考慮するとお得で安全性も高い。現金が足りなくなったらATMでキャッシングを利用するのもおすすめ。

レート表の見方

📝 日本円からの両替はBUYING

CURRENCY (通貨)	SELLING	BUYING
JAPANESE YEN	108.97000	111.97000
BRITISH POUND	0.79543	0.80781

両替する通貨 / ドルを日本円に両替するときのレート / 日本円をドルに両替するときのレート。この場合、1万円が$89.30の換算

クレジットカードのキャッシング／デビットカード

クレジットカードのキャッシングによる現地通貨の引き出しは利息が発生するが、帰国後すぐに繰り上げ返済すれば、**現金での両替よりもレートが有利**なこともある。事前にキャッシングの可否やPIN（暗証番号）の確認を忘れずに。また、VISAやMasterのデビットカードもATMで現地通貨の引き出しが可能。

海外トラベルプリペイドカード

プリペイドカードを利用して事前に日本で必要な分だけ入金しておき、ATMで現地通貨を引き出せる。任意の金額しかカードに入っていないので**安全性が高く**、為替手数料は現地両替所やほかのカードと比べて**割安**なことがある。

クレジットカード

ニューヨークでは、**屋台やマーケットなどを除けば多くの場所でクレジットカードが利用できる**。高額な現金を持ち歩くのは危険なので、現地では$1程度の少額でも利用する人が多い。VISA、Master、AMEXが主流だが、JCBなども問題なく使用できる。ホテルやレンタカー会社などで保証金代わりとして求められることもある。非対応の場合や、紛失などのトラブルに備えて2枚以上あると安心。

ATMの使い方

1、暗証番号を入力 ENTER PIN

PIN（暗証番号）を入力と表示されたら、クレジットカードの4ケタの暗証番号を入力し、最後にENTER（入力）を押す

2、取引内容を選択 SELECT TRANSACTION

クレジットカードでのキャッシングも、国際キャッシュカードやデビットカード、トラベルプリペイドカードで引き出すときもWITHDRAWAL（引き出し）を選択

3、取引口座を選択 SELECT SOURCE ACCOUNT

クレジットカードでキャッシングする場合はCREDIT（クレジットカード）、トラベルプリペイドカードなどで預金を引き出す場合はSAVINGS（預金）を選択

4、金額を選択 SELECT AMOUNT

引き出したい現地通貨の金額を選ぶ。決められた金額以外の場合はOTHER（その他）を選ぶ。現金と明細書、カードを受け取る

物価

ニューヨークの物価は日本の都市部と同程度。食事代は日本よりも高く感じるが量も多いので、シェアするとよい。アメリカブランドのものは日本よりも安く手に入ることも。

バス片道料金
$3（約465円）

タクシー初乗り
$3（約465円）

ミネラルウォーター（500ml）
$2前後（約310円）

ビール
$10程度（約1550円）

ドーナツ
$4前後（約620円）

ハンバーガー
$15前後（約2325円）

予算の目安

東京～ニューヨーク間の航空券は時期により13万～25万円程度。下記のほかに施設入場料やおみやげ代をプラス。

宿泊費 マンハッタンの場合、格安ホテルで1室あたり2万～2.5万円、中級ランクで3万～5万円、高級ホテルなら10万円以上が相場。

食費 ステーキハウスやホテルのダイニングは1人約$50～100は必要。フードコートなら1人約$15、ドーナツなどの軽食は約$5など安く済む。

交通費 地下鉄は片道$2.90と交通費を節約できるが、夜やエリアの治安状況に応じてタクシーを利用するなど多少の出費も必要。

チップ

サービスを受けたときに渡す習慣で、最少額は$1。レストランやツアー、タクシーなどは15～20％程度を払う。カードで払う場合もチップの金額を上乗せしてレシートの「Tip」の欄に書き込んで支払う。伝票に「Tip」や「Service Charge」などの名目ですでに金額が計上されている場合はチップが含まれているので、額面どおりの支払いでOK。

金額の目安

ホテル・ベッドメイキング	$2
空港やホテルのポーター	荷物1つにつき$1
タクシー	利用料金の15％
エステ・マッサージ	利用料金の20％程度

TRAVEL INFORMATION

電話／インターネット事情を確認しておきたい！

現代の旅には欠かせないスマートフォンやタブレットを快適に利用するため、通信の手立てを考えておきたい。

電話をかける

📝 国番号は、日本が81、アメリカが1

ニューヨークから日本への電話のかけ方

ホテル、公衆電話から

| ホテルからは外線番号 | → | 011 | → | 81 | → | 相手の電話番号 |

国際電話の識別番号 ／ 日本の国番号 ／ ※固定電話の市外局番、携帯電話とも最初の0は不要

携帯電話、スマートフォンから

| 0または＊を長押し | → | 81 | → | 相手の電話番号 |

※機種により異なる ／ 日本の国番号 ／ ※固定電話の市外局番、携帯電話とも最初の0は不要

固定電話からかける

ホテルから　外線番号(ホテルにより異なる)を押してから、相手先の番号をダイヤル。たいていは国際電話もかけることができる。

公衆電話から　硬貨やテレホンカード、クレジットカード式のものがある。近年、公衆電話は「LinkNYC」(→P.187)に変わり減少傾向。

日本へのコレクトコール

緊急時にはホテルや公衆電話から通話相手に料金が発生するコレクトコールを利用しよう。

● **KDDIジャパンダイレクト**
☎ 1-877-533-0051
オペレーターに日本の電話番号と話したい相手の名前を伝える

携帯電話／スマートフォンからかける

国際ローミングサービスに加入していれば、日本で使用している端末でそのまま通話ができる。滞在中、ニューヨーク市内の電話には市外局番と番号をダイヤルするだけでよい。日本の電話には、＋を表示させてから、国番号「81」＋相手先の番号（最初の0は除く）。同行者の端末にかけるときも、国際電話としてかける必要がある。

海外での通話料金　日本国内での定額制は適用されず、着信時にも通話料が発生するため、料金が高額になりがち。ホテルの電話やIP電話を組み合わせて利用したい。同行者にかけるときも日本への国際電話と同料金。

IP電話を活用する　インターネットに接続できる状況なら、SkypeやLINE、Viber、Messengerなどの通話アプリの利用で、同じアプリ間であれば無料通話ができる。有料プランでニューヨークの固定電話にもかけられ、一般的に国際電話より料金が安い。

インターネットを利用する

ほとんどのホテルでWi-Fiを利用することができる。有料のこともあるので予約時に確認を。街なかでは、主要な美術館やカフェ、デパートなどで利用できる。鍵マークが付いていない無料Wi-Fiスポットは通信内容が読み取られる可能性があるので、カード番号など重要な情報を含む通信を行わないように注意。

● **無料Wi-Fiがある主な施設**
ワールド・トレード・センター／ハドソン・ヤーズ／エンパイア・ステート・ビル／トップ・オブ・ザ・ロック／アメリカ自然史博物館／メトロポリタン美術館／ブルックリン・ブリッジ／セントラル・パーク／チェルシー・マーケット／ウエストフィールド・ワールド・トレード・センター／メイシーズ／ハイライン／マディソン・スクエア・パーク／ユニオン・スクエア／ブライアント・パーク／スターバックス／マクドナルドなど

インターネットに接続する

各携帯電話事業者の海外データ定額サービスに加入すれば、1日1000～3000円程度でのデータ通信が可能。通信事業者によっては空港到着時に自動で案内メールが届くこともあるが、事前の契約や手動での設定が必要なこともあるため、よく確認を。定額サービスに加入せずにデータ通信を行うと高額な料金となるため、不安であれば電源を切るか、機内モードやモバイルデータ通信をオフにしておきたい。

プリペイドSIMカード／レンタルWi-Fiルーター

頻繁に利用するならば、現地用SIMカードの購入や海外用Wi-Fiルーターのレンタルも検討したい。SIMフリー端末があれば、Webサイトなどで事前購入したプリペイドSIMカードを差し込むだけで、期間中、決まったデータ容量の範囲内でデータ通信と通話ができる。5日間利用で2000～3000円など。デザリングすれば複数人でも使用可能。Wi-Fiルーターの料金はさまざまだが大容量プランで1日500～1500円ほど。複数人で同時に使えるのも魅力のひとつ。

	カメラ／時計	Wi-Fi	通話料	データ通信料
電源オフ	×	×	×	×
機内モード	○	○	×	×
モバイルデータ通信オフ	○	○	$	×
通常モバイルデータ通信オン	○	○	$	$

○ 利用できる　$ 料金が発生する

無料Wi-Fi「LinkNYC」を活用

「LinkNYC」とは、ニューヨークが設置している無料Wi-Fiステーション。ニューヨーク内にある公衆電話を、無料Wi-Fi、充電ができるUSBポート、周辺のマップなどを無料で利用できるステーションに変えるプロジェクトの一貫として設置。2024年6月現在、約2150台が街なかに完備されている。高速ギガビットの無料Wi-Fiはストレスなく利用できるので観光の際に重宝する。繁華街など観光客が集中する場所では接続に時間がかかる場合もある。

● 無料Wi-Fiがある主なエリア

マンハッタンではミッドタウンとダウンタウンに集中しており、ブロードウェイ、2nd Ave.、3rd Ave.、8th Ave.沿いに並ぶようにWi-Fiスポットがある。通りを歩けばWi-Fiを長時間利用することも可能。ほかにも、ユニオン・スクエア沿いのW. 14th St.や、ニューヨーク市庁舎へと続くラファイエット St.にも数多く設置されている。

● ステーションを検索する

「LinkNYC」のステーションは街のいたるところに設置されている。訪れる場所でステーションを利用できるか事前に確認するなら、公式HPのFind a Linkから検索。
 www.link.nyc/

「LinkNYC」の使い方

タブレット画面
ニューヨークの地図や経路検索、都市のサービス情報などを調べることができる。

電話
自身のマイク付きイヤホンを接続して電話をかけられる。アメリカ国内なら通話は無料。

911
アメリカでの緊急電話番号。赤いボタンを押すとすぐに通話できる。

オーディオ接続
電話をかける際にイヤホンを接続する。

USBポート
USBポートに接続すれば自身の携帯電話やタブレットを充電できる。

「LinkNYC」に接続する

1、ステーションを探す
まずは街なかで「LinkNYC」の無料Wi-Fiステーションを探そう。自身の携帯電話やタブレットなどのWi-Fi設定をオンの状態にして、ステーションから約50m以内で接続の設定を行う。無料Wi-Fiが利用できるのもその範囲内なので注意。

2、Wi-Fi設定の画面へ
Wi-Fi設定の画面に表示された「LinkNYC Free Wi-Fi」を選択。接続設定を一度行えば、どの無料Wi-Fiステーションにも自動的に接続できる。

3、メールアドレスを登録
画面表示に従ってメールアドレスを入力。iPhoneのみ、プライベートWi-Fiにするか確認される。しない場合は「Connect」で接続が完了、すぐに利用が可能に。する場合は「Get the key」から構成プロファイルをインストールして接続完了、利用が可能になる。

郵便

はがき／手紙
日本へ航空便で送る場合、所要5～7日ほど。はがき、封書 (First-Class Mail International)は定形サイズであれば1オンス(28g)まで世界中どこの国へも$1.65。「AIRMAIL」と「JAPAN」と記載しておけば、宛名は日本語でも可。

小包
郵便局の窓口から専用の箱に入れて送る場合、航空便小包 (Priority Mail International)は20ポンド(9.06kg)まで送ることができ、料金は$59.75～152.05。速達郵便(Priority Mail Express International)は4ポンド(1.812kg)まで$59.50かかり、5～7日で届く。

宅配便

海外旅行の身の回り品やみやげ、かさばる荷物などは、日本の自宅まで配達するのも便利。帰国時の別送品も取り扱う。別送品は、本人帰国後の配達となり、帰国時に別送品申告が必要。米国日本通運、米国ヤマト便、フェデックス(FedEx)などで取り扱っており、料金や到着日は各社異なるので、確認してから利用を。

TRAVEL INFORMATION

滞在中に知っておきたいニューヨークのあれこれ！

現地であわてないよう、ニューヨークならではの習慣やマナーを知って心の準備をしておけば、より楽しい旅に。

飲料水

ニューヨークの水道水は飲用もできるが、ミネラルウォーターを購入するのが望ましい。スーパーやデリ、ドラッグストアで販売されているペットボトルの水を購入したい。

トイレ

公共のトイレは「Restroom（レストルーム）」と呼ぶのが一般的。日本の洋式と同じ形で水洗、トイレットペーパーも流せる。レストランや大型施設では、清潔で無料のトイレを利用できる。カフェやファストフード店では商品を注文すればトイレは利用可能。トイレを外側から施錠している店もあるので、その場合は店員に鍵を借りよう。駅のトイレや夜間の街なかのトイレは危険なので利用を避けたい。

各種マナー

地下鉄で 地下鉄内には、蓋のない飲み物の持ち込みは禁止。違反をすると罰金が科せられる。席の上に足を置く、横になるなど複数の席を占領することも迷惑行為として罰金となるのでマナーを守って乗車したい。

路上で 自転車は歩道の走行は禁止。車の往来が激しい場所もあるが、車道を走らないと罰金が科せられる。歩きスマホは法律として違反と定められていないものの、近年事故が多発し条例制定の動きが高まっている。周りに注意しながら街歩きをしたい。

その他 公園やホテルなど、公共の場で12歳以下の子どもの単独行動・放置は虐待とみなされる。

ドレスコード

基本的にはカジュアルな服装でよいが、高級レストランではドレスコードを設定しているところが多い。「適度にドレスアップしていくもの」という認識のため、女性ならワンピースやブラウス、足元はパンプスでまとめて。男性はジャケット着用が多く、革靴が無難。

度量衡

日本とは異なるヤード・ポンド法が使われている。下の表を参考にメートル法で数値を置き換えてみよう。

主な単位

長さ	1mile(マイル) = 約1.6km	重さ	1lb(ポンド) = 約453g
長さ	1in(インチ) = 約2.54cm	重さ	1oz(オンス) = 約28g
長さ	1ft(フィート) = 約30.5cm	体積	1pt(パイント) = 約473㎖
温度	0℃(摂氏) = 32℉(華氏)	体積	1ga(ガロン) = 約3.78ℓ

電化製品の使用

電圧は日本と異なる

ニューヨークの電圧は110〜120V（ボルト）、周波数60Hz（ヘルツ）と日本の電圧100V、周波数50〜60Hzより少し高め。近年の携帯電話やデジタルカメラの充電器は、さまざまな電圧に対応しているため変圧器は必要はないが、事前に対応電圧を確認しておきたい。ドライヤーやヘアアイロンは海外の電圧に対応していないことがあり、変圧器を通しても壊れることがあるので海外対応の機器を購入しよう。

プラグはA型が主流

日本と同じく2つの穴があるA型なので変換プラグは不要。3つ目の丸い穴はアースプラグで、使わなくても大丈夫。

A型プラグ

飲酒と喫煙

飲酒、喫煙とも21歳から。

公共の場での飲酒、酒類の深夜の販売は禁止

酒類の購入にはID（身分証明書）の提示が必要で、24時〜翌6時はスーパーやコンビニでの酒類の販売が禁じられている。また、街なかやビーチ、公園などの公共スペースでの飲酒も禁止で、蓋のあいた酒瓶の持ち歩きもNGだ。

喫煙は喫煙スペースで

公園、街なかなどの屋外公共スペースはもちろん、ホテルやレストラン、観光施設などの屋内、テラスも含めほぼ禁煙。電子たばこも不可。設けられた喫煙スペースを探そう。たばこ購入にはIDが必要となる。

 現地の観光案内所で情報収集

街を訪れたら観光案内所に立ち寄りたい。観光名所の情報や道案内、地図やパンフレット配布を行っている。また、美術館やエンパイア・ステート・ビルなどの入場割引券、学生用のミュージカル鑑賞割引券もあり、お得な割引チケットが手に入るのも魅力。椅子に座ってゆっくり調べ物もできる。

ビジター・インフォメーション・センター
●メイシーズ　MAP付録P.16 C-3
☎212-494-3827　市151 W. 34th St.
●チャイナタウン　MAP付録P.21 E-4
☎なし　市101 Baxter St.

病気、盗難、紛失…。トラブルに遭ったときはどうする?

万が一のときのために、事前にトラブルの可能性を確認し、対応策を考えておけば安心だ。

治安が心配

ニューヨークの治安は近年改善傾向にあるが、危険なエリアも多く注意を怠らずに観光したい。大通りから入った路地など、人が歩いていない場所は昼間であっても危険。早朝や夜間に行動する際は特に気をつけること。タイムズ・スクエアなどの繁華街や、ターミナルとなるペンシルヴェニア駅ではスリや置き引きなどの盗難に注意。わざとぶつかり、壊れたカメラを見せて弁償を要求する詐欺も発生している。混雑する地下鉄内では、スリの危険があるのでドア付近に立たない、椅子に座っても寝ないなど、日本の公共交通機関とは異なる意識を持ちたい。ハドソン・ヤーズ周辺は、開発のため工事中の区画が多い。暗くて物陰に隠れやすいため、歩くときは注意。

緊急時はどこへ連絡?

事故や事件に巻き込まれた場合は迷わず警察へ。想定外の事態に巻き込まれて困った場合は大使館に相談。

警察・消防・救急
☎911

大使館
在ニューヨーク日本国総領事館
ミッドタウン・イースト MAP 付録P.15 E-3
☎212-888-0889 ㊟299 Park Ave.
 www.ny.us.emb-japan.go.jp/jp/html/

病院
安心メディカル
ミッドタウン・ウエスト MAP 付録P.17 D-1
☎212-730-9010 ㊟36 W. 44th St.
東京海上記念診療所
ミッドタウン・イースト MAP 付録P.17 E-3
☎212-889-2119 ㊟55 E. 34th St.
Jメディカル・マンハッタン
ミッドタウン・イースト MAP 付録P.15 E-4
☎212-365-5066 ㊟315 Madison Ave.

病気・けがのときは?

海外旅行保険証に記載されているアシスタンスセンターに連絡するか、ホテルのフロントに医者を呼んでもらう。海外旅行保険に入っていれば、提携病院で自己負担なしで安心して治療を受けることができる。

パスポートをなくしたら?

① 最寄りの警察に届け出を行い、盗難・紛失届出証明書を発行してもらう。

② 証明書とともに、顔写真2枚、本人確認用の書類(日本国籍を確認できるもの)、帰国の便名が確認できる書類を用意し、在ニューヨーク日本国総領事館で紛失一般旅券等届出書、渡航書発給申請書を記入し、提出する。

③ 「帰国のための渡航書」は1~2日で発行してもらえる。手数料は$18。帰国時1回限りにつき有効で、日本で再度パスポートを取得する必要がある。※手数料はおつりのないよう現金で用意。毎年為替レートに合わせて変更

新規パスポートも申請できるが、発行に所要約1週間(土・日曜、祝日は含まない)、戸籍謄本(抄本)の原本が必要となる。手数料は、5年有効が$79、10年有効が$115。

クレジットカードをなくしたら?

不正利用を防ぐため、カード会社にカード番号、最後に使用した場所、金額などを伝え、カードを失効してもらう。再発行にかかる日数は会社によって異なるが、翌日~3週間ほど。<u>事前にカード発行会社名、紛失・盗難時の連絡先電話番号、カード番号をメモし、カードとは別の場所に保管しておくこと。</u>

現金・貴重品をなくしたら?

現金はまず返ってくることはなく、海外旅行保険でも免責となるため補償されない。荷物は補償範囲に入っているので、警察に届け出て盗難・紛失届出証明書を発行してもらい、帰国後保険会社に申請する。

 **外務省
海外安全ホームページ&
たびレジ**

外務省の「海外安全ホームページ」には、治安情報やトラブル事例、緊急時連絡先などが国ごとにまとめられている。出発前に確認しておきたい。また、「たびレジ」に渡航先を登録すると、現地の事件や事故などの最新情報が随時届き、緊急時にも安否の確認や必要な支援が受けられる。

旅のトラブル実例集

詐欺・恐喝

[事例1] タイムズ・スクエアでディズニーキャラクターが近づいてきた。写真を撮ると金銭を要求された。
[事例2] ペンシルヴェニア駅で故意にぶつかられ、ワインボトルが割れたと弁償を強要された。
[事例3] 無料でCDを配布する素振りだったため受け取ると、金銭を要求された。断ると大声で脅された。
[対策] 相手から近づいてくるストリートパフォーマーやタクシーの客引きなどには要注意。周囲に不審な人物がいないか常に警戒したい。不必要なものはむやみに受け取らないようにしたい。

スリ・強盗

[事例1] 地下鉄のドア付近に立って乗車。降車する乗客と何度かぶつかり、気づくと財布を紛失していた。
[事例2] ホテルでチェックインの手続き中、横に置いていたバッグを盗まれた。
[事例3] 駅のトイレを利用していたところ、昼間にもかかわらず暴行を受け金品を盗まれた。
[対策] 人前で現金や貴重品を見せず、多額の現金は持ち歩かない。ホテルの手続き中なども貴重品は手に持ち、足元の荷物は両足で挟むなど工夫を。人のいないトイレや路地などは時間帯に限らず立ち寄らない。

INDEX

| おとな旅プレミアム ✈ 旅を豊かで楽しくするスポット | INDEX | インデックス |

◆ 観光

あ
- アメリカ自然史博物館 ········ 81
- アラモ ········ 84
- ウエストフィールド・ワールド・トレード・センター ········ 59
- ウォール街 ········ 167
- エッジ ········ 36
- エリス島移民博物館 ········ 167
- エンパイア・ステート・ビル ········ 66
- エンパイア・ストアズ ········ 28
- オキュラス ········ 59

か
- カーネギー・ホール ········ 153
- グッゲンハイム美術館 ········ 80
- グランド・セントラル駅 ········ 155
- グリーンポイント ········ 33
- グループ・オブ・フォー・ツリーズ ········ 84
- 国立アメリカ・インディアン博物館 ········ 167
- ゴワヌス ········ 33

さ
- ザ・ヴィクトリア ········ 15
- サウス・プール／ノース・プール ········ 57
- ザ・シーポート ········ 163
- サバイバー・ツリー ········ 57
- サ・ビーム ········ 68
- サミット・ワン・ヴァンタービルト ········ 15
- シティ・フィールド ········ 94
- 自由の女神 ········ 60
- 自由の女神ミュージアム ········ 63
- スカイリフト ········ 68
- スタチュー・クルーズ ········ 61
- ストーンウォール国立記念碑ビジター・センター ········ 15
- セントラル・パーク ········ 44
- ソーホー ········ 39

た
- タイムズ・スクエア ········ 68
- タイムズ・スクエア教会 ········ 93
- ダコタ・ハウス ········ 169
- チェルシー・マーケット ········ 53
- チャージング・ブル ········ 84
- デイリー・ビジター・センター＆ギフト・ショップ ········ 47
- テネメント博物館 ········ 160
- トップ・オブ・ザ・ロック ········ 68
- ドミノ・パーク ········ 30

な
- 9/11 メモリアル・ミュージアム ········ 57
- ニューヨーク近代美術館 ········ 72
- ニューヨーク市立博物館 ········ 83
- N.Y.証券取引所 ········ 170
- ニューヨーク大学 ········ 151
- ノイエ・ギャラリー ········ 82
- ノグチ美術館 ········ 83
- ノリータ ········ 39

は
- ハイライン ········ 48
- バッテリー・パーク ········ 163
- ハドソン・ヤーズ ········ 34
- ブッシュウィック ········ 33
- フラットアイアン・ビル ········ 156
- フリック・コレクション ········ 82
- ブルックリン・ハイツ ········ 33
- ブルックリン・ブリッジ ········ 26
- ベッセル ········ 36
- ホープ ········ 84
- ホイットニー美術館 ········ 158

ま
- マディソン・スクエア・パーク ········ 157
- マンハッタン・ブリッジ ········ 161
- メトロポリタン美術館 ········ 76
- メモリアル・バプティスト教会 ········ 93

や
- ヤンキー・スタジアム ········ 94
- ユニオン・スクエア ········ 159

ら
- ラジオ・シティ・ミュージック・ホール ········ 152
- リチャードギルダー・センター ········ 14
- リトルアイランド ········ 15
- リバティ・パーク ········ 162
- リバティ・ヘリコプター ········ 61
- レッド・キューブ ········ 84

わ
- ワールド・トレード・センター ········ 56
- ワシントン・スクエア・パーク ········ 163
- ワン・ワールド・オブザーバトリー ········ 58

◆ エンタメ／ナイトスポット

あ
- アザー・ハーフ・ブリューイング・ドミノパーク ········ 113
- アポロ・シアター ········ 165
- アスター・プレイス劇場（ブルーマン・グループ） ········ 89
- アル・ハーシェルド 劇場（ムーラン・ルージュ!） ········ 88
- アンバサダー劇場（シカゴ） ········ 88
- ヴィレッジ・ヴァンガード ········ 93
- エンパイア・ルーフトップ ········ 65

か
- キャステル・ルーフトップ・ラウンジ ········ 65
- キング・コール・バー ········ 114
- コットン・クラブ ········ 164

さ
- ストロング・ロープ・ブルワリー ········ 113
- スモールズ・ライブ ········ 93

た
- チケッツ ········ 89
- デイヴィッド・H.コーク劇場（ニューヨーク・シティ・バレエ） ········ 91
- デイヴィッド・ゲフィン・ホール（ニューヨーク・フィルハーモニック） ········ 91

な
- ニール・サイモン劇場（MJ・ザ・ミュージカル） ········ 87
- ニュー・アムステルダム劇場（アラジン） ········ 86

は
- ハリエッツ・ルーフトップ＆ラウンジ ········ 64
- ブルー・ノート ········ 92
- ブルックリン・ブルワリー ········ 112
- ブルックリン・ワイナリー ········ 113
- ホワイト・ホース・タヴァーン ········ 115

ま
- ミンスコフ劇場（ライオン・キング） ········ 87
- メトロポリタン・オペラ・ハウス（メトロポリタン・オペラ） ········ 91

ら
- リリック劇場（ザ・ブック・オブ・モルモン、ハリー・ポッターと呪いの子） ········ 88
- リンカーン・センター ········ 90

◆ グルメ

あ
- アーバンスペース・ヴァンダービルト ········ 53
- イータリー ········ 53
- イレブン・マディソン・パーク ········ 111
- エイミーズ・ブレッド ········ 105
- エステラ ········ 111
- エッサ・ベーグル ········ 102
- エミリー ········ 100
- オールド・ホームステッド・ステーキハウス ········ 107
- オスプレイ ········ 29
- オニールズ ········ 150
- オリジナル・スープ・キッチン ········ 116

か
- カッツ・デリカテッセン ········ 116
- ガンズヴォート・リバティ・マーケット ········ 53
- カンター・ルーフトップ・ガーデン・バー ········ 79
- キーンズ・ステーキハウス ········ 106
- キャナル・ストリート・マーケット ········ 53
- ギャラガーズ・ステーキ・ハウス ········ 107
- グッド・イナフ・トゥ・イート ········ 99
- グランド・セントラル・オイスター・バー＆レストラン ········ 155
- クリントン・ストリート・ベイキング・カンパニー ········ 98
- グレート・ホール・バルコニー・カフェ ········ 79
- コサーズ・ベーグル＆ビアリーズ ········ 103
- ゴッサム・ウエスト・マーケット ········ 52

さ
- サラベス ········ 99
- サリバン・ストリート・ベーカリー ········ 105
- シェイク・シャック ········ 101
- シェルスカイズ・ブルックリン・ベーグルズ ········ 102
- シオン・アット・69レオナール・ストリート ········ 111
- ジャン・ジョルジュ ········ 109
- ジョーズ・シャンハイ ········ 112
- スーパームーン・ベイクハウス ········ 104
- スミス ········ 98
- スモーガスバーグ（ウィリアムズバーグ） ········ 97
- スモーガスバーグ（プロスペクト・パーク） ········ 97
- スモーガスバーグ（ワールド・トレード・センター） ········ 59／97
- セレスティン ········ 29
- セレンディピティ3 ········ 100

た
- タイム・アウト・マーケット・ニューヨーク ········ 29
- ディカルブ・マーケット・ホール ········ 32

190

ティンビルディング・バイ・
ジャンジョルジュ ・・・・・・・・・ 50
トゥー・ブーツ ・・・・・・・・・・・ 150
�Ⓝ ノース・サード・ストリート・
マーケット ・・・・・・・・・・・・・ 53
🅷 バスティス ・・・・・・・・・・・・・ 150
バズ・ベーグル&レストラン ・・・ 103
バターミルク・チャンネル ・・・・ 33
ハッチ&ウォルド ・・・・・・・・・ 99
ハドソン・イーツ ・・・・・・・・・ 51
バルサザール・ベーカリー ・・・・ 105
ピーク・ウィズ・プライスレス ・・ 37
ピーター・ルーガー・ステーキハウス
・・・・・・・・・・・・・・・・・・・・ 106
5ナプキン・バーガー ・・・・・・・ 101
ブーシュリー ・・・・・・・・・・・・ 110
ブルックリン・ファーマシー&
ソーダ・ファウンテン ・・・・・・ 33
フレンチェッテ ・・・・・・・39／110
ベアバーガー ・・・・・・・・・・・・ 101
🅼 マーケット57 ・・・・・・・・・・・ 52
マンジア ・・・・・・・・・・・・・・・ 116
ミュレイズ・ベーグル ・・・・・・・ 102
メルカド・リトル・スペイン ・・・・ 37
🅡 ラス&ドーターズ ・・・・・・・・・ 103
ラファイエット ・・・・・・・・・・・ 105
ル・ディストリクト ・・・・・・・・・ 51
ル・ベルナルダン ・・・・・・・・・・ 108
レストラン・ダニエル ・・・・・・・ 109
レッド・ルースター ・・・・・・・・・ 165

◆ スイーツ&カフェ

🅐 アイリーンズ・スペシャル・
チーズケーキ ・・・・・・・・・・・ 126
アリスズ・ティー・カップ ・・・・ 128
ヴァン・ルーヴェン・
アーティザン・アイス・クリーム ・・ 124
🅚 カウンター・カルチャー・コーヒー ・・ 130
カフェ・レッジオ ・・・・・・・・・・ 129
カフェ2 ・・・・・・・・・・・・・・・ 73
クッキー・ドゥー ・・・・・・・・・ 127
クラウン・カフェ ・・・・・・・・・ 63
グランド・サロン ・・・・・・・・・ 118
🅢 ザ・ドーナツ・パブ ・・・・・・・・ 122
ジュニアズ ・・・・・・・・・・・・・ 126
スターバックス・リザーブ・
ロースタリー ・・・・・・・・・・・ 130
スタンプタウン・コーヒー・
ロースターズ ・・・・・・・・・・・ 130
スプリンクルズ ・・・・・・・・・・ 121
🅣 タイヤキNYC ・・・・・・・・・・・ 127
ダンウェル・ドーナツ ・・・・・・・ 122
チャ・チャ・マッチャ ・・・・・・・ 129
デイビーズ・アイスクリーム ・・・ 125
デヴォーション ・・・・・・・・・・ 128
デザート・クラブ・チカリシャス ・・ 125
ドウ・ドーナツ ・・・・・・・・・・ 123
ドーナツ・プラント ・・・・・・・・ 123
ドミニク・アンセル・ベーカリー ・・ 127
🅝 ナインス・ストリート・エスプレッソ ・・ 130

🅟 パートナーズ・コーヒー ・・・・・ 31
パーム・コート ・・・・・・・・・・ 119
パケリ ・・・・・・・・・・・・・・・ 129
ハニー&サンズ ・・・・・・・・39／119
ピーターパン・ドーナツ&
ベストリー・ショップ ・・・・・・ 123
ベトリー・コート・カフェ ・・・・ 79
ブルー・ボックス・カフェ ・・・・ 151
ブルー・ボトル・コーヒー ・・・・ 130
ブルックリン・アイス・クリーム・
ファクトリー ・・・・・・・・・・・ 124
ベイクド・バイ・メリッサ ・・・・ 127
ベロック・ティー・アトリエ ・・・ 119
🅜 マグノリア・ベーカリー ・・・・・ 120
ママン ・・・・・・・・・・・・・・・ 43
モリーズ・カップケーキ ・・・・・ 120
モーゲンスタンズ・ファイネスト・
アイス・クリーム ・・・・・・・・ 125
🅡 ラ・メルセリエ ・・・・・・・・・・ 42
リトル・カップケーキベイクショップ
・・・・・・・・・・・・・・・・・・・・ 121
レミ・フラワー・アンド・コーヒー ・・ 43

◆ ショッピング

🅐 アイ・ラブ・ニューヨーク・ストア ・ 59／144
アバクロンビー&フィッチ ・・・・ 136
イート ・・・・・・・・・・・・・・・ 45
エピスリー・プール ・・・・・・・・ 45
🅚 カルティエ ・・・・・・・・・・・・ 136
キールズ ・・・・・・・・・・・・・・ 140
キス ・・・・・・・・・・・・・・・・ 41
グリニッチ・レター・プレス ・・・ 145
クルーサー・ハンドクラフト・
チョコレート ・・・・・・・・・・・ 143
グロッシア ・・・・・・・・・・・・・ 31
ケイト・スペード・ニューヨーク
（5番街） ・・・・・・・・・・・・・ 136
ケイト・スペード・ニューヨーク
（ソーホー） ・・・・・・・・・・・ 40
コーチ ・・・・・・・・・・・・・・・ 135
コール・ハーン ・・・・・・・・・・ 136
🅢 サックス・フィフス・アベニュー ・・ 138
CVSファーマシー ・・・・・・・・・ 148
C.O.ビゲロウ ・・・・・・・・・・・ 141
シティ・ストア ・・・・・・・・・・ 144
ジャック・トレス ・・・・・・・・・ 143
自由の女神 ギフト・ショップ ・・・ 63
スティック・ウィズ・ミー ・・・ 39／142
ゼイバーズ ・・・・・・・・・・・・・ 147
センチュリー21 ・・・・・・・・・・ 133
ソープ・シェリー ・・・・・・・・・ 31
ソーボロジー ・・・・・・・・・・・ 140
🅣 ターンスタイル・アンダーグラウンド
マーケット ・・・・・・・・・・・・ 152
チェルシー・マーケット・バスケット ・・ 145
ティファニー・ランドマーク ・・・ 134
デュアン・リード ・・・・・・・・・ 148
トリー・バーチ ・・・・・・・・・・ 41
ドルチェ&ガッバーナ ・・・・・・ 136
トレーダー・ジョーズ ・・・・・・・ 147

🅝 ナイキ・ハウス・オブ
イノベーション ・・・・・・・・・ 137
ノードストローム ・・・・・・・・・ 139
ノードストローム・ラック ・・・・ 133
🅑 バーグドルフ・グッドマン ・・・・ 139
バグー ・・・・・・・・・・・・・・・ 31
バナナ・リパブリック ・・・・・・・ 136
ハリー・ウィンストン ・・・・・・・ 136
ビック ・・・・・・・・・・・・・・・ 144
フィッシュ・エディ ・・・・・・・・ 145
フェアウェイ ・・・・・・・・・・・・ 147
プラダ ・・・・・・・・・・・・・・・ 136
ブルーミングデールズ ・・・・・・・ 139
ブルックリン・ハーボリウム ・・・ 141
ホールフーズ・マーケット ・・・・ 146
🅜 マイケル・コース ・・・・・・・・・ 136
マリベル・ニューヨーク ・・・・・ 143
マリン+ゴッツ ・・・・・・・・・・ 141
ミュージアム・ショップ
（メトロポリタン美術館） ・・・・ 79
メイシーズ ・・・・・・・・・・・・・ 139
MoMA デザイン・アンド・
ブック・ストアズ ・・・・・・・・ 73
MoMA デザイン・ストア ・・・・・ 73
MoMA デザイン・ストア・ソーホー ・・ 73
🅨 ユニオン・スクエア グリーン・
マーケット ・・・・・・・・・・・・ 54
🅡 ライラック・チョコレート ・・・・ 142
ルイ・ヴィトン ・・・・・・・・・・ 136
ルルレモン ・・・・・・・・・・・・・ 137
ロレックス ・・・・・・・・・・・・・ 136

◆ ホテル

🅐 アルゴンキン・ホテル ・・・・・・・ 177
インターコンチネンタル・
ニューヨーク・バークレー ・・・・ 178
ウィリアム・ヴェイル ・・・・・・・ 178
エース・ホテル ・・・・・・・・・・ 178
エンパイア・ホテル ・・・・・・・・ 151
エンバシー・スイーツ・ニューヨーク・
マンハッタン・タイムズ・スクエア ・・ 175
🅚 コンラッド・ニューヨーク ・・・・ 178
🅢 33ホテル ・・・・・・・・・・・・・ 172
JWマリオット・エセックス・ハウス ・・ 178
シェラトン・ニューヨーク・
タイムズ・スクエア ・・・・・・・ 178
🅣 TWAホテル ・・・・・・・・・・・・ 178
トンプソン・セントラルパーク・
ニューヨーク ・・・・・・・・・・・ 178
🅑 バカラ・ホテル ・・・・・・・・・・ 176
パブリック・ホテル ・・・・・・・・ 178
フリーハンド・ニューヨーク ・・・ 174
ホテル・チェルシー ・・・・・・・・ 169
🅜 マリオット・ニューヨーク・
ブルックリン・ブリッジ ・・・・・ 178
🅡 ロイヤルトン ・・・・・・・・・・・ 177
🅘 1ホテル・ブルックリン・ブリッジ ・・ 173

191

STAFF

● 編集制作 Editors
K&Bパブリッシャーズ K&B Publishers

● 取材・執筆・撮影 Writers & Photographers
CoCollaborations, LLC (NYC)
ココマスダ Coco Masuda
スティーブン J ヒル Stephen J Hill
西本義次 Yoshiji Nishimoto

安倍かすみ Kasumi Abe
中村英雄 Hideo Nakamura

藤原ひろみ Hiromi Fujiwara
森合紀子 Noriko Moriai
嶋嵜圭子 Keiko Shimazaki
山下涼香 Sayaka Yamashita

● 編集協力 Local Cooperation
西田玲美奈 Remina Nishida
水口あさ Asa Mizuguchi

● カバー・本文デザイン Design
山田尚志 Hisashi Yamada

● 地図制作 Maps
トラベラ・ドットネット TRAVELA.NET

● 表紙写真 Cover Photo
iStock.com

● 写真協力 Photographs
ニューヨーク市観光局
PIXTA
Aflo
123RF

● 総合プロデューサー Total Producer
河村季里 Kiri Kawamura

● TAC出版担当 Producer
君塚太 Futoshi Kimizuka

● エグゼクティヴ・プロデューサー
Executive Producer
猪野樹 Tatsuki Ino

おとな旅プレミアム
ニューヨーク

2025年3月11日　初版　第1刷発行

著　　者	TAC出版編集部 しゅっぱんへんしゅうぶ	
発 行 者	多　田　敏　男	
発 行 所	TAC株式会社　出版事業部	
	（TAC出版）	

〒101-8383 東京都千代田区神田三崎町3-2-18
電話 03（5276）9492（営業）
FAX 03（5276）9674
https://shuppan.tac-school.co.jp

印　　刷	株式会社　光邦	
製　　本	東京美術紙工協業組合	

©TAC 2025　Printed in Japan　　ISBN978-4-300-11282-3
N.D.C.295　　　　　　　落丁・乱丁本はお取り替えいたします。

本書は,「著作権法」によって, 著作権等の権利が保護されている著作物です。本書の全部または一部につき, 無断で転載, 複写されると, 著作権等の権利侵害となります。上記のような使い方をされる場合には, あらかじめ小社宛許諾を求めてください。

505-9900-1051-12